Stephanie Covington

Dornröschen schläft nicht mehr

STEPHANIE COVINGTON

Dornröschen schläft nicht mehr

Das Erwachen der weiblichen Sexualität

Oesch Verlag

Die amerikanische Originalausgabe erschien
unter dem Titel *Awakening Your Sexuality*
bei Harper San Francisco, a division of
HarperCollins Publishers Inc., San Francisco, CA

Aus dem Amerikanischen übersetzt von
Brigitte Stein

Die Deutsche Bibliothek – CIP-Einheitsaufnahme

Covington, Stephanie:

Dornröschen schläft nicht mehr : das Erwachen der
weiblichen Sexualität / Stephanie Covington.
[Aus dem Amerikan. übers. von Brigitte Stein]. –
Zürich : Oesch, 1993

Einheitssacht.: Awakening your sexuality <dt.>
ISBN 3-85833-440-5

Schutzumschlag: Heinz von Arx, Zürich,
unter Verwendung eines Photos von The Image Bank, Zürich
Satz: Typobauer Filmsatz GmbH, Ostfildern
Druck und Bindung: Franz Spiegel Buch GmbH, Ulm
Printed in Germany

ISBN 3-85833-440-5

2 4 6 5 3 1

Für meine Tochter Kimberley,
deren Heranwachsen zur Frau
eine Freude für mich war

Inhalt

Einführung: Erwachen

> Das Erwachen zum Mysterium des Lebens ist ein revolutionäres Ereignis: Eine alte Welt wird zerstört, damit eine neue und bessere an ihre Stelle treten kann. Alle Dinge sind von diesem Wandel betroffen. Wir selbst sind in unseren eigenen Augen zu geheimnisvollen Fremden geworden, und zitternd fragen wir uns, wer wir sind, woher wir kommen und wohin wir gehen. Sind wir das Geschöpf, das bei unserem Namen genannt wird und das wir in der Vergangenheit so gut zu kennen glaubten? Sind wir die Gestalt, die wir im Spiegel erblicken, unser Körper, Sprößling unserer Eltern? Wer ist es denn, der in uns fühlt und denkt, der will und kämpft, plant und träumt, der sich seinem physischen Leib, den wir für uns selbst hielten, widersetzen und ihn beherrschen kann? Wir erwachen und begreifen, daß wir uns selbst nie gekannt, daß wir wie in einem blinden Traum unaufhörlicher Aktivität gelebt haben, in dem es nie einen Augenblick der Selbstbesinnung gab.
>
> J.J. van der Leeuw

Dies ist ein Buch für Frauen, die auf dem Weg sind, sich selbst zu finden. Viele Frauen haben zu Alkohol, Medikamenten und anderen Drogen gegriffen, um das seelische Leid ihrer Kindheit zu betäuben und in einer Welt zu leben, welche die Eigenschaften gering bewertet, die für eine weibliche Existenz wesentlich sind.

Aber frau braucht nicht Alkoholikerin oder chemieabhängig zu sein, um sich in den hier erörterten Themen wiederzuerkennen. Sie betreffen die meisten Frauen in unserer Gesellschaft und werden wahrscheinlich auch bei Ihnen tiefe Saiten zum

Klingen bringen. Als Frauen finden wir unzählige Wege, um unsere Aufmerksamkeit von der Wahrheit unseres inneren Selbst abzulenken; mit zwanghafter Fixierung auf Essen, Beziehungen, Familie, Arbeit, ja sogar Einkaufen können wir uns ablenken und ein vorübergehendes Hochgefühl verschaffen, mit dem wir unsere Misere ausblenden.

Dieses Buch mag Ihnen als Bestätigung dessen dienen, was Sie bereits wissen und spüren; Sie werden sich durch diese Lektüre dann gestärkt fühlen. Oder Sie werden feststellen, daß Sie es langsam lesen und den darin enthaltenen Stoff allmählich verdauen müssen, weil es schmerzhafte Erinnerungen weckt und Ihre Überzeugungen in Frage stellt. Ich hoffe, daß Ihnen dieses Buch Zusammenhänge klarmacht, daß es Aspekte Ihres eigenen Lebens beleuchtet und völlig neue Ebenen des Verstehens eröffnet.

Als Geschlechtswesen zu erwachen bedeutet nicht, daß Sie Dornröschen sind, das auf den Kuß des Prinzen wartet. Das ist der Traum der Gesellschaft, ein Märchen, das nie Wirklichkeit werden wird. Der Prozeß der Bewußtwerdung ist etwas, wofür Sie sich entscheiden, weil Sie bereit sind, das Leben in seiner ganzen Fülle zu erfahren. Es begegnet Ihnen, wenn Sie entscheiden, daß Sie bereit dafür sind. Dieser Zeitpunkt kann jetzt gekommen sein.

Sich selbst verstehen zu lernen ist ein allmählicher Prozeß, der Liebe, Geduld und verständnisvolle Unterstützung erfordert. Wie ein Samenkorn, das in Wärme und Abgeschiedenheit unter der Erde keimen muß, so beginnt unsere Sexualität tief in unserem Inneren zu erwachen. In dem Maße, wie Sie sich selbst aufbauen, wird sich Ihre Sexualität kräftigen und an Vitalität gewinnen, bis sie ans Licht durchbricht. Dort kann sie wachsen und nicht nur Ihr Leben bereichern, sondern auch das Leben derjenigen, die Sie lieben.

Falls Sie verängstigt, verwirrt, von Scham erfüllt oder seit langer Zeit Ihrem sexuellen Selbst entfremdet sind, mag Ihnen dieses Aufblühen unmöglich erscheinen. Dennoch ist es für alle Frauen erreichbar. Bedenken Sie: Der erste Schritt zum Wandel ist die Bewußtwerdung. Wir können nur die Dinge in unserem Leben verändern, deren wir uns bewußt sind – dies gilt für unser sexuelles Selbst genauso wie für unser süchtiges Selbst. Indem Sie dieses Buch zu lesen beginnen, entscheiden Sie sich dafür, sich Ihrer authentischen Sexualität bewußt zu werden und mit ihr in Fühlung zu kommen. Wenn Sie sich Ihrer Sexualität bewußt werden, was Ihre körperlichen Empfindungen und emotionalen Bedürfnisse einschließt, erneuern Sie damit auch Ihre persönliche Kraft zur bewußten Wahl, die von Ihrem Innersten ausgeht und alle Ihre Beziehungen verwandeln wird.

Der Sinn von Nüchternheit ist, das Leben voll und ganz zu erleben, und Ihre sexuelle Gesundung ist ein integraler Bestandteil der Fülle Ihres Lebens. In Sucht und Abhängigkeit haben Sie sich isoliert und verlassen gefühlt, aber mit Ihrer Entscheidung, Ihre Sexualität anzuerkennen und zu erwecken, brechen Sie zu einer inneren Reise auf, die Sie mit Ihrem besten Freund wiedervereinen soll: Ihrem wahren Selbst. Auf diesem Weg werden Sie lernen, sich selbst zu vertrauen, zu wissen, wer Sie sind – allein und im Zusammenhang mit anderen –, und Freude aus dem Wissen zu ziehen, daß Sie in einer Welt, erfüllt von Wundern und Mysterien, lebendig und bewußt sind.

ERSTER TEIL

Gefühle: die innere Reise

Sexuelles Zusammensein ist eine Möglichkeit, sich nahezukommen, eine Gefühlsbindung herzustellen und zu stärken, Isolierung zu beenden, Spaß zu haben, zu spielen, zu genießen ... es hat mit vielen Dingen zu tun. Aber wenn unsere Sexualität von Schuld, Scham oder Sucht definiert bzw. beeinflußt wird, dann sind Äußerungen von Sexualität de facto weit entfernt von unserem emotionalen Selbst – und von anderen.

Jede von uns hat ein inneres und ein äußeres Leben. Unser inneres Leben ist, wer wir innerlich sind und wie wir uns fühlen; unser äußeres Leben ist, wie wir mit anderen umgehen. Bei Sucht und Abhängigkeit ist unser inneres und äußeres Leben aus dem Gleichgewicht. Wir handeln nicht immer aufgrund unserer Gefühle, und oft wissen wir nicht einmal, was unsere Gefühle sind. Ein Teil des Gesundungsprozesses besteht darin, unser Innen- und unser Außenleben zur Deckung zu bringen.

Wie gut kennen Sie Ihr sexuelles Selbst? Haben Sie je wirklich innegehalten und ehrlich Ihre Überzeugungen bzw. Annahmen darüber untersucht, was Sie brauchen und was Sie wollen? Wie sieht Ihr Körper wirklich aus? Was wissen Sie darüber, wie Ihre Genitalien aussehen und sich anfühlen? Wie groß ist die Skala Ihrer sexuellen Reaktionen? Viele Frauen, insbesondere von chemischen Substanzen abhängige Frauen, haben ihre Überzeugung und Annahmen in bezug auf ihren Körper, ihre sexuellen Aktivitäten, ihre erotischen Begierden und ihre Fähigkeit zur Lust nicht ausgelotet. Sicherlich ist die Versuchung groß, in dem scheinbar sicheren Zustand »seliger« Unwissenheit zu verharren. Aber ist das echte Sicherheit?

Erinnern Sie sich, daß Sie sich als Kind am Barren entlanggehangelt haben? Um sich schaukelnd vorwärtszubewegen, mußten Sie sich vorwärtsschwingen und dann loslassen, um den Barren weiter vorn fassen zu können. Da war ein Augenblick, in dem Sie sich nirgends festhielten. Der Schwung Ihres Körpers bewahrte Sie vor dem Absturz.

Als Kinder lernen wir, dieser Bewegung zu vertrauen. Aber manche Erwachsene klammern sich fest, fürchten sich noch mehr und werden bewegungsunfähig. Wenn wir aufhören, uns auf dem Barren vorwärtszuschwingen, kommen wir nicht mehr voran oder fallen sogar hinunter. Manche Kinder beginnen dann von vorn; andere sind über ihren Mangel an Fortschritt so frustriert, daß sie das Gerät künftig meiden. Die Chancen zur Veränderung und zum Wachstum verkümmern.

Ebenso wie dieses Kind sind Sie jetzt in Bewegung. Sie müssen loslassen, woran Sie sich festhalten, um vorwärtszukommen. Da ist ein Moment, in dem Sie sich nirgends festhalten. Und dennoch fallen Sie nicht. Ihr Schwung, Ihre Vorwärtsbewegung trägt Sie, solange Sie in Bewegung bleiben. Dies ist der fast magische Prozeß und die Erfahrung der Grenzüberschreitung und des Wandels.

Ihr Interesse, so tastend es auch sein mag, mehr über Ihr sexuelles Selbst zu wissen, ist das sicherste Zeichen, daß Sie bereit sind, die Vergangenheit loszulassen und zu einer ehrlichen Erkundung Ihrer Gefühle vorzudringen. Vertrauen Sie darauf, daß Ihr Schwung Sie tragen wird, und genießen Sie diesen Augenblick des fliegenden Wechsels.

In den nächsten paar Kapiteln werden wir die ersten Aufgaben der Selbsterfahrung erforschen. Dazu zählen die folgenden:

1. Uns die Auswirkungen der Sozialisation auf Ihr Leben anzuschauen. Welche Folgen hatte sie? Welche Empfindungen in bezug auf Sie selbst als Frau hat sie Ihnen vermittelt?
2. Zu lernen, Ihren Körper genauso zu akzeptieren, wie er ist. Sexuell zu sein hat zum Teil damit zu tun, wie vertraut Sie mit

Ihrem Körper sind. Wenn Sie sich in Ihrem Körper unbehaglich oder fremd fühlen, dann wird das zwangsläufig Ihre Sexualität beeinträchtigen.

3. Ihre Geschlechtsteile kennenzulernen und sie zu akzeptieren. Um sexuelle Lust zu empfinden, ist es nötig, Ihre Genitalien zu akzeptieren und genau unterscheiden zu können, wie sie auf Berührung reagieren.
4. Zu lernen, sexuelle Selbstbefriedigung zu akzeptieren. Wenn Sie imstande sind, sich selbst liebevoll zu berühren, dann werden Sie eher bereit sein, die Berührungen des Partners zu akzeptieren und zu wissen, was Sie von einem Partner wollen.
5. Zu lernen, Ihrer sexuellen Gefühle gewahr zu werden, die unabhängig von Ihrem Partner oder von irgend jemand anderem existieren. Ihre sexuellen Bedürfnisse und Wünsche – Ihr erotisches Leben und Ihre sexuelle Energie – existieren aus eigenem Recht bzw. aus eigener Quelle.

Versuchen Sie mit den Gefühlen in Kontakt zu kommen, die diese Ziele in Ihnen erwecken. Vielleicht fürchten Sie sich davor, Ihre Gefühle in bezug auf Sexualität zu erkunden, besonders wenn Sie seit längerer Zeit den Kontakt zu ihnen verloren hatten. Ihre Gefühle zu identifizieren und mit ihnen in Kontakt zu kommen erfordert eine ganze Menge Mut. Die Furcht, die Sie vielleicht davor haben, ehrlich zu sich zu sein – insbesondere in bezug auf Sexualität –, ist normal und verständlich.

Sie brauchen Ihre Furcht nicht zu überwinden, um ehrlich in bezug auf Ihre sexuellen Bedürfnisse sein zu können. Mut heißt, trotz Furcht ehrlich zu handeln, in dem Bewußtsein, daß die Belohnungen echter Selbsterkenntnis Sie auf Ihrem Weg des Wandels vorwärtstragen werden. Diese Belohnungen haben einen ganz eigenen Rhythmus und Schwung, Ihren eigenen.

Fassen Sie also Mut. Bitte behandeln Sie sich sanft und geduldig, und gestatten Sie sich, diesen Stoff in Ihrem ganz persönlichen Tempo aufzunehmen.

1. Kapitel

Die Vergangenheit in der Gegenwart

Das erste Problem für uns alle, Männer und Frauen, ist nicht, Neues zu lernen, sondern Altes zu verlernen.

Gloria Steinem

Was bedeutet es in unserer Gesellschaft, eine sexuell erwachte Frau zu werden? Was bedeutet es, dieses komplexe Ding namens Sexualität auf sinnvolle Weise in unser Leben integriert zu haben? Dies sind schwierige Fragen. Sie werden noch schwieriger, weil wir sie fast nie stellen, geschweige denn Antworten darauf suchen oder Antworten angeboten bekommen. Meine Absicht ist es, Ihnen zu helfen, diese Fragen für sich selbst beantworten zu lernen.

Bei meiner Arbeit bin ich von der Tiefe des Schmerzes berührt worden, den viele Frauen in bezug auf ihre Sexualität empfinden. Aber statt mich überwältigt und ärgerlich zu fühlen, bin ich hoffnungsvoll. Meine Hoffnung stammt daher, daß ich Hunderte von Frauen in ihrer Selbsterkenntnis und Selbstliebe wachsen gesehen habe, in Rehabilitationsgruppen, in Behandlungsprogrammen und in Einzeltherapie. So schwierig oder unerreichbar dies auch jemandem erscheinen mag, der erst im Begriff ist, sich auf diesen Weg der Heilung zu begeben – die Erfahrung hat mich gelehrt, daß es jeder und jedem möglich ist, sich zu verändern, zu wachsen und ein liebenswertes Selbst zu finden.

Unser sexuelles Selbstbild

Das Thema der Sexualität löst gewöhnlich eine paradoxe Reaktion aus. Wir sind begierig zu wissen, aber wir haben Angst vor dem, was wir herausfinden werden. Wie sind wir in einen so konfusen Zustand in bezug auf etwas geraten, das für die menschliche Existenz so fundamental ist?

Unsere gegenwärtigen sexuellen Gefühle und Handlungen existieren nicht in einem Vakuum. Sie wurden geprägt und beeinflußt von allem, was uns in der Vergangenheit begegnet ist. Indem wir mit unserer Vergangenheit arbeiten und ehrlich all das benennen, was uns zugestoßen ist – unsere sexuelle Erziehung in unserer Familie, unsere Kindheitserlebnisse, unsere sexuellen Erfahrungen in der Jugend, unsere Partnerwahl, unser Sexualverhalten, während wir tranken oder Drogen konsumierten –, können wir eine neue Stufe der sexuellen Freiheit und Expansion erreichen. Wenn dies geschieht, werden unsere sexuellen Gefühle und Handlungen mit heute zu tun haben, nicht mit irgendeinem unbekannten Überbleibsel von gestern.

Die Formung unseres sexuellen Selbstbildes beginnt mit den Botschaften, die wir als Kinder über das Mannsein und Frausein empfangen. Dazu zählt, was uns die Gesellschaft darüber vermittelt, wie und was wir sein sollten, sowie die ausgesprochenen und unausgesprochenen Botschaften, die wir innerhalb unserer Familie erhalten. Wenn unsere Eltern zu konfus, schamerfüllt oder befangen erschienen, um über Sex zu sprechen oder auch nur darüber nachzudenken, dann waren unsere Chancen, eine gesunde sexuelle Identität zu entwickeln, wahrscheinlich begrenzt. Damit stehen wir nicht allein. Die meisten Menschen in unserer Gesellschaft haben kein überzeugendes Vorbild für gesunde weibliche Sexualität und keine unmittelbare Erfahrung damit.

Historisch gesehen sind die von der Gesellschaft verstärkten männlichen Erwartungen an die weibliche Sexualität praktisch unerfüllbar gewesen. Der alte Spruch: »Was ein Mann wirklich will, ist eine Hure im Bett und eine Jungfrau am Frühstückstisch« gilt vielen als Beschreibung des Inbegriffs einer »idealen Frau«. Und der Himmel sei uns gnädig, wenn wir diese beiden je verwechseln!

Trotz gegenteiliger persönlicher Erfahrung meinen viele Menschen, die neue Offenheit in bezug auf Sex habe die sexuellen Probleme gelöst. Sicherlich scheinen wir schon ein ganzes Stück vorangekommen zu sein. Schließlich wurde noch um die Jahrhundertwende von einer Frau erwartet, nur zum Zweck der Fortpflanzung oder zum Vergnügen eines Mannes sexuell aktiv zu sein. Spaß sollte es ihr mit Sicherheit nicht machen. Natürlich sind wir jetzt, am Ende des Jahrhunderts, *viel klüger*: Man erwartet von uns nicht nur, sexuell aktiv zu sein, sondern es auch zu genießen und mühelos mehrfach zum Orgasmus zu kommen. Was für ein Quantensprung der Evolution!

Wir haben eine sogenannte sexuelle Revolution durchgemacht, aber was ist davon übriggeblieben? Die Bilder, Andeutungen, Perversionen und Geräte, von denen wir überall umgeben sind, zeugen zwar von Sex; dennoch wissen Liebespaare nicht, wie sie darüber kommunizieren sollen. Die »Revolution« hat uns ermöglicht, aufgeschlossener für die Erörterung von Sex zu sein, und sie hat mit manchem Irrglauben aufgeräumt. Aber andererseits hat sie uns in vielen Fällen einen technisch »richtigen« Sex beschert, der sehr distanziert und mechanisch bleibt. Wir haben die Fähigkeit verloren – oder sie vielleicht nie besessen –, spontan und abenteuerlustig zu sein und uns dabei auch sexuell befriedigt zu fühlen.

Von uns allen wird erwartet, gut im Bett zu sein, obwohl das ironischerweise die einzige Betätigung ist, bei der wir niemandem zugeschaut haben dürfen. Wir haben kein Vorbild, das uns hilft, die Signale zu assimilieren, die wir von unseren Gefühlen und Erfahrungen in der Welt empfangen. Vielmehr vermischen sich diese physischen und emotionalen Botschaften mit den Bildern aus der äußeren Welt, unserer Familie und Gesellschaft. Die Folge ist, daß die meisten von uns überzeugt sind, daß wir es nicht »richtig« machen; daß andere ein Geheimnis kennen, das uns verborgen bleibt; daß wir zuviel oder zuwenig tun; daß wir

»gut« oder »schlecht« darin sind; daß wir wissen oder nicht wissen, wie man dem anderen Lust bereitet. Wir sollen kompetent sein und Sex mögen, aber wir sollen nichts darüber wissen. Sex ist eine schmutzige Sache, über die wir nicht sprechen sollen, doch gleichzeitig sollen wir sie für denjenigen aufbewahren, den wir lieben. Kein Wunder, daß wir verwirrt sind!

Die Wahrheit ist, daß wir, obwohl wir mit Geschlechtsorganen und einem Sexualtrieb geboren werden, lernen müssen, unsere eigene Sexualität zu identifizieren und auszudrücken. Für die meisten von uns, besonders Frauen, die sich mit chemischen Substanzen oder Alkohol – einschließlich ihres sexuellen Selbst – betäubt haben, bedeutet dies, zunächst einmal viel von dem, was wir über Sexualität gelernt haben, zu verlernen.

Wir können beginnen, unsere vermischten Botschaften zu entwirren, indem wir uns über unsere Erfahrungen austauschen. Im allgemeinen sind wir Stotterer und Stammler, wenn es darum geht, über Sex zu sprechen, was dabei wirklich geschieht und wie es sich anfühlt. Die Fähigkeit, in authentischer Weise über Sex zu sprechen, ist lebenswichtig für unsere sexuelle Gesundung. Wenn wir über Sex nicht sprechen können, wenn wir unsere sexuellen Gefühle, Gedanken und Erfahrungen geheimhalten müssen, dann werden wir uns ihrer schämen. Solange wir uns schämen, werden wir das Gefühl haben, daß mit uns etwas nicht stimmt, und wir werden blockiert sein. Unser Wachstum wird zwangsläufig begrenzt bleiben. Erst wenn wir unser unvollständiges sexuelles Selbst aus dem Verborgenen, Verschwiegenen, Geheimen herausholen und die einzelnen Teile ausfindig machen, beginnen wir die Möglichkeit der Integration und Expansion zu erkennen. Auch dies ist ein Potential, mit dem wir geboren wurden und das wir alle wahrhaft besitzen können.

Wenn wir unsere sexuellen Erfahrungen mit anderen Frauen teilen, geschieht etwas Wunderbares: Was wir zuvor für eine individuelle Pathologie hielten – das heißt, was nur bei uns und unserer eigenen Familie nicht zu stimmen schien –, wird in einen universell weiblichen Kontext gestellt. Wir erkennen, daß wir tun und fühlen, was die meisten erzogen wurden, zu tun und zu fühlen. Wir beginnen die Grenzen des Angebots zu erkennen, das die Gesellschaft für Frauen bereithält. Wir fangen an, Mitgefühl für uns selbst als jemanden zu empfinden, der wenige Alternativen hatte und in einem keineswegs optimalen Klima lebte, um sich okay und gut in bezug auf sich selbst zu fühlen.

Nach meiner Erfahrung ist der effektivste Weg, um einen Prozeß der sexuellen Selbstfindung zu durchlaufen, die Zugehörigkeit zu einer Frauengruppe. Aber es ist sicher nicht der einzige Weg. Sie können sich über Ihre Gefühle auch mit einer Freundin austauschen oder in einer Einzeltherapie mit einer professionellen Beraterin darüber sprechen. In diesem Buch lesen Sie über die sexuelle Vorgeschichte und Selbstfindung einer Vielzahl von Frauen. In diesem Kapitel repräsentieren die Geschichten von vier Frauen vier verschiedene Fäden in einem gemeinsamen Gewebe sexueller Erfahrung. Vielleicht werden Sie feststellen, daß sich einer dieser Fäden mit dem Ihren verwebt.

Sarah: Erwachsenes Kind eines Alkoholikers

Sarah* ist 38 und bezeichnet sich als erwachsenes Kind eines Alkoholikers. Sie betrachtet sich seit drei Jahren in dieser Weise, obwohl sie schockiert war, als sie ihren Vater, Doug, erstmals als Alkoholiker ansah. Es überraschte und verwirrte sie, das Aus-

* Sowohl Sarah als auch Paula, die wir später kennenlernen werden, sind in *Immer wieder glaubst du, es ist Liebe. Wege aus der Beziehungssucht* von Stephanie Covington und Liana Beckett vorgestellt worden.

maß zu erkennen, in dem sie selbst und ihre Familie Dougs Problem verleugnet hatten. Ihre Therapeutin schlug ihr vor, an Zusammenkünften von Al-Anon teilzunehmen, einem Zwölf-Stufen-Programm für Angehörige, Freundinnen und Freunde von Alkoholikern, wo sie Unterstützung finden würde.

In der Al-Anon-Gruppe erkannte sie ihre eigenen Probleme als Mit- und Beziehungsabhängige, und sie trat einer Frauengruppe bei, die sich auf solche Fragen konzentrierte. Die Gespräche mit anderen Frauen über ihre Gedanken und Gefühle haben Sarah geholfen, sich viel bewußter zu werden, wie sie und ihr Mann, Scott, miteinander umgehen.

Sarah ist hoffnungsvoll und zuversichtlich in bezug auf ihren Fortschritt in der EKA-Rehabilitation (EKA = Erwachsene Kinder von Alkoholikern), aber sie leugnet gegenwärtig noch ihre Abhängigkeit von rezeptpflichtigen Tabletten, die sie als Halbwüchsige zu nehmen begann.

Paradoxerweise ist es gerade ihre Erkenntnis über den Alkoholismus ihres Vaters, die es ihr gestattet hat, diese Tablettensucht vor sich selbst zu verbergen. Da ihr Abhängigkeitsmodell von der Trunksucht ihres Vaters abgeleitet ist (und sich auf Alkohol beschränkt), ist sie noch nicht imstande zu erkennen, daß ihr Medikamentenmißbrauch ebenfalls eine Abhängigkeit darstellt – ihre eigene Form von Abhängigkeit.

Sarahs Frauengruppe hat kürzlich beschlossen, über Sexualität zu sprechen. Das fiel den Teilnehmerinnen sehr schwer. Wenige von ihnen hatten je über Sex geredet – weder mit ihren Partnern noch mit ihren Freundinnen, ja nicht einmal mit ihren Therapeutinnen. Schließlich wurden sie sich einig, daß es hilfreich sein könnte, bei ihren frühesten sexuellen Erinnerungen zu beginnen.

»Ich habe schon früh gelernt, daß es verboten ist, mich ›da unten‹ anzufassen«, erzählte Sarah der Gruppe. Während sie sprach, trat das Bild ihrer imposanten, willensstarken Mutter Laura vor ihr inneres Auge, wie sie sie in ihrer typischen, distanzierten Art badete. »Es gab eine richtige Weise, alles zu tun, und meine Mutter hat mich immer oben zu waschen begonnen. Sie hat mich fest hinter den Ohren geschrubbt, und dabei hat sie eine Bemerkung darüber gemacht, daß dort Gemüse zu wachsen beginnen würde, wenn ich mich nicht sauberhielte. Dann wusch sie mir den Hals, den Oberkörper und die Ellbogen, die immer schmutzig waren. Und dann übersprang sie ohne ein Wort diesen Körperteil ›da unten‹ – soweit ich wußte, hatte er keinen richtigen Namen – und setzte ihre laufenden Kommentare fort, wenn sie bei meinen schmutzigen Knien ankam.« Mehrere Frauen in der Gruppe lachten in Erinnerung an ähnliche Erlebnisse. Ermuntert durch die mitfühlende Reaktion, erzählte Sarah weiter, während lang verschüttet gewesene Erinnerungen in ihr Bewußtsein drangen.

»Meine Mutter hatte sichtlich kein entspanntes Verhältnis zu ihrer eigenen Sexualität. Ihre Beziehung zu meinem Vater war nicht offen zärtlich. Ich erinnere mich nicht, daß sie sich je spontan umarmten oder küßten, selbst wenn sie dachten, mein Bruder und ich schauten nicht hin. So habe ich einfach irgendwie gelernt, über nichts etwas zu wissen.

In meiner Familie erhielten wir keine Informationen über Sex. Nichts. In der fünften Klasse unterschrieb meine Mutter die Erlaubnis, daß ich den Film *Growing Up and Liking it* [etwa: Erwachsenwerden kann schön sein] sehen durfte.« Sarah hielt inne, während die Frauen über ihre Lieblingsszenen dieses Films redeten; sie waren sich alle einig, daß das Zusammentreffen von Spermium und Ei der dramatische Höhepunkt gewesen sei. »Jedenfalls kam ich nach Hause und erzählte ihr, daß ich diesen Film gesehen hatte«, fuhr Sarah fort, »ich war ganz aufgeregt, und meine Mutter sagte bloß, ›so‹, in einem ganz kalten Ton. Ich weiß nicht, wie ich den Schneid aufbrachte, aber ich fragte sie: ›Was geschieht mit dem Ei, wenn es nicht befruchtet wird?‹ Sie hatte einen unheimlich gequälten Ausdruck im Gesicht! Schließlich rang sie sich ihre Antwort ab. Sie sagte: ›Woher soll *ich* das wissen?‹

Und das war meine Sexualaufklärung.«

Sarah berichtete der Gruppe, wie erschrocken sie war, als sie zu menstruieren begann. Diese Erinnerung machte sie immer noch wütend, ihr Gesicht rötete sich unter ihrer gleichmäßigen Bräune. »Ich wußte nicht, was mit mir los war. Und ihr könnt euch vorstellen, was für eine Hilfe meine Mutter war! Ich kam weinend aus der Schule nach Hause, meine Mutter ging mit mir ins Bad, gab mir eine Binde und schickte mich ins Bett. Ich weinte lange in mein Kissen.

Als ich meiner Therapeutin diese Geschichte erzählte, sagte sie: ›Was haben Sie sich selbst gesagt? Was glaubten Sie, was mit Ihnen los war?‹ Ich sagte ihr, daß ich nicht sicher war. Ich brachte das, was ich im Film gesehen hatte, nicht mit dem in Verbindung, was ich erlebte, obwohl ich eine vage Vorstellung eines Zusammenhangs hatte. Und ich dachte, das Blut komme aus dem gleichen Loch wie das Pipi. Als ich diese Dinge meiner Therapeutin erzählte, dachte ich: ›O mein Gott, dieser Teil meines Körpers war völlig abgeschnitten von mir.‹ Diese Erkenntnis traf mich wie ein Blitzschlag.«

Als diese Erinnerungen erstmals wieder auftauchten, fühlte sich Sarah von ihrer Mutter verraten. Sie gab Laura die Schuld für die Tatsache, daß sie sich in ihrem eigenen Körper fremd gefühlt hatte und von sich selbst abgeschnitten aufgewachsen war.

Später begriff Sarah, daß, genauso wie Laura ihrer Tochter den Stempel ihrer eigenen Persönlichkeit und deren Fragmente aufgedrückt hatte, auch ihre Mutter bis ins Kleinste das Produkt ihrer eigenen strengen, förmlichen Erziehung war. Laura hatte keine Gelegenheit gehabt, ihre eigenen Befürchtungen und Ängste in bezug auf sich selbst als reife und sexuelle Frau aufzulösen; sie konnte Sarah nichts anderes anbieten als ihre eigene mangelhafte Vorstellung davon, was damit verbunden war. Vorstellungen über unseren Körper und unser Umgang mit ihm gehen auf unsere Familie zurück und werden häufig von Generation zu Generation weitergegeben. Auch unsere Ideen über Sexualität und ihre Macht und Bedeutung stammen aus unserer Familie, oft von unserer Mutter. Diese Ideen werden auch durch gesellschaftliche Botschaften beeinflußt, die im Laufe der Zeit verstärkt wurden.

Laura konzentrierte sich auf ihren Haushalt, ihre Familie und darauf, »gut auszusehen« – typisch für die meisten Frauen, die in den fünfziger Jahren erwachsen wurden und die in dem Glauben sozialisiert worden waren, daß Haushalt und Familie den Mittelpunkt der Aufmerksamkeit jeder Frau bilden sollten. Die in jenen Jahren reichlich vorhandenen kulturellen Leitbilder waren fest umrissen. Den Inbegriff dieser Leitbilder stellte die glückliche Fernsehfamilie dar: die Hausfrau, die, angetan mit hohen Absätzen und Perlen, ihre Hausarbeit verrichtete; die Hausfrau, die mehr als genug Zeit hatte, um ein wunderbares Abendessen für ihren athletischen Sohn, ihre hübsche Tochter und ihren attraktiven, aufsteigenden oder jedenfalls gut verdienenden Mann zuzubereiten, die jeden Abend pflichtschuldig zur gleichen Zeit nach Hause kamen. Zeitschriften sagten den Frauen, wie ihre Wohnungen aussehen sollten und welche Mahlzeiten bewirken würden, daß ihre Männer sie liebten und ihre Nachbarn sie beneideten.

All diese direkten Anweisungen führten zu der verbreiteten Annahme, daß jede Frau imstande sei, das »vollkommene Leben« zu erschaffen, und daß die Frau – als Gattin und Mutter – allein die Verantwortung für diese riesige und endlose Herausforderung trage. Ebenso wie Laura bemühen sich viele Frauen ihrer Generation immer noch vergeblich, diesen Anforderungen zu genügen, und sie vertuschen oder versuchen zu ignorieren, was nicht in dieses Bild paßt. Gesunde Äußerungen weiblicher Sexualität anzuerkennen und in dieses Leben aufzunehmen entsprach nicht diesen Leitvorstellungen, deshalb wurden sie nicht erwähnt oder ermutigt.

Laura betrachtete ihre Familie als eine Erweiterung ihrer selbst. Wenn bei ihnen etwas nicht stimmte, dann konnte das nur bedeuten, daß auch mit ihr etwas nicht in Ordnung war. Deshalb war es Laura nicht möglich zuzugeben, daß ihr Mann, Doug, ein Alkoholiker war. Weil sie nicht eingestehen konnte, daß sie einen trunksüchtigen Mann hatte, konnte sie kein Verständnis dafür entwickeln, wie er ihre Einstellung zur Welt und ihren Platz darin beeinflußte. Statt dessen verharrte sie als die beherrschende und mächtigste Figur der Familie in einem Verhältnis der Feindseligkeit und Abhängigkeit gegenüber Doug. Dadurch beraubte sie sich der Möglichkeit, einen Wandel herbeizuführen oder auch nur zuzugeben, daß eine Veränderung notwendig war. Sie verdrängte ihre Ohnmacht und Bitterkeit, stopfte ihre Gefühle zu und suchte nach äußeren Befriedigungen für sich und ihre Kinder.

Laura, willensstark, sarkastisch und imponierend, hatte immer fast zehn Kilo Übergewicht. Dennoch setzte sie sich nie direkt mit ihrem Gewichtsproblem auseinander. Statt dessen projizierte sie es auf Sarah, die gar keine Figurprobleme hatte. Dennoch erinnert sich Sarah, daß sie »dick« und »pummelig« genannt wurde. Ihre Mutter ging ständig mit ihr zu Ärzten, um ihr Appetitzügler verschreiben zu lassen. Da sich Sarah außerstande fühlte, dem Ideal gerecht zu werden, und überzeugt war, daß sie einen makellosen Körper benötigen werde, um einen Mann anzulocken und zu halten, verließ sie sich auch weiterhin auf chemische Substanzen. Sie hatte keine Ahnung über den Zusammenhang zwischen Chemie, Körperbild und sexueller Erlebnisfähigkeit als erwachsene Frau.

Es war diese schon früh hergestellte Verbindung zwischen Körperbild und chemischen Wirkungen – eine Verbindung, die ihr nachdrücklich vermittelt wurde, aber in einer doppeldeutigen und angstauslösenden Weise –, die bewirkte, daß Sarah von rezeptpflichtigen Medikamenten abhängig wurde. Dank ihrer Frauengruppe wird sie bald imstande sein, diese Verbindung herzustellen und die ernsten Folgen anzuschauen, die die Abhängigkeit auf ihr Leben hatte. Sowohl ihre intimen Beziehungen als auch ihr sexuelles Selbstbild waren dadurch tangiert.

Danielle: Alkoholikerin und emanzipierte Frau

Danielle ist soeben neu zu Sarahs Frauengruppe hinzugekommen. Sie ist vor der Sitzung vier Kilometer im Park gelaufen, um überschüssige Energie loszuwerden, aber sie ist immer noch nervös und kann es nicht erwarten, ihre Geschichte zu erzählen.

In Gesellschaft von Frauen fühlt sie sich etwas unbehaglich, obwohl sie das nicht zugeben möchte. Sie fragt sich ohnehin, was sie überhaupt hier tut. Frauen wie Sarah, verheiratet und seit Jahren von ihren wohlhabenden Männern erhalten, waren eigentlich nicht das, woran sie gewöhnt war. Auch bezweifelte sie, daß sie viel mit ihnen gemein haben würde.

Die 26jährige Danielle ist sehr zufrieden mit ihrer Berufswahl als Autorin für Technik. Sie ist mit Computern aufgewachsen und kompetent auf ihrem Gebiet. Klein und intensiv, mit lockigem rotem Haar, ist sie stolz auf ihren Körper und trägt fast nie einen BH. Sarah fand, Danielle sehe aus wie den Seiten der Zeitschrift *Self* entsprungen, so perfekt wirkte sie. Tatsächlich bezieht sie aus Magazinen wie diesem einen Großteil ihrer Informationen darüber, wie das Leben gelebt werden sollte. Sie studiert die weiblichen Figuren im Fernsehen und in Filmen eingehend und achtet genau darauf, wie sie mit Männern umgehen. Danielles Freundinnen tun dasselbe, und sie unterhalten sich gern über die neuesten Modetrends und Skandale.

Danielle betrachtet sich als emanzipierte Frau, und in vielen Hinsichten ist sie das auch. Als Tochter der sexuellen Revolution ist sie mit sämtlichen technischen Informationen aufgewachsen, die sie je benötigen könnte, um ein glückliches Sexualleben zu führen. »Also, stellt euch mal vor«, beginnt sie, »mit sechs Jahren habe ich vor meinem Haus gespielt, und meine Nachbarin hat mich gefragt, wo meine Mutti sei. Ich antwortete sehr ernsthaft: ›Sie fickt oben und will nicht gestört werden.‹ Sex war ein ständiger Begleiter meiner Jugend. Er war vorhanden – die Leute ›haben es getan‹ – und meine Mutter ›hat es getan‹.«

Danielle war erstaunt, über Sarahs Erfahrung in der Badewanne zu hören. Ihre Erinnerungen sind ganz anders. »Ich habe, bis ich sieben war, zusammen mit meinem Freund Ryan gebadet. Wir haben uns überall eingeseift und uns dann von unseren Muttis abbrausen lassen. Von unserem ersten Lebensjahr an haben wir uns mindestens einmal in der Woche nackt gesehen und nie viel darüber nachgedacht. Natürlich kam irgendwann einmal der Tag, an dem wir erfuhren, daß wir uns genieren sollten – und das dann auch prompt taten. Und damit hatte das ein Ende. Jedenfalls habe ich keine lebenslangen Narben oder so was davongetragen.« Danielle entwickelte Hemmungen erst durch die Botschaften der Gesellschaft um sie herum, die schließlich ihre Erziehung unterliefen und zu ihrem gegenwärtigen Selbstbild beitrugen.

Danielle lehnt sich in ihrem Sessel zurück, als sie der Gruppe über die Vorgeschichte ihres Alkoholproblems erzählt. Ihre Eltern, Marianne und David, waren Kinder der sechziger Jahre. Sie behielten ihren gegenkulturellen Lebensstil bei, als sie erwachsen wurden; so setzten sie sich für die Rechte von Wanderarbeitern und anderen unterdrückten Minderheiten ein. Sie waren Vegetarier, trugen Kleidung aus Naturfasern und praktizierten seit fast dreißig Jahren Recycling. Marianne und David rauchten zwar Marihuana und nahmen manchmal psychedelische Drogen, aber Alkohol lehnten sie als die Droge »des Establishments« ab.

Es war ein natürlicher Bestandteil von Danielles Jugendrebellion gegen ihre Eltern, sich alle sechs Wochen von einem guten Friseur die Haare schneiden zu lassen, Make-up zu tragen und zu trinken. Ab ihrem fünfzehnten Lebensjahr trank sie fast zehn Jahre lang unmäßig, und im zweiten Jahr ihres Alkoholkonsums stellten sich Blackouts ein.

Am Ende dieser Entwicklung gestand sich Danielle selbst ein, daß sie auch zu »sexuellen Blackouts« neigte, wie sie es nannte. »Ich erinnerte mich, daß ich mit irgendeinem Typen, den ich kaum kannte oder eben erst kennengelernt hatte, zu Abend gegessen hatte, und dann hatte ich diesen Filmriß bis zum nächsten Morgen ... ich wachte mit diesem Fremden im Bett auf. Ich war entsetzt, weil ich mich nicht erinnern konnte, was geschehen war ... ich wußte zwar, daß wir miteinander geschlafen hatten, aber Gott weiß, was ich gesagt oder getan hatte. Dieser ganze Zeitabschnitt fehlte mir, und das machte mir angst.« Danielle brachte diese Erfahrungen mit ihren früheren Alkohol-Blackouts in Verbindung; sie wußte, daß sie in Schwierigkeiten war. Aber es waren nicht nur die Filmrisse, die ihr Sorgen machten – es war auch ihre Verhaltensweise, die zunehmende Leere und Isolierung, die sie empfand.

Obwohl Danielle in nüchternem Zustand fähig ist, körperliche Befriedigung zu empfinden, ruft Sex ein Gefühl der emotionalen Leere bei ihr hervor. Sie ist nicht sicher, was fehlt. In dem Bestreben, dieses Vakuum zu füllen, liest sie gierig die Frauenzeitschriften, um zu erfahren, wie man sich einen Mann angelt, wie man ihm gefällt und wie man ihm und sich selbst sexuelle Erfüllung verschafft. Sie ist froh über diese Artikel, weil darin oft verschiedene Techniken dargestellt sind und weil sie schrittweise Instruktionen enthalten, wie man einen Mann glücklich macht, indem man »sexy« ist.

Danielle glaubt tatsächlich, daß es der heutigen Frau nicht nur gestattet ist, sexuell aktiv zu sein, sondern daß sie es sein *sollte*, und zwar gern – daß sie gut darin sein sollte, Männern Lust zu bereiten und attraktiv und begehrenswert zu sein. Diese Überzeugung hat zur Folge, daß sie sich ausschließlich auf Dinge außerhalb von ihr selbst konzentriert, auf die Bedürfnisse ihrer Partner. Sie hat einen wesentlichen Teil von sich selbst verloren oder ignoriert: den emotionalen Inhalt der Sexualität. Diesen muß sie neu entdecken, damit er ein Teil ihres sexuellen Selbst werden kann.

Theoretisch tut Danielle, was sie will. In letzter Zeit hatte sie jedoch das Gefühl, daß ihr Sexualleben im Zustand der Nüchternheit nicht so gut ist, wie sie es sich erhofft hatte. Es scheint aus dem Gleichgewicht mit ihrem übrigen Leben zu sein. Sie hat nach wie vor mit vielen Männern geschlafen, ohne sich einem von ihnen verbunden zu fühlen. In letzter Zeit hat sie nur selten Lust, sich mit jemandem auch nur ein zweites Mal zu verabreden.

Ohne den Alkohol erkennt sie, daß sie mit diesen Männern nicht ins Bett geht, weil sie sie mag oder wirklich begehrt. Wonach sie sich sehnt, ist das Gefühl innerer Verbundenheit – die emotionale Reaktion, die den Geschlechtsakt in sexuelle Intimität verwandelt –, also etwas ganz anderes.

Danielle benutzt Sex wie einen Schuß Rauschgift. Sie kennt

physisches Verlangen und ist imstande, ohne Scham- oder Schuldgefühle zu handeln, aber sie weiß nicht, wie sie Intimität mit Sex zusammenbringen kann, um Liebe zu erleben. »Ich habe seit Jahren keinen wirklich langfristigen, richtigen Freund gehabt. Ich bin nicht einmal sicher, daß ich je eine echte Beziehung zu einem Mann hatte. Manchmal fühlte ich mich beschissen. So habe ich es mir nicht vorgestellt.«

Sex ist das einzige Mittel, das Danielle kennt, um mit einem Mann in Kontakt zu kommen – vielleicht sogar, um mit sich selbst in Kontakt zu kommen. Doch diese Begegnungen lassen nur ein Gefühl der Leere zurück. Sie schärfen ihr Bewußtsein für den Mangel an Verbundenheit. Anonymer Sex mit Fremden hat ihr nichts gegeben. Ihr Trinken ermöglichte ihr, sich immer wieder einzubilden und danach zu handeln, daß der physische Akt der Kopulation eine emotionale Reaktion auslösen werde. Das hielt sie für die Gleichung der Intimität. Aber es ist genau umgekehrt: Intimität entwickelt sich aus einer Verbundenheit, die auf der emotionalen Ebene beginnt und in einem späteren Stadium Sex einschließen kann.

Theresa: Sexuell mißbraucht und beziehungsabhängig

Theresa hat dasselbe lange, schimmernde dunkle Haar wie ihre Mutter und deren ausdrucksvolle Augen. Sie ist kontaktfreudig, redegewandt und angenehm im Umgang. Aber ihre reizvolle und einnehmende Erscheinung vermittelt keinen Begriff von ihrer emotionalen Realität. Theresa hatte ein besonders schwieriges Leben und war bis in die jüngste Zeit von Alkohol, Valium und Kokain abhängig.

An Theresas 30. Geburtstag stellte ihr Freund Jeff ihr ein Ultimatum: Falls sie sich nicht um Hilfe im Kampf gegen ihre Suchtproblematik bemühe, werde er sie verlassen. Weil sie ihn liebte und sie ihm wirklich etwas zu bedeuten schien, beherzigte sie seinen Rat. In den letzten sechs Monaten hat sie eine Einzel- und eine Gruppentherapie gemacht, sie ist abstinent und nimmt an den Versammlungen der Anonymen Alkoholiker teil.

In der Therapie hat Theresa angefangen, zum erstenmal über ihre Kindheit zu reden. Die Erinnerungen sind schmerzhaft, und jetzt, da sie sich gestattet zu weinen, wenn sie ihre Geschichte erzählt, hält sie oft inne, um sich wieder zu sammeln.

Theresas Kindheit war voller Widersprüche. Sie ist in einem gepflegten Mittelschichthaushalt aufgewachsen, der das Familienchaos erfolgreich tarnte. Ihre Mutter Carmen war eine liebenswürdige, im Kloster erzogene Frau, die ebenfalls tablettenabhängig war. In Theresas Kindheit landete sie immer wieder in der Psychiatrie, aber es wurde niemals klar, ob sie tatsächlich ein psychiatrischer Fall war oder ihre seelischen Probleme die Folge des Tablettengebrauchs bzw. -mißbrauchs waren. Carmen steckte »im System« drin, und ihr Arzt zog es – wie viele Ärzte – vor, zuviel Medikamente zu verordnen, statt für eine psychotherapeutische Intervention zu sorgen.

Carmen war auch das Opfer ihrer unterdrückten römisch-katholischen Familienstruktur, in der sie lernte, Schuld und Scham zu empfinden, wenn sie Bedürfnisse und Wünsche äußerte, die von den kirchlich gebilligten abwichen. Als sie sich von Theresas Vater, einem Freund aus der Kindheit, scheiden ließ, um mit Bill, einem Nichtkatholiken, zusammenzuleben, sagte sich ihre Familie völlig von ihr los. Obwohl Carmen fortfuhr, Theresa jeden Sonntag in die Kirche mitzunehmen, fühlte sie sich als geschiedene Frau aus der Pfarrgemeinde ausgestoßen.

Ihr neuer Freund machte Carmens Isolierung komplett. Für ihre Familie, die ihr zumindest die Illusion von Unterstützung gegeben hatte, existierte sie nicht mehr. Und Bill, ein gutaussehender, erfolgreicher Geschäftsmann, von dem Carmen erwartete, daß er ihr und ihrer Tochter ein gesichertes, respektables Leben bieten werde, war de facto Alkoholiker, der sich gegenüber ihren Bedürfnissen als völlig gleichgültig und unsensibel erwies.

Als Theresa neun Jahre alt war, wurde sie vom Freund ihrer Mutter und einigen seiner Zechkumpane nacheinander vergewaltigt. Bill war zwar aufgrund seines geschäftlichen Erfolgs in der Gemeinde angesehen, aber in Wirklichkeit ein brutaler und gefährlicher Trinker. Es war eine schmerzhafte und verheerende Erfahrung für Theresa, und sie koppelte sich dabei psychisch von ihrem Körper ab; es war die einzige Möglichkeit, sich zu schützen. Theresa verschwieg die Vergewaltigung. Sie wußte, daß ihre Mutter keine Macht über Bill hatte, und sie befürchtete, Carmen könnte, wenn sie davon erfuhr, so schockiert sein, daß sie wieder ins Krankenhaus kommen würde. Theresa zwang sich, das Erlebnis zu »vergessen«, und als sie sechzehn war, starb Carmen an einer Überdosis von Barbituraten, ohne von der Gewalt zu wissen, die ihr Freund ihrer Tochter angetan hatte.

Theresa wuchs zu einer Frau heran, die wußte, wie man Männern gibt, was sie wollen. Ihre frühe Sozialisation hinsichtlich männlicher und weiblicher Rollen war aufgrund der Passivität ihrer Mutter und ihres Milieus, das von den Macho-Elementen in der lateinamerikanischen Kultur beeinflußt war, ziemlich klischeehaft. In ihrer Welt waren die Rollenvorbilder klar umrissen: Männer waren aktiv, durchsetzungsfähig, aggressiv und konkurrenzorientiert – mit einem Wort: allmächtig. Frauen waren freundlich, fügsam, höflich, gesittet und passiv – völlig machtlos.

Theresas Mißhandlung, gepaart mit ihrer Sozialisation als passive, angepaßte Frau, bot ihr keine Möglichkeit der Selbststärkung. Statt dessen suchte sie außerhalb nach Macht, nach dem Mann, der sie retten würde. Filme, Frauenzeitschriften und die Werbung zeigten Theresa das Image, das sie benötigen würde, um ihr Ziel zu erreichen: das eines schönen, sinnlichen Spielzeugs, das zu besitzen sich jeder reiche und mächtige Mann glücklich schätzen konnte. Der innere Konflikt, den dieses Ziel hervorrief, war jedoch qualvoll. Während die Gesellschaft ihr zu verstehen gab, daß sie gut im Bett sein müsse, suggerierte ihr ihre römisch-katholische Erziehung, das sei eine Sünde.

Ihr erstes freiwilliges sexuelles Erlebnis hatte Theresa mit vierzehn, mit einem Jungen, mit dem sie danach nie wieder zu tun hatte. Sie war niedergeschmettert, weil sie naiverweise angenommen hatte, er liebe sie und werde fortan ihr fester Freund sein. Aber sie wußte, wie attraktiv sie war, und sie erlernte bald einige der nötigen Künste. »Ich wußte genau, instinktiv, was einen Mann erfreuen würde, im Bett oder außerhalb. Ich wußte, was er wollte, und das bekam er auch.

Ich tat dies jahrelang – während meines ganzen Sexuallebens. Ich gab meinen Sexualpartnern genau, was sie wollten, ohne mir selbst Aufmerksamkeit zu schenken.« Während sie das sagt, spannt sich ihre Stimme an, und sie dreht Strähnen ihres langen Haares mit dem Finger zu straffen Spiralen. »Ich wußte, was ich tat. Anderen Vergnügen zu bereiten kann dem eigenen Ego viele Streicheleinheiten eintragen. Ich war eine tolle Geliebte. Ich ließ mich voll darauf ein. Jetzt erkenne ich, wie ich das zu Herrschaft und Manipulation benutzte. Doch wieviel Aufmerksamkeit ich auch bekommen mochte, es schien nie genug zu sein. Jetzt weiß ich, daß das, was ich bekam und wovon ich glaubte, es zu wollen, nicht das war, was ich wollte oder brauchte.«

Obwohl Theresas äußere Erscheinung makellos wirkt, befindet sie sich in einem ständigen Kampf um ihr inneres Gleichgewicht. In den Anfangsphasen der Ausnüchterung hat sie sich nicht auf einer »rosa Wolke« gefühlt. Tatsächlich scheint sich die Situation zu verschlimmern. Obwohl sie seit sechs Monaten clean und nüchtern ist, muß sie sich jetzt mit den Konsequenzen von Dingen auseinandersetzen, die geschahen, als sie noch Drogen nahm. So betrauert sie den Verlust ihres zehnjährigen Sohnes, Robbie, der ihr wegen ihres Kokain- und Alkoholkonsums im Alter von zwei Jahren weggenommen wurde. Und ihren Job in einer PR-Firma hat sie kürzlich verloren, weil sie zu viele Fehler machte, die sie nicht verhindern zu können schien. Die Erkenntnis, daß sie und ihr Leben außer Kontrolle geraten sind, trifft sie hart.

Theresa hat das Glück, in dieser schwierigen Zeit ihres Lebens Jeff an ihrer Seite zu haben. Er ist ein erfolgreicher Anwalt, er hat keine Drogenprobleme, und er nimmt echten Anteil an ihrem Schicksal. In letzter Zeit ist er besonders besorgt gewesen, weil Theresa angefangen hat, während des Liebesaktes mit Jeff fürchterliche Rückblenden von ihrer Vergewaltigung zu erleben. Dies ist eine häufige Reaktion bei Inzestopfern, aber für Theresa kam sie überraschend.

»Manchmal scheine ich einfach aus meinem Körper davonzuschweben, während wir miteinander schlafen«, sagte Theresa zu ihrer Therapeutin. »Ich meine, ich bin da, ich tue es; aber ich empfinde nichts dabei. Das ist ziemlich schlimm, aber noch schlimmer ist, daß ich manchmal, wenn ich Jeffs Gesicht anschaue, dieses Schwein Bill sehe. Ich kann mich an Jeff überhaupt nicht erinnern, und ich liege dann wieder im Alter von neun Jahren auf dem Boden. Es ist ein Alptraum, ein Alptraum!«

Mimi: Alkoholikerin und Lesbe

Mimi ist eine Lesbierin, die als Professorin für Soziologie an einer großen Universität erfolgreich Karriere macht. Sie hat hart gearbeitet, um so weit zu kommen. Bei ihren Studentinnen und Studenten gilt sie als witzig und gescheit. Sie ist Leiterin ihres Fachbereiches, hat eine Anzahl von Lehrauszeichnungen erhalten und genießt aufgrund ihrer wissenschaftlichen Veröffentlichungen einen guten Ruf. Mit 45 schwimmt sie im Pool der Universität täglich ihre Längen, und sie ist ein aktives Mitglied der Gesellschaft der Opernfreunde.

Mimi erholt sich seit drei Jahren von ihrem Alkoholmißbrauch. Zu ihrem Entsetzen hatte sie entdeckt, in welchem Ausmaß sie von Alkohol abhängig war, um sexuell aktiv zu sein. Jetzt fürchtet sie sich davor, neue Beziehungen zu knüpfen. Kürzlich hat sie in dem Bemühen, ihr Trinkverhalten von ihrem Sexualleben zu trennen, angefangen, in der Therapie über ihre frühe Kindheit zu sprechen.

Mimi wurde in West Virginia geboren und ist in einer weißen Arbeiterfamilie aufgewachsen. Ihre Geburt kam für ihre Eltern irgendwie überraschend – ihre zwei Schwestern waren dreizehn und vierzehn, als sie zur Welt kam.

»Mein Vater war sehr traditionell, das typische patriarchalische Familienoberhaupt.« Mimi lächelt bei dieser Erinnerung.

»Er hat furchtbar gern gejagt und geangelt, aber er hat das nie mit meinen Schwestern getan, denn das war einfach nichts, was Mädchen taten. Er hatte immer einen Sohn vermißt, mit dem er diese Dinge hätte tun können, und als ich zur Welt kam, hat er mich, glaube ich, in seinem tiefsten Inneren als seine letzte Chance angesehen. Also hat er mir beigebracht, Köder auszuwerfen und zu schießen. Wir haben miteinander Ball gespielt und hatten viel Spaß zusammen.«

Mimi liebte ihr Leben und sah in all dem überhaupt nichts Ungewöhnliches. Aber als Halbwüchsige wurde ihr bewußt, daß sie anders war als ihre Mitschülerinnen. Wie sie ihren Körper bewegte, war irgendwie »falsch«. Wie sie sich kleiden wollte, erschien irgendwie unpassend. Sie bekam zwar gute Noten und hatte viele Freundinnen, aber sie schleppte auch Schamgefühle mit sich herum, die sie nicht benennen konnte.

»Ich war wie viele halbwüchsige Lesben, nehme ich an«, sinniert Mimi, wobei ihre musikalische Stimme leise und traurig klingt. »Viele von uns verdrängen ihre Sexualität völlig und kanalisieren ihre Energien in Sport, Theaterspiel, eine Band oder ihr Studium. Wir werden unsichtbare Nichtteilnehmerinnen an den Experimenten mit dem anderen Geschlecht. Ich gehörte zwar immer zur Clique, aber die jungen Männer haben nie mit mir geflirtet.«

Mimi beneidete die Freunde ihrer Freundinnen, aber sie wußte nicht, warum. Sie hatte kein Interesse, sich mit Jungen zu verabreden; ihre Beziehungen zu ihren Freundinnen waren der Mittelpunkt ihres Lebens. Sie begriff nicht, daß sie auf deren Freunde eifersüchtig war; sie wußte nicht, was sie empfand außer Schmerz. Sie versuchte zu kichern und mit Jungen zu flirten, in dem unbewußten Versuch, bei den anderen Mädchen anzukommen. Aber sie hatte keine sexuellen Begegnungen in der High-school, und ihr Leben war von dem isolierenden Gefühl durchtränkt, daß sie anders sei.

Das College mit seiner anregenden intellektuellen Atmosphäre erschien ihr als willkommene Befriedigung. Dort hatte Mimi mit neunzehn ihre erste sexuelle Beziehung – mit ihrer Zimmergenossin Linda. Mimi schneidet ein Gesicht, wenn sie daran denkt, wie unschuldig sie war. »Wir haben eineinhalb Jahre miteinander geschlafen, bevor mir klar wurde, daß wir eine lesbische Beziehung hatten. Als die künftige Akademikerin, die ich war, fand ich das natürlich heraus, indem ich in einem Buch darüber las.«

Mimis und Lindas Verwirrung wurde noch durch die heterosexuellen Vorurteile der Gesellschaft gesteigert. Heterosexualität ist die einzige Option, die die Gesellschaft jungen Menschen anbietet. Lesbische Beziehungen werden nicht nur nicht angeboten; man spricht gewöhnlich nicht laut darüber. Dieser Mangel an zutreffender Benennung seitens der vorherrschenden Kultur macht es um so schwieriger für uns, unsere Gefühle und Erfahrungen in allen sexuellen Bereichen zutreffend zu benennen.

»Ich war ziemlich aufgeregt über meine Entdeckung und erzählte sie Linda«, fährt Mimi fort, »aber sie dachte, ich spinne. Sie erklärte mir geduldig, daß wir bloß wirklich gute Freundinnen seien und daß wir für den Zeitpunkt unserer Heirat übten – wir *verbesserten* unsere sexuelle Technik für den Märchenprinzen, der sicherlich noch kommen würde! Linda hat nach dem College tatsächlich geheiratet und eine Familie gegründet. Wer weiß, was in ihr vorging.«

Mimi führt ihre eigenen hohen Leistungen auf das Faktum zurück, daß sie in einer Männerwelt aufgewachsen war. Sie war einfach nie auf den Gedanken gekommen, daß frau auch anders sein könnte. Die Konsequenzen für ihr Sexualleben waren jedoch problematischer. »Ich war bereit anzuerkennen, daß ich lesbisch war, aber in dieser Identität wurde ich an der Universität nicht gerade gefördert – speziell 1963! Verstehen Sie, das traditionelle Männlich-weiblich-Modell war so stark, daß Homosexualität nicht einmal als eine Option angesehen wurde. Das ist vielerorts auch heute kaum anders. Der Alkohol machte es mir viel leichter, meine sexuellen Gefühle gegenüber Frauen auszuleben. Durch ihn konnte ich in meinem Privatleben ebenso aktiv sein wie in meinem Beruf. Es war wunderbar.«

Als Mimi aufhörte zu trinken, verließ sie die alkoholbedingte sexuelle Courage, die ihr so zustatten gekommen war. »Als ich getrunken habe, hielt ich mich für eine Art Sexgöttin. Aber als ich aufhörte, fürchtete ich mich schrecklich. Ich hatte keine Ahnung, wie ich mich benehmen sollte oder was geschehen würde, wenn ich abgelehnt wurde. Schließlich hörte ich einfach auf, sexuell aktiv zu sein.« Jetzt, nach zwei Jahren der Enthaltsamkeit, ist Mimi bereit, verstehen zu lernen, was sexuelle Askese bedeutet.

Unser sexuelles Selbst entdecken

Sarah, Danielle, Theresa und Mimi schlagen sich mit ihren individuellen Erfahrungen und den verworrenen Botschaften herum, die sie bei ihrem Heranwachsen durch die Vermächtnisse ihrer Familie und seitens unserer Gesellschaft erhalten haben. Dennoch haben sie eine grundlegende Erfahrung und Identität miteinander gemein: Sie alle sind Frauen, die versuchen, ihren Weg in einer Gesellschaft zu finden, die Frauen nicht mit Wertschätzung begegnet und sie nicht ermutigt, die Besonderheit der weiblichen Sexualität zu entdecken und zu genießen.

Sarah hat schon früh gelernt, daß die körperliche Erscheinung wichtig ist, aber sie hat widersprüchliche Botschaften in bezug auf Sexualität erhalten: Es ist zwar wichtig, darauf zu achten, wie dein Körper aussieht, aber es gibt einen Teil deines Körpers, der unbenannt und unberührt bleiben muß. Bewußt will Sarah nicht so sein wie ihre Mutter Laura – eine übermäßig kritische, narzißtische Frau, die wie viele ihrer Altersgenossinnen dazu erzogen wurde, ihre Kinder als Erweiterung ihrer selbst anzusehen. Dennoch ist ihr Leben von den Ansichten ihrer Mutter darüber, wie das Leben einer Frau sein sollte, beeinflußt. Sarahs unbewußte Lösung hat darin bestanden, sich von ihr selbst und ihrer Sexualität durch Drogen abzukoppeln, die die Reaktion ihres Körpers dämpften und den angehäuften Schmerz ihrer bruchstückhaften Erfahrungen verdrängten.

Im Gegensatz zu Sarah, die dazu erzogen wurde, »es« für den Mann »aufzusparen«, den sie heiraten würde, wurde Danielle dazu erzogen, sexuell aktiv zu sein. Ihre Mutter Marianne bemühte sich sehr, ihre Tochter in einer Atmosphäre aufzuziehen, die Wißbegier und Offenheit ermutigte. Die Folge war, daß Danielle mit dem körperlichen Aspekt der Sexualität zwar unbefangen umgehen kann, den emotionalen Inhalt jedoch vermißt. Sie geht von einer Beziehung zur nächsten, ohne je eine echte Verbundenheit hergestellt zu haben. Nun beginnt auch sie endlich, diese schmerzauslösende Leere in ihrem Leben zu erkennen und darum zu ringen, ihr Gefühlsleben wieder mit ihrem Körper und ihrer sexuellen Aktivität zu verbinden.

Theresa hat schon früh gelernt, daß sie ihre Schönheit und Intelligenz dazu benutzen kann, andere Leute zu veranlassen, sich um sie zu kümmern. Das ist nicht etwas, das bloß sexuell mißbrauchte Frauen lernen. Es ist eine der impliziten Botschaften der Gesellschaft an Frauen, die Mütter, oft ohne sich dessen bewußt zu sein, an ihre Töchter weitergeben: Für Frauen ist Passivität und Manipulation der Schlüssel, um sich in der Welt zu behaupten. Die Folge ist, daß es Frauen wie Theresa schwerfällt, sich ihre Gefühle und Bedürfnisse bewußtzumachen; ihre Macht ist die von Reagierenden, nicht die von Agierenden. Sie haben wenig unmittelbaren Zugang zu irgend etwas, am allerwenigsten zu sich selbst und ihrem eigenen Innenleben.

Es ist wichtig zu verstehen, daß diese Verhaltensweise durch unbefriedigte Kindheitsbedürfnisse, Mißbrauch bzw. Mißhandlung und den Einfluß gesellschaftlicher und kultureller Konditionierung entsteht. Es handelt sich dabei also nicht um eine individuelle »Krankheit«.

Mimi war durch ihre sexuelle Orientierung zuerst verwirrt und dann stigmatisiert. Sie ist ohne Worte aufgewachsen, um ihre Gefühle und Erfahrungen zu identifizieren. Aufgrund ihrer traditionell männlichen Eingliederung in die Gesellschaft wurde sie selbstbewußt und leistungsorientiert. Sie wußte instinktiv, wie man in einer Männerwelt Erfolg hat, ohne Männern entgegenzukommen oder Liebesbeziehungen mit ihnen eingehen zu müssen. In der Zeit ihrer Selbstfindung wurde ihr jedoch bewußt, wie wichtig diese dominante Identität für sie war und wie sehr sie sich davor fürchtete, sich in einer sexuellen Beziehung verletzbar zu fühlen. Sie verbarg sich hinter einer Mauer, die sie davon abhielt, mit anderen Frauen sexuell oder sonstwie in Kontakt zu treten.

Die implizite Botschaft der Erfahrungen dieser Frauen ist, daß Sexualität weit mehr umfaßt als sexuelles Verhalten. Sie ist eine Identifizierung, eine Aktivität, ein Trieb, ein biologischer Prozeß, eine Orientierung, eine Einstellung. Ihr Inhalt ist physischer, emotionaler, psychischer und spiritueller Art. Sexualität ist ein lebenslanger Entdeckungsprozeß, die Gesamtheit dessen, wer wir sind und wie wir in der Welt existieren. Wenn Sie diese und andere Frauen auf ihrem persönlichen Weg zur sexuellen Gesundung begleiten, dann, hoffe ich, werden Sie beginnen, sich der Komponenten Ihrer eigenen Sexualität bewußt zu werden: ihrer Komplexität, ihrer Vorgeschichte und ihrer Einzigartigkeit. Dies sind Ihre Vermächtnisse, auf die Sie Anspruch erheben und die Sie erkunden können.

2. Kapitel

Die großen Lügen

Wahrhaftigkeit wurde für uns Frauen nicht als wichtig angesehen, solange wir einem Mann physisch treu bzw. keusch blieben. Man hat von uns erwartet, daß wir mit unserem Körper lügen: daß wir unser Haar blond oder rot färben, daß wir es glätten oder in Locken drehen; daß wir Augenbrauen auszupfen, Achselhöhlen rasieren, uns an verschiedenen Stellen auspolstern oder einschnüren, kleine Schrittchen machen, unsere Finger- und Zehennägel lackieren, Kleider tragen, die unsere Hilflosigkeit betonen ... Die Wahrheit unseres Körpers wurde uns vorenthalten oder entstellt; über unsere intimsten Stellen hat man uns in Unwissenheit gehalten ... Durch das Belügen anderer belügen wir uns schließlich selbst. Wir leugnen die Wichtigkeit eines Ereignisses oder einer Person und berauben uns auf diese Weise selbst eines Teils unseres Lebens. Oder wir benützen ein Stück der Vergangenheit oder Gegenwart dazu, um ein anderes auszublenden. So verlieren wir das Vertrauen sogar zu unserem eigenen Leben.

Adrienne Rich, *On Lies, Secrets and Silence*

Sexuelle Verleugnung trägt viele Masken: Frau kann so tun, als verstehe sie einen zotigen Witz nicht. Frau kann behaupten, eine Jungfrau zu sein, obwohl das nicht stimmt. Frau kann »vergessen«, ihr Pessar zu einer Verabredung mitzubringen, obwohl sie die Absicht hat, mit dem Mann zu schlafen. Frau kann sich einreden, nur deshalb mit jemandem ins Bett gegangen zu sein, weil sie betrunken war. Frau kann einen Orgasmus vortäuschen, um ihrem Partner eine Freude zu machen. Frau kann fortfahren, den Sexualakt zu vollziehen, auch wenn sie danach nie Befriedigung empfindet. Eine Show, ein Bluff – darauf läuft es oft hinaus.

Unsere sexuellen Lügen sind so mannigfaltig, wie wir es sind, aber sie haben alle die gleiche Wirkung: Sie trennen uns von unserem inneren Selbst. Sexuelle Verleugnung ist ein Anzeichen unseres inneren Ringens um einen Modus vivendi mit der Außenwelt.

Viele Frauen und praktisch alle, die sich auf der Suche ihrer selbst befinden, haben sich von ihrer Sexualität so distanziert, daß sie jede Hoffnung verloren haben, ihr inneres und äußeres sexuelles Selbst je miteinander in Einklang bringen zu können. Das war auch meine eigene Erfahrung. Vom Selbstfindungsprozeß war meine Sexualität ebensosehr betroffen wie die anderen Aspekte meines Daseins. Erst damals begann ich das Ausmaß zu erkennen, in dem mein Alkoholismus meine Sexualität betäubt und deformiert hatte.

Der traurigste Aspekt war, daß mir am Beginn meiner Selbstsuche niemand sagte, daß ich mich mit meiner Sexualität würde auseinandersetzen müssen. Niemand wies mich auf die sexuellen Probleme hin, die ich in nüchternem Zustand haben könnte, und niemand machte mir klar, daß die meisten Frauen ähnliche Erfahrungen machen.

Die Verleugnung sexueller Probleme erstreckt sich sogar auf Therapeutinnen und Beraterinnen. Niemand scheint imstande zu sein, über Sex zu sprechen oder es versuchen zu wollen, und auch in der Therapie wird das Thema selten erörtert. Doch wie wir wissen, wird Veränderung erst dann möglich, wenn die Verleugnung untersucht und durch Wahrhaftigkeit und Verständnis ersetzt wird.

Es ist wichtig, sich der Beziehung zwischen unseren inneren Vorgängen und unseren äußeren Handlungen bewußt zu werden. Wir werden ganz, indem wir unser Verhalten mit unseren Gefühlen in Einklang bringen. Der Selbsterfahrungsprozeß erfordert, daß wir mit unserem Innenleben vertraut werden und unser inneres Selbst auch in der äußeren Welt zum Ausdruck bringen. Wenn wir unfähig sind, den Zusammenhang zwischen unseren Gedanken, Gefühlen, Überzeugungen und Interaktionen mit anderen zu erkennen – und Übereinstimmung zwischen all diesen Ebenen herbeizuführen –, dann wird es uns nicht gelingen, ein sinnvolles und erfülltes Leben zu führen.

Verflixte Unwissenheit

Als Sarahs Gruppe erstmals über Sexualität zu sprechen begann, war sie erstaunt, wie offen manche der Frauen redeten. Danielle hatte zum Beispiel keine Skrupel, Größe und Form des Penis ihrer verschiedenen Liebhaber zu beschreiben. Sie konnte sie sogar ganz locker als »Pimmel« bezeichnen, wobei sich Sarah recht unbehaglich fühlte.

Als Sarah sich mit ihrer sexuellen Beziehung zu Scott zu beschäftigen begann, wurde ihr klar, daß sie seit langer Zeit nicht mehr viel darüber nachgedacht hatte. Tatsächlich hatte sie sich geradezu bemüht, nicht darüber nachzudenken. Sie schlafen nicht mehr oft miteinander, aber sie weiß nicht so genau, warum. Sie weiß, daß er mit ihr schlafen will, und sie möchte ihn zufriedenstellen, aber es scheint nie zu passieren.

Scott beklagt sich, daß sie bereits schläft, wenn er zu Bett geht. Sarah hat ihn gebeten, sie aufzuwecken, aber wenn er es versucht, ist sie jeweils zu schläfrig. Jetzt sagt er sich, was soll's? Andererseits wirft Sarah Scott seine Arbeitswut vor. Sie findet, er sei nie zu Hause, was könne er also erwarten? Beide machen sich nicht klar, daß ein Teil des Problems darin besteht, daß die Pillen, die Sarah »zur Entspannung« nimmt, sie daran hindern, aufzuwachen und präsent zu sein. Es ist leichter für beide, über all dies nicht nachzudenken: die Pillen, die Unfähigkeit, in Kontakt zu treten, und der Mangel an Zeit, um miteinander zu schlafen.

Sarah leugnet ihre Tablettensucht. Sie belügt sich auch selbst, wenn sie denkt, das Eheleben sei nach einer Weile einfach so. Auch das Vorbild ihrer eigenen Eltern enthielt wenig Zärtlichkeit und Kontakt. Sie findet sich mit dem ab, was man sie zu erwarten lehrte, aber das ist nicht genug. Sie macht sich selbst vor, daß es ihr genügt. Auf einer tieferen Ebene hat Sarah angefangen zu erkennen, daß sie ihr Augenmerk auf ihre Sexualität richten muß, und diese Vorstellung macht ihr furchtbare Angst.

Sarahs Sträuben, über ihr Sexualleben auch nur nachzudenken, ist nicht ungewöhnlich. In unserer Gesellschaft werden Frauen immer noch wegen ihrer Unwissenheit über Sexualität geschätzt. »Anständige« Mädchen sollen nichts über Sex wissen. Männer scheinen zu wollen, daß Frauen unschuldig und unerfahren sind – zumindest hören wir, daß sie das wollen. Deshalb werden wir von Schuldgefühlen geplagt und täuschen Unwissenheit und Unerfahrenheit in bezug auf Masturbation und sexuelle Begegnungen vor. Aber die Wahrheit ist, daß wir sexuelle Gefühle haben und uns von ihnen leiten lassen. Bei den Frauen tragen die Schuld- und Schamgefühle, die auf sexuelle Aktivität folgen, zum Abwehrcharakter des Verleugnungssystems bei, das der Entwicklung eines emotional erfüllten Sexuallebens entgegenwirkt.

Unsere kulturelle Rolle als Frauen ist es, zu hegen und zu pflegen und zusammenzuhalten, die idealen Werte hochzuhalten, die in einer von Eigennutz angetriebenen und von Konkurrenz und Aggression beherrschten Welt Empathie, Mitgefühl und Zärtlichkeit fördern. Wir wünschen uns, daß unsere sexuellen Begegnungen mit anderen von Zuwendung und Zärtlichkeit, Bejahung und Freude geprägt sind, aber dies ist oft nicht der Fall. Manchmal erscheint es brutal und lieblos, die Wahrheit zu sagen – und es stimmt, daß Ehrlichkeit ohne Feingefühl brutal ist. Doch Ehrlichkeit, speziell uns selbst gegenüber, ist ein notwendiger erster Schritt zur Veränderung unserer gestörten Verhaltensmuster.

Sarah wurde dazu erzogen, sich romantischen Idealen in bezug auf Sex zu verschreiben. Sie glaubte, daß Sex vor der Ehe okay sei, wenn man den Betreffenden heirate. Sie schlief mit ihrem ersten Mann, Max, in »einem Moment der Leidenschaft«, wie sie es gern nannte – das heißt, »ich hatte es nicht vor, ich ließ mich einfach dazu hinreißen« –, und fühlte sich danach verpflichtet, ihn zu heiraten. Selbst nach ihrer Scheidung handelte sie weiterhin nach diesem Grundsatz: Sie betrachtete jeden Mann, mit dem sie ausging, als potentiellen Lebenspartner, um zu rechtfertigen, daß sie mit ihm schlief.

Die meisten Frauen in Selbsterfahrungsgruppen sind mit dem »Schweigegebot« vertraut, das der Hauptmechanismus ist, der in gestörten Familien die Verleugnung schützt. Aber das Schweigegebot ist auch ein vertrautes Element in unserem Sexualleben. Dieses Gebot kann verschiedenste Formen annehmen: Wenn man über Sex reden muß, dann ist das schlecht; es taugt nichts, wenn man fragen muß. Wenn uns unser Partner wirklich liebte, dann würden wir im Bett genau das bekommen, was wir uns wünschen und brauchen. Wenn uns der Richtige begegnet, dann wird alles vollkommen sein. Wenn es nicht vollkommen ist, dann muß es an meinem Körper oder an meiner Technik liegen. Diese Grundsätze können uns daran hindern, eine unbefriedigende Beziehung zu beenden, um das zu bitten, was wir wollen, und die Verantwortung für unsere eigene Sexualität zu übernehmen.

Verflixte Manipulation

Theresa lernte, Männer sexuell zu manipulieren, um ihre Grundbedürfnisse befriedigt zu bekommen. »Ich wußte, daß ich, wenn ich mich attraktiv hielt, Männer mit Geld bekommen würde, die für mich sorgen würden. Ich konnte sie halten, weil ich genau wußte, was sie im Bett wollten, und es ihnen gab.« Ihre Beziehungen waren keine wechselseitig stärkenden, anteilnehmenden Interaktionen; es waren kommerzielle Transaktionen. Ihrer Erziehung gemäß erwartete sie, von Männern finanziell versorgt zu werden; als Gegenleistung stellte sie ihnen ihren Körper zum Gebrauch zur Verfügung. Bei diesem pragmatischen Tauschgeschäft war kein Platz für emotionale Verbundenheit oder Erfüllung. Zwischen ihrem 20. und 26. Lebensjahr war Theresa ausschließlich mit instabilen und gefährlichen Männern zusammen, deren Reichtum aus illegalen oder zumindest fragwürdigen Tätigkeiten stammte.

Theresa zahlte einen hohen Preis für ihre Abhängigkeit. Einer ihrer Liebhaber, ein Kokainhändler, stellte ihr eine Wohnung zur Verfügung und kaufte ihr einen Sportwagen. Er betrachtete sie nicht als Geliebte, sondern als Zubehör, und er spielte auf seine eigene sadistische Weise mit ihr. Einmal hielt er sie drei Tage lang in einem Schrankzimmer gefangen und schob ihr Kokain unter der Tür durch. Ein anderer Liebhaber war ein Spieler, der sie hin und wieder verprügelte.

In der Therapie wurde sich Theresa schmerzhaft bewußt, in welchem Maß ihre Abhängigkeit von Männern sie dazu veranlaßte, ihre eigenen sexuellen und emotionalen Bedürfnisse auszublenden. De facto war sie in der Rolle eines schwachen und hilflosen kleinen Mädchens gefangen. »Ich habe ihnen gegeben, was sie wollten, aber sie haben mich nie gefragt, was ich wollte. Es kam mir gar nicht in den Sinn, daß sie das sollten. Und es kam mir nie in den Sinn, mich selbst zu fragen, was ich will.«

Jetzt fühlt sie die Auswirkungen dieses jahrelangen Mißbrauchs. Sie wurde als nichts weiter als ein warmer Leib benutzt, degradiert und weggeworfen, und sie ist entschlossen, niemals zu diesem Leben zurückzukehren. Sie lebt allein in einer kleinen Wohnung und nimmt die Jobs an, die sie bekommen kann, sogar Putzstellen – ein ziemlicher Abstieg von ihrem anspruchsvollen PR-Job –, um sich selbst zu erhalten. Theresa arbeitet täglich daran, neue Fertigkeiten zu erwerben, die ihrem Wachstum und ihrer Genesung dienen. Sie hat angefangen, Gefühle von Selbstwert zu empfinden, die ihre Entschlossenheit verstärken, auf diesem Weg der Selbstfindung weiterzugehen.

Verleugnung in bezug auf sexuelles Verhalten setzt früh ein. Kinder sind sehr neugierig gegenüber ihrem Körper und ihrer Sexualität. Wenn Eltern bei der Beantwortung von Fragen geheimniskrämerisch reagieren, wenn sie peinlich berührt oder befangen wirken, wie es bei Sarahs Mutter der Fall war, kriegen Kinder das Gefühl, sie hätten mit ihrer Frage etwas falsch gemacht. Im Lauf der Zeit beginnen sie zu glauben, daß Sex ekelhaft und schmutzig sein müsse, etwas, das man leugnet oder abwertet, zumindest aber geheimhält.

Das Verhalten der Familien von Alkoholikern, Suchtkranken und in anderer Hinsicht gestörten Familien kann die sich entwickelnde Sexualität eines Kindes ernsthaft beeinträchtigen. So sind Körperkontakte ein wesentlicher Bestandteil sexueller Erfahrungen. Alkoholiker sind jedoch in ihrer Bereitschaft zu Berührungen wechselhaft und willkürlich, und oft versagen sie ganz. Körperliche Mißhandlung und sexueller Mißbrauch wie in Theresas Familie sind zwar extreme Erfahrungen, aber bedauerlicherweise nicht ungewöhnlich.

Zuwendung ist ein weiterer wichtiger Bereich. Manche alkoholkranken Eltern sind nur dann liebevoll, wenn sie getrunken haben. Deshalb lernen die Kinder oft, Zärtlichkeit mit Betrunkenheit zu verbinden. Diese Kinder schleppen diese Verwirrung bezüglich der Natur und des Stellenwerts von Zärtlichkeit in ihr Erwachsenenleben mit. Eine Frau erinnert sich: »Was mir am wichtigsten ist, das ist Zärtlichkeit. Ich glaubte, einen tollen Sexualpartner zu haben, den Vater meiner Kinder. Aber von ihm habe ich keine Zärtlichkeit bekommen. Er hat selten meine Hand gehalten oder seinen Arm um mich gelegt. Jetzt ist mir bewußt, daß er mich nie anfaßte, außer wenn er ein sexuelles Bedürfnis hatte und etwas von mir wollte.«

Verflixte Permissivität

Danielles Kindheitsbotschaft in bezug auf Sexualität lautete faktisch: »Hol's dir. Sex ist toll und nichts, wofür man sich schämen müßte.« Diese explizite Botschaft war die Reaktion ihrer Mutter auf ihre eigene unterdrückende Erziehung. Sie wollte nicht, daß ihre Tochter mit den gleichen sexuellen Tabus aufwuchs, die sie erdulden mußte und die bei ihr Schuldgefühle hervorgerufen hatten. Deshalb sorgte sie dafür, daß Danielle ihren Körper als etwas Wunderbares und eine Quelle der Lust begriff – aber sie versäumte es, den emotionalen Aspekt von Sexualität hervorzuheben. Die Folge war, daß Danielle, obwohl sie die körperlichen Freuden der Sexualität genießen konnte, einen Mangel an emotionaler Verbundenheit und an Gehalt empfand, den sie sich nicht erklären konnte. Sie versuchte vergeblich, diese innere Sehnsucht zu leugnen, und kompensierte sie durch mehr sexuelle Kontakte mit mehr Männern.

Gesellschaftliche Lügen

Gesellschaftliche Lügen sind jene Lügen, die uns die Gesellschaft lehrt; sie wurzeln in der Seele unserer Kultur. Wir alle, Männer und Frauen, sind von diesen Irrlehren betroffen. Gesellschaftliche Lügen werden sogar institutionalisiert – sie spiegeln sich in Familiensystemen, Schulen, Religionen, im Rechtswesen und in politischen Programmen. Es ist wichtig, daß wir uns als Frauen der schädlichen Einflüsse bewußt werden, die diese Lügen auf unser Leben haben.

Sucht ist unmoralisch

Die Gesellschaft belegt die suchtkranke Frau mit einem größeren Stigma als den suchtkranken Mann. Während das Verhalten eines betrunkenen Mannes oft übersehen, entschuldigt oder gar ermutigt wird, gilt ein Alkohol- oder Drogenrausch bei Frauen, milde ausgedrückt, als gar nicht damenhaft.

Trinken oder Drogengebrauch bedroht den sexuellen Ruf von Frauen, und suchtkranke Frauen werden oft in sexuellen Begriffen stigmatisiert. Man bezeichnet sie automatisch als »Schlampen« und »Huren«, da man von ihnen annimmt, daß sie sexuell wahl- und zügellos seien. Im Gegensatz zu berauschten Männern können betrunkene Frauen niemals »gute, alte Kumpel« sein, die bloß mal einen Abend lang in der Stadt über die Schnur hauen. Obwohl diese Enthemmungstheorie in bezug auf Alkohol widersprüchlich ist, ist dies die kulturelle Erwartung. Alkohol stellt für Männer einen Vorwand dar, um auszuagieren, bei Frauen ein Mittel der Schuldzuweisung. Da Frauen stärker stigmatisiert werden, neigen sie auch eher dazu, ihren Alkohol- oder Drogenkonsum zu verleugnen.

Das ist zwar bedauerlich, aber nicht überraschend, da Sucht vor allem eine Krankheit der Verleugnung ist. Verleugnung ermöglicht es uns, in unserer Abhängigkeit zu verharren – sei es gegenüber Alkohol, Drogen, Essen oder in anderen deformierten Beziehungen –, oft in Widerspruch zu unseren Werten. Dieser Konflikt verstärkt die Verleugnung.

Dieselben Verleugnungsprozesse, die bei Sucht im Spiel sind, werden auch wirksam, wenn wir unsere sexuellen Bedürfnisse leugnen. Suchtkranke haben zwei Hauptüberzeugungen: erstens daß sie nicht abhängig sind und zweitens daß sie die Situation im Griff haben. In ähnlicher Weise reden wir uns, um mit uns zufrieden sein zu können, oft ein, daß unser Sexualleben in jeder Hinsicht erfüllt und befriedigend sei und daß wir unser Sexualverhalten unter Kontrolle hätten.

Zur Verteidigung dieser irrigen Annahmen verleugnen wir häufig sowohl unsere Gefühlswelt – Scham, Schuldgefühle und Verlegenheit – als auch unsere physischen Erlebnisse – sexuelle Verhaltensweisen, die gegen unser Wertsystem verstoßen. So beharrte Danielle, als sie noch trank, darauf, daß ihr Sexualleben einfach prächtig sei: »Ich habe viele wirklich fabelhaft aussehende Typen gefickt.« Aber in der Therapie erkannte sie, daß ihre Verleugnung ihr gestattete, ihre emotionalen Bedürfnisse zu ignorieren und sie unsichtbar zu machen.

Das Aufbrechen von Verleugnungen beginnt mit einer Bereitschaft, die Dinge mit einem neuen Grad an Bewußtsein zu betrachten; dies gilt für die Verleugnung von Sexualität ebenso wie für das Leugnen eines Problems mit Alkohol oder anderen Drogen. Ohne gesteigerte Bewußtheit bleiben wir in der Falle gefangen – unfähig, uns zu verändern, und unfähig, die Notwendigkeit einer Änderung zu erkennen. Wenn wir in der Verleugnung verharren, sind wir uns unserer Gedanken, Gefühle, Begierden und Motivationen nicht bewußt und durchschauen nicht, wie sie mit unserem Verhalten zusammenhängen. Sie werden blockiert und blockieren sich gegenseitig. Uns von dem Schutzmechanismus der Verleugnung zu entfernen bedeutet, genauer zur Kenntnis zu nehmen, wer wir sind, was wir fühlen und empfinden, was wir denken und warum wir Dinge tun. Wir kommen dann erneut in Verbindung zu unserem inneren Selbst oder stellen diesen Kontakt zum erstenmal her – dadurch vergrößert sich unser Verständnis dafür, warum wir so handeln, wie wir es tun, und wir sind motiviert, diese Verbindung aufrechtzuerhalten.

Sexuelle Selbstfindung beginnt mit dem Entschluß, unser Bewußtsein zu erweitern. Sie macht Fortschritte dank einer Bereitschaft, unserem wahren Selbst Aufmerksamkeit zu schenken und dafür empfänglich zu bleiben. Das Abrücken von der Verleugnung erlaubt unserer Sexualität, zu erwachen und aufzublühen. Es erfordert Mut, mit dem Abstreifen der Verleugnungsschichten zu beginnen, die sich im Lauf der Jahre angehäuft haben, und einen klaren Blick auf unsere Erlebnisse, Verhaltensweisen und Reaktionsmuster zu richten. Aber das Eingeständnis der Wahrheit und die Konfrontation mit dem Schmerz setzt einen Heilungsprozeß in Gang. Und während wir genesen, können wir anfangen, unser wahres sexuelles Selbst zum Vorschein kommen zu lassen.

Homosexualität ist pervers

Wir leben in einer heterosexuell orientierten Gesellschaft, in der Jungen und Mädchen darauf konditioniert und trainiert werden, ihre sexuellen Interessen dem Gegengeschlecht zuzuwenden. So liberal wir uns auch geben mögen oder zu sein glauben, wir akzeptieren diese Haltung, ohne nachzudenken, als geltende Norm. Zum Beispiel legen Eltern ihren pubertierenden Kindern niemals nahe, Beziehungen zu Jungen *und* Mädchen einzugehen, um festzustellen, welches Geschlecht sie vorziehen.

Diese Voreingenommenheit ist in unserer Gesellschaft tief verwurzelt. Wie die Autorin Barbara Walker schreibt: »Weibliche Homosexualität wurde in patriarchalischen Gesellschaften im allgemeinen als eine nahezu undenkbare Bedrohung angesehen. Das christliche Europa betrachtete die lesbische Liebe als ›ein Verbrechen ohne Namen‹ und verbrannte manche Lesbierinnen ohne Prozeß bei lebendigem Leib.* Angesichts solcher Traditionen ist die Notwendigkeit, zu leugnen und uns dem herrschenden heterosexuellen Modell anzupassen, übermächtig und wird entsprechend massiv vermittelt.

Wenn wir über Homosexualität sprechen, reden wir über eine Minderheit, die allein aufgrund der Wahl ihrer Geschlechtspartner unterdrückt wird. Schwule Männer und Lesben sind im allgemeinen nicht das Produkt von Familienverbänden, denen andere Schwule und Lesben angehören. Mimi, die eine traditionelle, konservative Kindheit erlebte, verfügte nicht einmal über eine Sprache, um ihre sexuellen Empfindungen zu beschreiben. Sie hatte keinen Zugang zu ihren Gefühlen und zu diesem wesentlichen Teil ihres Lebens.

Viele Lesben hatten keine Gelegenheit, ein positives Selbstbild zu entwickeln. Manche Frauen greifen zu Alkohol oder anderen Drogen, um ihre erotischen Gefühle für andere Frauen zu leugnen. Andere, die sich der Anziehung bewußt sind, die andere Frauen auf sie ausüben, können nur dann handeln, wenn sie sich gestatten, unter Alkoholeinfluß »die Kontrolle zu verlieren«. Wieder anderen – wie Mimis Zimmergenossin Linda, die glaubte, sie vervollkommne nur ihre sexuellen Fertigkeiten für ihren künftigen Ehemann – gelingt es, ihre Gefühle von Anziehung und Verbundenheit mit einer anderen Frau selbst inmitten der Erfahrung völlig zu verleugnen.

Lust ist verboten

Viele Frauen mußten ihr sexuelles Selbst verleugnen, um den enggezogenen Grenzen der traditionellen Religionen zu ent-

* Barbara G. Walker, *Die weise Alte. Kulturgeschichte – Symbolik – Archetypus.*

sprechen. Zahllose Frauen, besonders solche, die in fundamentalistischen Konfessionen erzogen wurden, empfinden Scham- und Schuldgefühle in bezug auf ihr Sexualleben. Im Lauf der Zeit lernen sie, sich für verdorben, ja nicht erlösbar zu halten.

Vielen Frauen erscheint das Wort *Religion* voll Heuchelei. Zu Theresas Erinnerungen an das Zimmer, in dem sie vom Freund ihrer Mutter und dessen Kumpanen mißbraucht wurde, zählt ein großes Kruzifix, das an der Wand hing. Eine andere Klientin erzählte mir: »Das einzige, was uns die Nonnen in der Schule über Sex sagten, war: ›Küßt nie einen Jungen mit offenem Mund!‹ Natürlich war das das erste, was wir taten, als wir die Chance bekamen, mit einem Jungen zusammenzusein.« Offizielle religiöse Regeln in bezug auf Sexualität sind gewöhnlich absolut formuliert und oft negativ: »Berühre dich dort nicht, es ist eine Sünde!« »Übe vor der Ehe keinen Geschlechtsverkehr aus!« »Verliebe dich nicht in eine(n) Angehörige(n) des gleichen Geschlechts, das ist eine Perversion.« »Nimm dir die Jungfrau Maria zum Vorbild« – die einen Mann und einen Sohn hatte, ohne den Liebesakt erlebt oder sich zu ihm bekannt zu haben, ganz zu schweigen von sexueller Lust.

Das wesentliche Element der Spiritualität wird bei der Erörterung von Sexualität oft völlig übergangen. Sexualität und Spiritualität werden häufig als polare Gegensätze angesehen. Viele Frauen, auch Frauen, die in »religiösen« Familien aufwuchsen, sind mit der Bedeutung von Spiritualität nicht vertraut. Spiritualität ist das transzendente Gefühl, das uns auf dem Weg zu unserem wahrsten, tiefsten, weisesten und wissendsten Selbst erfüllt. Sie hat nichts mit Regeln oder Absolutheitsansprüchen zu tun, die uns von irgendeiner äußeren Autorität aufgezwungen werden. Sie bildet keinen Gegensatz zur Sexualität; sie ist das Element, das es leidenschaftlich Liebenden erlaubt, für kurze Augenblicke Zeit und Raum zu transzendieren.

Sexualität ist unser eigener menschlicher Ausdruck der schöpferischen Energie des Universums. Jede und jeder von uns ist ein einzigartiges Geschlechtswesen, welches das Spirituelle in einer menschlichen Form manifestiert. Zu sein, wer wir sind, bedeutet, diesen göttlichen Funken zu verkörpern, unseren Wesenskern mit physischen Akten des Berührens und der Kontaktaufnahme zu erreichen. Am Beginn des Genesungsprozesses ist dieser göttliche Funke jedoch oft verdunkelt. Jahre der sexuellen Verdrängung, Verleugnung und Unehrlichkeit haben seine vitalen Kräfte unterdrückt. Die Zentralität unserer sexuellen Energie hat sich vermindert oder ist verlorengegangen.

Wer wir sind – unser innerstes Selbst –, wird während des Abstiegs in die Sucht für uns und andere unkennbar. Aber der Genesungsprozeß kann, obwohl er manchmal eine lange und schmerzhafte Reise darstellt, auch eine sehr freudvolle Erfahrung sein. Sobald wir zu der werden, die wir sind, wird ungeheure Energie frei: Unsere Lichter beginnen wieder zu leuchten, und wir erstarken sowohl sexuell als auch spirituell.

Es ist möglich, die Verbindung zwischen unserer erotischen Leidenschaft, Begierde und Erfüllung und den spirituellen Lebenskräften umzustrukturieren und wiederherzustellen. Beide ergänzen einander. Diese Energien sind interaktiv und stammen aus der gleichen Quelle.

Die Heilung ermutigt und ermöglicht die Entwicklung sowohl unseres sexuellen wie unseres spirituellen Selbst. Solange wir in der Verleugnung befangen sind, hören wir nur die negativen Botschaften, die von unserer Sozialisation herrühren. Sobald wir die Barrieren der Verleugnung durchbrechen, beginnen wir, die Stimme unserer eigenen inneren klugen Frau zu vernehmen. Diese Stimme der Intuition und Kraft ertönt aus unserem tiefsten Inneren. Wenn wir auf diese Stimme hören, lernen wir, zu wachsen und uns zu wandeln.

Du sollst nicht sexuell sein

Vielen Frauen fällt es schwer, Sexismus als beständige, nur dünn verschleierte Tatsache unseres Lebens zu erkennen und zu akzeptieren. Unsere Schulen, Fernsehprogramme, Filme und Werbung, alles spiegelt eine Gesellschaft männlicher Werte, welche die Frau in mehr oder weniger subtiler Weise diffamiert. Auch unser fahrlässiger Umgang mit Mutter Erde zeugt vom destruktiven Charakter der patriarchalischen Normen und Wertbegriffe. Diese allgegenwärtige Einstellung wirkt sich in unterschiedlichen Graden auf die Sexualität aller Frauen in unserer Kultur aus. Das zu erkennen kann beunruhigend sein, aber Sie können damit auch beginnen, mit Ihren inneren sexuellen Gefühlen in Kontakt zu kommen.

Die folgende kurze Phantasie wurde 1970 von Theodora Wells verfaßt und ist heute nach wie vor gültig. Sie erhellt in frappierender Weise die massiven Folgen sexueller Sozialisation.

Um der vollen Wirkung willen empfehle ich Ihnen, sich den folgenden Text von einer Freundin vorlesen zu lassen oder ihn auf Tonband aufzuzeichnen und mit geschlossenen Augen abzuspielen.

> Heute herrscht große Besorgnis um die *future of man* (Zukunft des Menschen; *man* bedeutet im Englischen Mensch und Mann – A.d.Ü.), was natürlich sowohl Männer als auch Frauen bedeutet. Der Protest einer Frau gegen diesen Gebrauch des Begriffs *»man«* wird oft als defensive Haarspalterei seitens einer »emotionalen Frau« angesehen.
>
> Die folgende Erfahrung ist eine Einladung zur Bewußtwerdung, bei der ich Sie bitte, sich bei jedem Schritt Ihren Gefühlen zu überlassen und bei ihnen zu bleiben, sich von ihnen absorbieren zu lassen. Falls Sie anfangen zu intellektualisieren, dann versuchen Sie, das abzustellen und erneut Ihre Gefühle in Ihr Bewußtsein dringen zu lassen.
>
> Stellen Sie sich vor, daß nicht *man*, sondern *woman* (Frau) als Gattungsbegriff dient. Denken Sie über die Zukunft von *woman* nach, womit natürlich Frauen und Männer gemeint sind. Fühlen Sie sich in das ein, spüren Sie dessen Bedeutung für Sie – als Frau – als Mann.
>
> Stellen Sie sich vor, daß es immer so ist, an jedem Tag Ihres Lebens. Spüren Sie die Allgegenwart von Frau, und das Nichtvorhandensein von Mann. Vergegenwärtigen Sie sich, was Ihnen das über die Wichtigkeit und den Wert des Frauseins – oder Mannseins – sagt.
>
> Stellen Sie sich vor, daß alles, was Sie je gelesen haben, Ihr

ganzes Leben lang, ausschließlich mit weiblichen Fürwörtern – sie, ihr, ihre – versehen war, gleichgültig, ob es sich um Mädchen oder Jungen, um Männer oder Frauen handelte. Stellen Sie sich vor, daß die meisten Stimmen im Radio und die meisten Gesichter im Fernsehen die von Frauen sind: wenn über wichtige Ereignisse berichtet wird, in der Werbung und in späten Talkshows. Stellen Sie sich vor, daß kein männlicher Abgeordneter Sie in Ihrer Landeshauptstadt vertritt.

Fühlen Sie sich in die Tatsache ein, daß Frauen die Führungspersönlichkeiten, die Machthaberinnen, die treibenden Kräfte sind. Der Mann, dessen natürliche Rolle die des Gatten und Vaters ist, findet Erfüllung, indem er sich den Kindern widmet und das Heim zu einem Refugium für die Frau macht. Dies ist nur natürlich, um die biologische Rolle der Frau auszugleichen, die sich während der Schwangerschaft mit ihrem ganzen Körper für die Arterhaltung der Menschheit einsetzt.

Fühlen Sie sich dann weiter in die naheliegende biologische Erklärung für die Frau als den Idealtypus ein – die Konstruktion ihrer Genitalien. Von ihrer Anlage her sind die weiblichen Geschlechtsorgane kompakt und, vom Körper geschützt, innen gelegen. Die Genitalien des Mannes sind im Gegensatz dazu so exponiert, daß er vor äußeren Angriffen geschützt werden muß, um die Arterhaltung zu gewährleisten. Seine Verletzbarkeit bedarf offenkundig der Abschirmung.

Männer sind deshalb von Natur aus passiver als Frauen und haben das Verlangen, in ihren sexuellen Beziehungen symbolisch vom schützenden Körper der Frau umschlossen zu werden. Männer sehnen sich nach diesem Schutz und verwirklichen bei dieser Gelegenheit voll ihre Männlichkeit – während sie sich zu anderen Zeiten exponiert und verletzbar fühlen. Der Mann ist nicht vollständig erwachsen, bis er seine infantile Tendenz zum Penisorgasmus überwunden und die reife Hingabe des Hodenorgasmus erreicht hat. Er fühlt sich als »ganzer Mann«, wenn er von der Frau umfangen wird.

Wenn der Mann diese Gefühle leugnet, dann lehnt er unbewußt seine Männlichkeit ab. Es ist dann eine Therapie angezeigt, um ihm zu helfen, sich an seine eigene Natur anzupassen. Diese Therapie wird natürlich von einer Frau durchgeführt, die die Bildung und Klugheit besitzt, jene Offenheit zu fördern, die zum Wachstum und zur Selbstverwirklichung des Mannes führt.

Um ihm zu helfen, seine defensive Emotionalität zu spüren, wird er aufgefordert, mit dem »Kind« in ihm in Kontakt zu treten. Er erinnert sich daran, daß seine Geschwister über seine primitiven Genitalien spotteten, die »so albern rumzappeln«. Sie kann unbehindert laufen, klettern und reiten. Da sie sich frei bewegen kann, ermutigt sie das klarerweise, ihren Körper und Geist zur Vorbereitung auf ihre aktiven Aufgaben als erwachsene Frau zu entwickeln. Die männliche Verletzbarkeit bedarf des weiblichen Schutzes, deshalb wird der Mann in den weniger aktiven, fürsorglichen Tätigkeiten des Haushalts unterwiesen.

Aufgrund seines Klitorisneides lernt er, seine Genitalien festzuschnallen, und er lernt, sich wegen seiner nächtlichen Samenergüsse zu schämen und unsauber zu fühlen. Er wird ermutigt, seinen Körper schlank zu halten und davon zu träumen, geheiratet zu werden. So wartet er auf die Zeit seiner Erfüllung – wenn ihm »seine Frau« eine Tochter schenkt, die den Familiennamen weitervererbt. Sollte es ein Junge sein, dann weiß er, daß er irgendwie versagt hat – aber sie können es ja nochmals probieren.

Sobald Sie mit Ihren Gefühlen des Frauseins – bzw. des Mannseins – in Kontakt kommen, bleiben Sie bei den Empfindungen, die Sie jetzt verspüren. Sobald Ihnen Worte in den Sinn kommen, sagen Sie, was Sie innerlich empfinden.*

Die meisten Frauen stellen fest, daß diese kurze Phantasie viele Bilder aufsteigen läßt, zusammen mit vielen Gefühlen und Fragen. Vielleicht werden Sie über folgendes nachdenken wollen:

- Wie würde sich eine Frau in diesem Szenarium fühlen?
- Wie würde sich ein Mann fühlen?
- Welche Art von Geschlechtswesen würde eine Frau in diesem Szenarium sein?

* Theodora Wells, »Woman – Which Includes Man Of Course«, *Association of Humanistic Psychology Newsletter*, Juni 1970, 2.

- Welche Art von Geschlechtswesen würde ein Mann sein?
- Wer von beiden wäre anfällig für sexuellen Mißbrauch? Für Depressionen? Für unterdrückte Wut?
- Wer würde sich als Opfer fühlen?
- Wer würde sich mächtig fühlen?

Diese Übung in Rollenumkehrung illustriert die emotionalen Folgen einer Erziehung als Frau in einer Gesellschaft, die den größeren Wert auf den Mann legt. Wenn wir als Frauen diese mächtigen, aber unfairen Botschaften zehn, zwanzig, dreißig, vierzig Jahre lang hören, dann werden sie zu einem Teil unseres Bewußtseins. Ihre Auswirkung auf unser Leben ist zwar ungeheuer, wird aber oft nicht hinterfragt. Auch heute noch sind junge Frauen von diesem Aspekt des Sozialisationsprozesses tief betroffen. Er beeinflußt, was wir studieren, wie wir uns benehmen, wie wir uns kleiden, wie wir sprechen, wen wir lieben. Und er hat eine tiefreichende Wirkung auf den Charakter unserer Sexualität.

Wir bemerken diese kulturellen Normen nicht einmal, weil sie in unserer Gesellschaft so tief verwurzelt sind; doch wenn wir sie umkehren, erscheinen sie plötzlich lächerlich. Erst wenn wir mit der scheinbaren Absurdität einer gesellschaftlichen Ordnung konfrontiert sind, in der sich alles um Frauen dreht und die von diesen beherrscht wird – während unsere traditionellen Normen erhalten bleiben –, beginnen wir in Frage zu stellen, was wir an dem gegenwärtigen, männerzentrierten und mit männlichen Werten versehenen System so bereitwillig akzeptiert haben. Es ist an der Zeit, ein Gleichgewicht in unserem Leben herbeizuführen, sowohl als Individuen wie auch als legitime Teilnehmerinnen an einer größeren Gesellschaft. Und der Ort, um damit anzufangen, ist in uns selbst.

Viele von uns sind überwältigt, wenn wir erstmals mit der Realität konfrontiert sind, daß Frauen und Mädchen einfach aufgrund ihres Geschlechts Zielscheiben von sexueller Unterdrückung und Mißbrauch sind. Die Implikationen unserer Sozialisation als Frauen sind ungeheuerlich; diese Sozialisation beeinflußt und deformiert unser Selbstgefühl, wie wir uns selbst sexuell sehen und wie wir mit anderen umgehen.

Ich habe Frauen sagen hören: »Ich bin niemals anders behandelt worden, weil ich eine Frau bin. Ich bin ein Alkoholiker, keine Alkoholikerin.« So tröstlich diese Gedanken am Beginn der Ausnüchterung sein mögen, sie treffen einfach nicht zu.

Ob wir Drogen oder Alkohol mißbrauchen, jede von uns ist als Frau unmittelbar von dem Platz beeinflußt, den wir in unserer Gesellschaft einnehmen. Die Statistiken sind erschreckend: 38 Prozent der Amerikanerinnen sind vor dem 18. Lebensjahr sexuell mißbraucht worden; 42 Prozent wurden am Arbeitsplatz sexuell belästigt; und alle sieben Minuten wird eine weitere Frau vergewaltigt. Diese Prozentsätze liegen noch höher, falls die Betreffende drogenabhängig war oder ist. Einer bekannten Studie zufolge haben 100 Prozent aller Alkoholikerinnen einen ersten sexuellen Übergriff erlebt, bevor sie zu trinken beginnen.*

Seit wir anfangen, wieder damit in Kontakt zu kommen, wer wir wirklich sind und wer wir sein wollen, müssen wir auch versuchen, diesen beengenden Schild unserer gemeinsamen Sozialisation zu durchbrechen. Die meisten von uns haben gelernt, »feminin« zu sein und sich in einer Weise zu geben, die für Frauen akzeptabel ist – selbst wenn diese Verhaltensweisen weder unserem inneren Selbst entsprechen noch unsere eigenen, aus uns selbst kommenden Wünsche widerspiegeln.

* Idee Winfield, Linda K. George, Marian Swortz und Dan Blazer: »Sexual Assault and Psychiatric Disorders Among a Community Sample of Women«, *American Journal of Psychiatry* 147 : 3, März 1990, 339.

Die meisten Frauen haben gelernt, daß es eine Tugend ist, die Bedürfnisse anderer über ihre eigenen zu stellen. Man hat uns beigebracht, auf andere Rücksicht zu nehmen, speziell auf Männer; nicht zu wählen, was wir zum Nachtmahl essen wollen; nicht zu wählen, wann wir Sex wollen. Die unausgesprochene Botschaft, die wir verinnerlichen, lautet: »Ich bin weniger wichtig als du.« Es ist eine Botschaft, die im Laufe unseres Lebens, das wir in Anpassung an andere führen, immer wieder verstärkt wird. Wir hören wiederholt verschiedene Versionen dieser Botschaft, und wir sehen, wie andere Frauen sich anpassen, indem sie sich den Wünschen anderer unterordnen. Unsere Selbstverleugnung, indem wir unseren eigenen Gedanken und Vorlieben keine Stimme verleihen, beseitigt schließlich die Vorstellung, daß Entscheidungen de facto getroffen werden – aber nicht von uns.

Wenn wir in unserem Sexualleben – wie in jedem anderen Bereich unsres Lebens – die Realität unserer sexuellen Bedürfnisse verleugnen, verzichten wir auf unser Recht, zu entscheiden und eine Wahl zu treffen. Um diese Befugnis zurückzugewinnen, müssen wir unseren Bedürfnissen und Wünschen Ausdruck verleihen.

Der erste Schritt ist, sich darauf zu konzentrieren, unsere Stimme wiederzufinden. Ebenso wie die Frauen in Sarahs Gruppe haben die meisten Frauen wenig Übung darin, über sexuelle Dinge zu sprechen. Es kann peinlich und indiskret erscheinen wie »schmutzige Wäsche in der Öffentlichkeit waschen«; aber ein Austausch von Gedanken und Erlebnissen im sexuellen Bereich mit Frauen, die bereit sind, zuzuhören und zu antworten, kann eine unglaublich befreiende Erfahrung sein. Sie können Dinge über sich selbst lernen, die sie nie vermutet hätten, und sie werden andere Frauen und die Ähnlichkeit der mitgeteilten Erfahrungen schätzen lernen.

Falls Sie sich in einer Gruppe von Frauen nicht öffnen können, dann beginnen Sie mit einer guten Freundin. Falls Ihnen auch das zu unbehaglich ist, dann könnten Sie zunächst mit der Lektüre von Texten über Sexualität anfangen, die sich speziell an Frauen richten. Beginnen Sie, wo immer Sie können; beginnen Sie dort, wo Sie sind.

Die Hoffnung auf Wahrheit

Frauen auf der Suche nach sich selbst äußern fast übereinstimmend Unzufriedenheit mit ihrem Sexualleben, aber wenige haben die Mittel, um die Veränderungen herbeizuführen, die es ihnen gestatten würden, zufrieden zu werden. Manchmal verbergen wir unsere Nöte und Enttäuschungen durch Verleugnung. Manchmal ertragen wir die Trostlosigkeit unseres Sexuallebens stoisch. Manchmal sind wir wütend und erbittert, weil wir nicht die Art von sexuellen Erlebnissen haben, die wir uns wünschen. Manchmal sind wir so dankbar, nüchtern zu sein, daß wir vorgeben, auf andere Dinge – wie ein gutes Sexualleben – verzichten zu können. Aber selten haben wir die Gelegenheit, in Behandlungsprogrammen oder in einer Therapie über unsere sexuelle Unzufriedenheit zu sprechen. Frauen in Selbsterfahrungsprozessen stehen wenige Orte zur Verfügung, wo sie lernen können, ihr Sexualleben zu entdecken und in ihren Genesungsprozeß zu intergrieren.

Der erste Schritt in einem sexuellen Gesundungsprozeß besteht darin, ehrlich in bezug auf Ihre sexuellen Gefühle zu sein, selbst wenn Sie von Ihrer Gesellschaft, Ihrer Familie, Ihrem Partner oder Ihrer Therapeutin weder dazu ermutigt noch darin unterstützt werden. Diese Ehrlichkeit erfordert Mut und die Bereitschaft herauszufinden, was Sie wollen und empfinden, und einen Weg zu entdecken, um es zu äußern.

Dieses Buch handelt von Heilung und Wachstum. Es handelt von der Erkundung der Möglichkeiten, sich jene Art von Sexualleben zu schaffen, die Sie wollen. Ich hoffe, Ihnen die Mittel für diese Gesundung in die Hand zu geben. Diese Mittel sollen es Ihnen ermöglichen, Ihre sexuellen Gefühle zu entdecken, Ihre

Handlungen mit diesen Gefühlen in Einklang zu bringen und die gesunde, sexuelle Persönlichkeit zu werden, die Sie innerlich sind.

Diejenige zu werden, die Sie sexuell sein wollen, hat damit zu tun, ganz zu werden; eine Frau mit Wahlmöglichkeiten zu werden, die über die Kraft zum Risiko und zum Wandel verfügt. Es hat mit Fließen zu tun, mit der Integration Ihrer Gefühle und Handlungen zu einem organischen ganzen Selbst, mit der Überbrückung der Kluft zwischen Ihren inneren Gefühlen und Ihren äußeren Handlungen. Es geht darum, Ihr inneres Licht erneut zu entzünden und es leuchten zu lassen. Es geht darum, Ganzheit zu finden und die Person, die Sie bereits sind, bewußt ins Dasein zu rufen.

3. Kapitel

Der Fluß des Begehrens

Begehren ist nicht einfach die Begierde jeder oder jedes einzelnen nach Erfüllung ihrer bzw. seiner eigenen Lust. Aber was ist es dann?

Möglicherweise, wenn es zu irgend etwas gut ist, dient das Begehren dem Erlebnis eines Weges hin zu einer Vereinigung mit etwas, das dadurch größer wird als die getrennten einzelnen... Begehren im weiteren Sinn bekräftigt unsere Zugehörigkeit und unser Dasein als »ein Teil von« und nicht »getrennt von«. Es führt eher zu Expansion als zu Zufriedenheit; ersteres meint Wachstum, Leben und Offenheit; letzteres meint Stagnation.

Judith V. Jordan

Meine Liebe zu dir ist mit meinem ganzen Körper vermischt.

Altes ägyptisches Liebeslied

Sexuelles Verlangen beschreibt die mächtige Mischung aus sexuellen Triebregungen, Gefühlen und Interesse, die wir gegenüber einem geliebten Menschen empfinden und ausdrücken. Obwohl über ein solches Verlangen offen gesprochen wird und wir es bei anderen erkennen können, entgeht uns unser eigenes Begehren oft und bleibt unentdeckt. Dies gilt besonders für viele Frauen in Selbstfindungsprozessen. Verlangen erkennen und äußern zu lernen – zu wissen, wann Sie es empfinden, es mit relativer Ungezwungenheit äußern zu können und sexuell zielstrebig und direkt zu sein – all dies sind wesentliche Schritte auf Ihrem Weg zur sexuellen Revitalisierung.

Die Sozialisation hat einen mächtigen Einfluß auf die Art und Weise, wie Frauen ihr Begehren erleben. Für Männer bedeutet sexuelle Aktivität den Vollzug des Koitus bis zur Ejakulation, was sowohl einen Mannbarkeitsritus als auch den fortgesetzten Beweis von Männlichkeit einschließt: sexuelles Verlangen zu empfinden wird als absolut nötige Voraussetzung für die männliche Identität angesehen. Wenn ein Mann einen anderen kränken will, dann spricht er davon, ihn zu entmannen, ihm »die Eier abzuschneiden«. Virilität – das heißt männliche sexuelle Potenz, Spannkraft und Unwiderstehlichkeit – hat mit Macht zu tun.

Für Frauen bedeutet Sexualität dagegen nicht, sich allmächtig zu fühlen oder so zu handeln. Frauen beschreiben sexuelles Verlangen gewöhnlich als die Sehnsucht, mit einem bestimmten Partner in einer liebevollen und mitfühlenden Beziehung verbunden zu sein, nicht als »Bedürfnis, aufs Kreuz gelegt zu werden«. Für Frauen scheint sexuelles Begehren somit häufig mehr mit Beziehung und der emotionalen Freude der sexuellen Verbundenheit zu tun zu haben als mit körperlichem Bedürfnis, dem Geschlechtsakt und dem Erreichen des Orgasmus. Obwohl es unleugbare körperliche Unterschiede zwischen Frauen und Männern gibt, ist der Grund für diese verschiedenen Empfindungsweisen weniger von der Natur festgelegt als durch die Gesellschaft geprägt.

In einer traditionellen Sichtweise weiblicher Sexualität wurden die Gefühle von Macht, die mit sexueller Energie und Leidenschaft einhergehen, als negativ für Frauen angesehen und den Frauen sogar abgesprochen. Wie Lois Wyse es so treffend formulierte: »Von Männern wird erwartet, daß sie sich für ihre Schwächen entschuldigen, von Frauen, daß sie es für ihre Stärken tun.«* Diese Unterschiede in der Sozialisation haben zur

* Lois Wyse, *A Woman's Notebook III* (Philadelphia, Running Press, 1983), 36.

Folge, daß sich Männer und Frauen in Einklang mit dem alten Spruch verhalten, wonach Männer Liebe schwören, um Sex zu bekommen, während Frauen Sex benutzen, um Liebe zu erhalten.

Sexuelles Verlangen treibt Frauen oft in gefährliche Gefilde – unerwünschte Schwangerschaft, der Ruf einer »Nymphomanin« oder Gefühle, benutzt worden zu sein. Deshalb verzichten Frauen häufig auf ihr Recht zu begehren und überlassen die Mysterien der sexuellen Begierde und Initiation den Männern. Während die Verknüpfung von Macht mit sexueller Energie und Leidenschaft für Männer einen Initiationsritus darstellt, gilt dasselbe nicht für Frauen. Wir haben statt dessen den Bezirk der Empfänglichkeit und Reaktionsbereitschaft kultiviert. Wir gestatten uns, Begierde zu wecken, aber nicht, Begierde zu äußern.

Eine Folge dieser Haltung ist, daß Frauen oft sexuelle Signale aussenden, ohne sich im mindesten sexuell zu fühlen. Bewußt oder unbewußt haben wir gelernt, daß es möglich ist, Männer auf diese Weise zu manipulieren. Viele Frauen benehmen sich Männern gegenüber ständig spröde und kokett – ob sie Geschäfte abwickeln, Lebensmittel einkaufen oder mit einem Mann im Bett liegen. Durch diese Grundhaltung sind sich wenige Frauen ihres eigenen sexuellen Verlangens bewußt oder imstande, dieses von den Wünschen ihrer Partner zu trennen. Speziell heterosexuelle Frauen lernen, beim Mann Anzeichen der sexuellen Erregung und des Interesses zu erkennen und ihre eigenen sexuellen Bedürfnisse zu übergehen.

Die Entwicklung eines umfassenden Modells des menschlichen sexuellen Begehrens hat die Wissenschaft somit vor ein schwieriges Problem gestellt. Die meisten Theorien des sexuellen Begehrens einschließlich der Freudschen Triebtheorie haben das männliche Verlangen als Grundlage genommen, so wie es sich in männlichen Berichten über sexuelle Phantasien und Gedanken, Masturbation und Partneraktivitäten darstellte. Das weibliche Begehren wird häufig als eine Variante des »eigentlichen« Begehrens – das heißt des männlichen Begehrens – oder gar als eine Reihe von Defiziten des Begehrens abgehandelt. Traditionelle Theorien sind somit oft wenig hilfreich, um das Begehren von Frauen zu verstehen.

Aus neueren Forschungen geht hervor, daß Männer und Frauen ihr Begehren unterschiedlich erleben:

> Insgesamt hat es den Anschein, daß Männer einen dringenderen und konstanteren sexuellen Appetit haben, der leicht durch eine große Vielzahl innerer und äußerer Auslöser angesprochen werden kann. Bei Frauen tritt das sexuelle Verlangen dagegen weniger heftig und sporadischer auf und wird von ihnen eher unterdrückt oder ignoriert, sofern die verschiedensten Voraussetzungen nicht erfüllt sind. Die Distanz zwischen Trieb und Befriedigung scheint bei Frauen länger zu sein als bei Männern – und mehr Umwege und Hindernisse zu enthalten.*

Das Problem wird noch dadurch weiter kompliziert, daß der sich rapide wandelnde kulturelle Sittenkodex unsere Wahrnehmung dessen beeinflußt, was sexuelles Verlangen sein »sollte«. So wurde in den späten sechziger und den siebziger Jahren, die der sexuellen Freiheit huldigten, »Triebschwäche« als das Problem angesehen. In den späteren achtziger und in den neunziger Jahren, in denen Drogenabhängigkeit und Aids in den Vordergrund rückten, ist das Problem zu einem »Triebüberschuß« umdefiniert worden. Die Frage lautet also immer noch: Was ist sexuelles Begehren?

Dem Begehren werden im allgemeinen drei Aspekte zugeschrieben: körperliches, geistiges und gefühlsmäßiges. Bei jedem Erleben von Begehren sind, wie festgestellt wurde, alle drei Komponenten vorhanden, wenn auch in unterschiedlichem Grad.

– Die körperliche Komponente ist das, was wir als Lust, Geilheit

* Sandra R. Leiblum & Raymond C. Rosen, Hrsg., *Sexual Desire Disorders* (Guilford, 1980), 12f.

oder sexuellen Appetit bezeichnen. Wir wollen sexuell aktiv sein, weil wir Lust erleben wollen.

- Der geistige Aspekt der Begierde umfaßt sexuelle Phantasien, Vorstellungen und Erinnerungen darüber, wie es bei früheren Anlässen gewesen ist, wie es nach unserer Erwartung diesmal sein wird und wie sich unser Partner verhalten wird.
- Die gefühlsmäßige Komponente des Begehrens ist der Drang nach Bindung, das Bedürfnis, sich einem anderen durch physischen Kontakt beim Sex nahezufühlen. Auf diesen Aspekt beziehen sich die meisten Frauen, wenn sie sexuelles Verlangen beschreiben. Er ist ein Ausdruck des weiblichen Wunsches nach Gegenseitigkeit, ein Impuls weg von Getrenntsein hin zu Vereinigung und dem Gefühl des Vereintseins: Es ist ein Drang nach gegenseitigem Lustspenden und der Schaffung einer körperlichen Einheit.

Ein wichtiges Stadium geht dem Begehren voran: Bereitschaft. Wie die Therapeutin und Autorin JoAnn Loulan schreibt:

> Das ist der Entschluß, sich aus welchem Grund auch immer auf Sex einzulassen. Dazu braucht man im Augenblick gar kein Verlangen zu verspüren... Es ist keine passive Einstellung. Man sagt sich nicht: »Nun ja, ich werde einfach daliegen und es geschehen lassen.« Vielmehr ist dies ein sehr aktives Stadium, zumindest psychisch gesehen. Man entschließt sich bewußt zu einem sexuellen Kontakt und ist dazu bereit, selbst wenn man kein physisches oder emotionales Verlangen empfindet.*

In den meisten sexualtherapeutischen Büchern wird sexuelles Verlangen als die spezifischen Empfindungen definiert, die uns veranlassen, nach sexuellen Erlebnissen zu suchen oder dafür empfänglich zu werden. Leider dürfte diese Definition von Verlangen für uns als Frauen nicht hilfreich sein. Wir können sexuelle Erlebnisse aus vielen Gründen, die nichts mit Verlangen zu tun haben, anstreben bzw. dafür empfänglich werden.

* JoAnn Loulan, *Lesbian Sex* (San Francisco: Spinsters Inc., 1984), 42.

So hat Theresa zum Beispiel gelernt, ihre Sexualität als Lockmittel für Männer und als Tauschobjekt gegen finanzielle Unterstützung, Drogen oder Sicherheit zu benutzen. Sie hat nicht erwogen, ob sie den Mann bzw. das sexuelle Erlebnis tatsächlich begehrte, sondern Sex dazu benutzt, um sich die benötigten Güter zu beschaffen. Dies hatte ihre Entfremdung von ihren eigenen sexuellen Wünschen und Bedürfnissen zur Folge. Sie vervollkommnete sich in der Kunst, Männer anzulocken und ihnen Vergnügen zu bereiten; sie hatte ein Gespür für deren sexuelle Bedürfnisse und Wünsche und ging darauf ein; aber sie wußte nicht, was ihr Lust bereitete oder ob sie überhaupt sexuelles Verlangen empfand oder nicht.

Sexuelle Erregung erkennen

Wenige Frauen merken ohne weiteres, wann sie sexuelles Verlangen empfinden. Wie wir gesehen haben, ermutigt uns die Gesellschaft nicht, unser Verlangen zu äußern. Im Gegensatz zu Männern, die sich über die Bedeutung eines erigierten Penis nicht täuschen können, sind Frauen wenig motiviert, auf die Bedeutung subtilerer physischer Signale wie das Feuchtwerden der Scheide zu achten.

Das Wissen, wann Sie sexuelles Verlangen empfinden, ist etwas, das Sie wahrscheinlich bewußt erwerben müssen. Die Erkenntnis, daß es völlig natürlich und legitim ist, sexuelle Empfindungen zu haben und diese Sexualität zu äußern, ist der erste Schritt. Die Fähigkeit, sexuelle Lust zu empfinden, ist ein integraler Bestandteil des Menschseins, und die Initiative zu diesem Erleben kann nicht nur einer Hälfte der Menschheit überlassen werden.

Sobald Sie lernen, Ihre eigene sexuelle Erregung zu erkennen, können Sie anfangen, davon ausgehend zu handeln. Sobald Sie beginnen, sich als Geschlechtswesen zu akzeptieren, das Verlangen empfindet und Wünsche und Bedürfnisse hat, werden Sie unbefangener die sexuelle Initiative ergreifen können. Und sobald Sie Ihr Recht in Anspruch nehmen, um Ihrer selbst willen nach sexuellem Lustgewinn zu streben, werden Scham- und Schuldgefühle im Zusammenhang mit Ihrem Verlangen schwinden. Ihr Recht auf sexuelles Verlangen zu akzeptieren und zu verwirklichen ist wesentlich für Ihr sexuelles Erwachen.

Physische Probleme und Begehren

Faktisch alle Frauen sind imstande, sexuelles Verlangen zu empfinden. Falls Sie dieses Verlangen bei sich nicht kennen, dann können Sie entdecken, was sein Auftreten blockiert. Mangel an Energie, sexueller Mißbrauch, gynäkologische Probleme, Streß und Krisen – all dies trägt zu dem Mangel an sexuellen Empfindungen und an Verlangen bei.

Mangel an Energie zu Beginn der Selbsterforschung

Viele Frauen erleben in den ersten zwei Jahren der Nüchternheit eine Abnahme ihres sexuellen Verlangens. Die Frühphase der Selbstfindung kann eine intensive Zeit sein, die Ihnen die Mobilisierung all Ihrer psychischen Kräfte abverlangt. Vielleicht können Sie einfach nicht die nötige Energie für sexuelle Interessen aufbringen. Viele Frauen haben mir die Gefühle dieser Alkoholikerin im Entzug bestätigt: »Ich war erschöpft, als ich aufhörte zu trinken. Das einzige, was ich tun wollte, war schlafen. Ich hatte null Interesse an Sex – ich fühlte mich wie in der Rekonvaleszenz nach einer langen Krankheit.«

Frauen müssen zu Beginn ihres Entzugs auch mit den körperlichen Auswirkungen des Alkoholmißbrauchs fertig werden. Die physische Beeinträchtigung wirkt sich natürlich dämpfend auf das sexuelle Verlangen aus. Dieses ist am stärksten, wenn wir gesund, körperlich aktiv und energiegeladen sind. Zu Beginn des Prozesses müssen wir uns darauf konzentrieren, unsere Gesundheit und Energie wiederzuerlangen. Wir müssen neue, auf Vollwertkost basierende Eßgewohnheiten entwickeln und lernen, ohne Hilfe chemischer Substanzen gut zu schlafen. Manche Frauen haben ihre Adrenalindrüsen erschöpft und erleben anhaltende Ermüdungszustände. Andere müssen Magen- und Darmgeschwüre, Krankheiten der Atmungsorgane und die Auswirkungen von Alkohol auf die Leber auskurieren. Zu Beginn des Genesungsprozesses kommt es nicht selten aus unterschiedlichen körperlichen oder emotionalen Gründen zu einer Verringerung des sexuellen Verlangens.

Mißbrauch

Der häufigste Grund einer Beeinträchtigung des sexuellen Verlangens ist eine Vorgeschichte sexuellen Mißbrauchs bzw. körperlicher Mißhandlung. Frauen, die vergewaltigt, in der Kindheit mißbraucht oder sonstwie gequält wurden, verbinden Sex und Berührungen zwangsläufig mit Schmerz und Angst, Schuld und Scham. Dies ist eine natürliche Reaktion:

> Wenn Ihr Squash-Trainer Sie nach jedem Spiel in der Garderobe in die Brust kniff, dann mögen Sie es vielleicht nicht, wenn Ihr Liebhaber heute Ihre Brüste berührt. Wenn sich Ihr Stiefvater gewaltsam an Ihnen vergangen hat, dann verspüren Sie vielleicht heute Schmerzen in Ihrer Vagina, oder Sie haben Angst vor Penetration.*

Falls Sie als Kind mißbraucht oder mißhandelt wurden, dann ist es wichtig, sich zu einer Therapeutin/einem Therapeuten in Beratung zu begeben, die/der auf die Arbeit mit mißbrauchten Frauen spezialisiert ist. Wenn Frauen anfangen, die Einzelheiten ihres Mißbrauchs bzw. ihrer Mißhandlung zu identifizieren und zu erinnern, dann durchleben sie, wie Theresa merkte, oft aufs neue die alten Gefühle von Schmerz und Scham, Taubheit oder Entfremdung, und es können auch emotionale Rückfälle oder Wutanfälle auftreten. Es gibt Strategien, um Ihnen diese

* Ellen Bass und Laura Davis, *Trotz allem Wege zur Selbstheilung für sexuell mißbrauchte Frauen.*

Spätfolgen bewältigen zu helfen, und Ihre Beraterin kann Ihnen Übungen vorschlagen, die es Ihnen erleichtern werden, die Folgen des Mißbrauchs bzw. der Mißhandlung innerlich zu überwinden.

Gynäkologische Probleme

Mangel an sexuellem Interesse kann auch mit gynäkologischen Beschwerden und vaginalen Infekten zusammenhängen. Alkoholikerinnen leiden sowohl während des aktiven Trinkens als auch im Entzug häufiger unter vaginalen Infekten als nichtalkoholabhängige Frauen; wahrscheinlich aufgrund der chemischen Auswirkungen von Alkohol auf den Körper.

Zu Beginn des Entzugs ist es wichtig, sich gynäkologisch gründlich untersuchen zu lassen, wobei speziell auf Soorpilz zu achten ist. Die drei häufigsten Formen von Vaginitis sind Soorpilz (Candida), bakterielle Infekte und Trichomonas, die alle geeignet sind, sexuelle Aktivität äußerst unangenehm, wenn nicht schmerzhaft zu machen. Schon eine leichte Infektion kann das sexuelle Verlangen drastisch verringern.

Streß und Krise

Die Frühphase der Selbstfindung kann eine Zeit der Belastungen und der Krisen sein. Der Genesungsprozeß bringt Veränderungen mit sich, und am Anfang sind auch positive Veränderungen belastend. Massagen, warme Ganz- oder Sitzbäder, regelmäßiges Fitneßtraining, gesunde Ernährung und viel Schlaf und Ruhe – all dies kann Ihnen helfen, mit Streß fertig zu werden. Meditation, Gebete und die Lektüre entsprechender Literatur können Ihnen die geistige Kraft verleihen, diesen belastenden Abschnitt Ihres Lebens durchzustehen. Es erfordert Zeit, den Streß in Ihrem Leben abzubauen. Wenn die Belastungen nachlassen, kehrt das sexuelle Verlangen oft zurück.

Emotionale Probleme und Begehren

Neben den körperlichen Problemen, die zu dem Mangel an Libido beitragen, gibt es emotionale Umstände, die sich ebenfalls triebdämpfend auswirken können. Mangel an Vertrauen, Depression, Verlust und Trauer beeinträchtigen das natürliche An- und Abschwellen des Verlangens.

Vertrauen

Den meisten Frauen fällt es schwer, sexuelles Verlangen zu empfinden, wenn sie kein beiderseitiges Bedürfnis nach emotionaler Verbundenheit spüren. Ich habe von vielen Frauen Varianten der folgenden Aussagen gehört:

- »Mein Partner hört mir nie zu, er hört und sieht mich nicht. Warum sollte ich Lust auf Sex haben?«
- »Er sitzt den ganzen Abend hinter einer Zeitung und sagt kein Wort. Warum sollte ich plötzlich Lust auf Sex haben, bloß weil wir zusammen im Bett sind?«
- »Ich kann nicht spontan Verlangen empfinden. Ich brauche das Gefühl der Intimität, um Lust auf Sex zu kriegen.«
- »Er streichelt mich drei Minuten lang und erwartet, daß ich erregt bin. Er versteht nicht, daß Sex nicht etwas ist, was sich zwei Leute zufügen, es ist etwas, was zwischen zwei Leuten geschieht.«
- »Ich habe keine große Lust auf Sex, nachdem wir uns den ganzen Tag gestritten und gezankt haben, aber er schon.«

All diese Aussagen verraten einen Mangel an Vertrauen zwischen Partnern. Um sexuelles Verlangen zu empfinden, müssen die meisten Frauen darauf vertrauen können, daß ihr Partner sie schätzt, respektiert und Zuneigung für sie empfindet. Das sexuelle Verlangen des Mannes ist in der Regel durch die Befriedigung eines individuellen Bedürfnisses, eines punktuellen, biologischen Dranges, »abzuspritzen«, gekennzeichnet. Bei Frauen ist das sexuelle Verlangen ein integraler Bestandteil einer Interaktion mit einer anderen Person. Es geht ihnen gewöhnlich nicht darum, etwas zu tun oder mit sich tun zu lassen; vielmehr ist Sex für sie eine nonverbale Kommunikation zweier begehrender Personen.

Wenn es Ihnen schwerfällt, sexuelles Verlangen zu erleben, dann ist es wichtig, sich zunächst die Beziehung zwischen Ihnen und Ihrem Sexualpartner anzuschauen. Falls Sie sich ihm nicht nahe fühlen und ihm vertrauen oder falls Sie ungelöste Konflikte haben, dann werden Sie vielleicht außerstande sein, Lust auf Sex zu verspüren.

Depression

Frauen neigen stärker zu Depressionen als Männer, und Alkoholikerinnen sind sowohl während ihres aktiven Trinkens als auch während des Entzugs anfälliger für Depressionen als Nichttrinkerinnen.

Depressionen haben eine negative Auswirkung auf das sexuelle Begehren, wie sich in Untersuchungen von Frauen aller Art gezeigt hat. Tatsächlich werden Depressionen gewöhnlich als eine der Hauptursachen von Triebhemmung angeführt. Depressionen gehen oft mit Gefühlen von Machtlosigkeit, Hilflosigkeit und unterdrückter Wut einher. Frauen fühlen sich häufig so, wenn sie keine Wahlmöglichkeiten für sich erblicken und ihre Lebenslage als ausweglos empfinden. Vielleicht fühlen Sie sich fast ständig deprimiert, niedergeschlagen und traurig; oder Sie fühlen sich jeweils ein paar Tage oder Wochen lang niedergedrückt, mit mehr oder weniger normalen Perioden dazwischen. In beiden Fällen kann es sich um eine echte klinische Depression handeln, und dann ist es wichtig, daß Sie Ihren Zustand richtig diagnostizieren lassen. Einzel- und Gruppentherapie kann Frauen oft helfen, zuerst bei anderen und dann allmählich für sich selbst Möglichkeiten der Veränderung zu erkennen, die ihnen zuvor nicht bewußt waren.

Depressionen sind durch das Vorhandensein von mindestens drei der folgenden Symptome gekennzeichnet:

1. Schlaflosigkeit oder das Gegenteil, Schlafsucht.
2. Sie haben wenig Energie und fühlen sich chronisch müde.
3. Sie fühlen sich unzulänglich, haben sehr wenig Selbstachtung und neigen dazu, sich selbst abzuwerten.
4. Ihre Leistungsfähigkeit und Produktivität in der Schule, bei der Arbeit oder zu Hause nehmen ab.
5. Es fällt Ihnen schwer, sich zu konzentrieren oder klar zu denken.
6. Sie ziehen sich von anderen Menschen zurück.
7. Sie verlieren das Interesse an vergnüglichen Beschäftigungen oder können diese nicht mehr genießen.
8. Sie sind ständig reizbar oder extrem aggressiv gegen andere.
9. Sie können nicht mit offenkundiger Freude auf Lob oder Belohnungen reagieren.
10. Sie sind weniger gesprächig oder aktiv als gewöhnlich oder fühlen sich verlangsamt oder unruhig.
11. Sie sind pessimistisch im Hinblick auf die Zukunft, brüten über vergangene Ereignisse nach oder empfinden Selbstmitleid.
12. Sie brechen leicht in Tränen aus.
13. Sie denken häufig an den Tod oder auch an Selbstmord.

Verlust und Trauer

Verlust und Trauer haben eine negative Auswirkung auf das sexuelle Verlangen. Es kommt häufig vor, daß Frauen am Beginn des Entzugs Schmerz über den Verlust des Alkohols als ständigen Begleiter und Tröster empfinden. Frauen, die Jahre ihres Lebens an chemische Abhängigkeit verloren haben, werden viele damit einhergehende Verluste zu beklagen haben: Verlust von Angehörigen, Verlust ihrer Jugend, Verlust ihrer Karriere, Verlust geliebter Menschen.

In der Zeit des Trauerns über diese Verluste kann es sein, daß

Frauen wenig sexuelles Verlangen empfinden und einen fast vollständigen Verlust an sexuellem Interesse bei sich feststellen. Dies ist eine verbreitete Erfahrung während jedes Trauerprozesses, sei es um den Verlust eines anderen Menschen oder um den Verlust von Teilen Ihres Selbst. Sobald Sie Ihre Verluste überwunden haben, wird Ihre Lust auf Sex zurückkehren.

Ebbe und Flut des Begehrens

Niemand hat die ganze Zeit das gleiche Maß an sexuellem Interesse. Falls Sie eine vertrauensvolle Beziehung haben und kein ungelöster Konflikt vorliegt, dann kann es sein, daß Sie sich einfach in einer Periode reduzierten Verlangens befinden. Unser ganzes Leben lang registrieren wir ein An- und Abschwellen unserer sexuellen Wünsche ebenso wie anderer Formen körperlicher oder geistiger Energie. In manchen Phasen unseres Lebens können wir uns als triebstark erleben und viel Interesse an sexueller Aktivität haben, in anderen weniger. Dieses ständige Ansteigen und Abschwellen ist natürlich und normal.

Der Grad Ihres sexuellen Interesses kann von Ihrem hormonellen Zyklus abhängen; er kann durch Schwangerschaft, Stillen und die Menopause stark beeinflußt werden. Manchmal wird er durch eine Furcht vor unerwünschter Schwangerschaft beeinträchtigt. Viele Frauen berichten, daß die Menopause eine sexuell befreiende Erfahrung für sie gewesen sei und daß ihr Verlangen mit fünfzig erst richtig aufblühte. Manche Frauen berichten, daß ihre Lust auf Sex mit dem Alter zugenommen habe, da sie sich in ihrem Körper sicherer und unbefangener fühlten. Andere Frauen stellen fest, daß ihr Verlangen mit zunehmendem Alter nachließ und weniger dringlich wurde. Manche Frauen merkten, daß sich ihre erotischen Wünsche im Alter weniger stark auf die Genitalien konzentrierten und diffuser wurden, andere sagen das Gegenteil.

Begehren wiedererwecken

In dem Maße, wie Sie in Ihrem Selbsterfahrungsprozeß körperlich gesunden und sich stabilisieren, werden Sie wahrscheinlich eine allmähliche Zunahme Ihres Verlangens erleben. Falls das nicht geschieht, gibt es eine Reihe von Schritten, die Sie unternehmen können, um Ihre Lust auf Sex neu zu entfachen. Es kann sein, daß Sie eine Periode der Enthaltsamkeit benötigen, um Ihre sexuellen Gefühle wiederzugewinnen, aber dies muß zwischen Ihnen und Ihrem Partner besprochen und von beiden akzeptiert werden.

Falls Sie eine Beziehung haben und über Ihren Mangel an Lustempfinden frustriert sind oder Ihr Partner darüber frustriert ist, dann sollten Sie dem sexuellen Aspekt Ihres Verhältnisses Vorrang einräumen. Sie sollten dann Gespräche über Sex – was er für Sie bedeutet, was Sie sich davon erwarten, wie Sie ihn erleben – zu einem grundlegenden Bestandteil Ihrer Kommunikation machen.

Falls Sie und Ihr Partner Schwierigkeiten oder Konflikte haben, dann sollten Sie sich damit auseinandersetzen. Für viele Paare stellen unausgesprochene Wut und ungelöste Konflikte eine wesentliche Blockade der sexuellen Dynamik dar.

Ihrer sexuellen Beziehung Vorrang einzuräumen bedeutet auch, sich für Ihr Zusammensein Zeit zu nehmen. Oft ist es so, daß wir für jede andere Betätigung Zeiten vorsehen – Zeit mit Freunden, Zeit mit den Kindern, Zeit für Arbeiten im Haushalt –, ohne uns bewußtzumachen, daß wir uns keine Zeit gegönnt haben, um körperlich und emotional mit unserem Partner in Fühlung zu kommen. Sinnlichkeit und Sexualität setzen echte Entspannung voraus. Falls Sie nicht ausgeruht sind, wird es Ihnen schwerfallen, in eine spielerische Stimmung zu kommen. Der Leistungsdruck, wenn man Sex in die letzte halbe Stunde seines Tages zwängt, ist dem Lustgewinn nicht förderlich.

Falls Sie keinen Partner haben und von Ihrem Mangel an sexuellem Interesse frustriert sind, dann stellen Sie sich einige Fragen. Wird Ihre Sexualität von Ihren unverarbeiteten Gefühlen, insbesondere von Wut, sabotiert? Sind Sie gesund und ausgeruht, und verschaffen Sie sich genug Bewegung? Haben Sie ein gutes Gefühl in bezug auf Ihren Körper? Fühlen Sie sich sexuell attraktiv? Haben Sie Zeit, eine sexuelle Beziehung zu jemandem zu kultivieren? Sind Sie an Aktivitäten beteiligt, die Sie in Kontakt mit potentiellen Partnern bringen?

Falls Sie diese Fragen positiv beantworten können, aber immer noch über einen relativen Mangel an sexuellem Interesse frustriert sind, dann sollten Sie vielleicht eine Beratung oder eine Therapie erwägen.

Unsere Sozialisation als Frauen wirkt sich massiv auf unsere Fähigkeit aus, sexuelles Verlangen zu empfinden, zu erkennen und entsprechend zu handeln. Sobald wir uns dessen bewußt werden, brauchen wir unser Leben nicht länger davon definieren, diktieren und beherrschen zu lassen. Wir können lernen zu merken, wann wir Verlangen empfinden, und wir können uns entschließen, die Barrieren der Sozialisation zu durchbrechen, und unsere Wünsche zu erkennen geben.

Nüchtern und angstfrei sexuell aktiv

Ohne die Hilfe von Alkohol oder Drogen sexuell aktiv zu sein erscheint den meisten Frauen im Entzug schwierig und macht vielen angst. Ebenso wie Mimi haben sich manche Frauen niemals nüchtern auf Sex eingelassen. Darüber hinaus empfanden viele Frauen in nüchternem Zustand ihre sexuellen Erlebnisse als unbefriedigend.

Mimis Ängste hatten zum Beispiel drei Aspekte: 1. Sie fürchtete sich, weil sie Sex noch nie nüchtern erlebt hatte, und sie wußte nicht, was für eine Erfahrung das sein und wie sie reagieren würde; 2. befürchtete sie, daß Sex nicht befriedigend sein werde und daß sie in rauschfreiem Zustand für den Rest ihres Lebens unbefriedigenden Sex – oder keinen Sex oder nicht genug Sex – haben würde; und 3. hatte sie einfach Angst vor Sex. In der Therapie begann Mimi zu verstehen, daß sexuelle Reaktionen erlernte Reaktionen sind. Sich der Tatsache zu stellen, daß sie sich in nüchternem Zustand vor sexuellen Erlebnissen fürchtete, war faktisch ihr erster Schritt, um zu lernen, wie sie ihr Sexualleben befriedigender gestalten konnte.

In der Anfangsphase des Entzugs war Mimi blockiert. Sie merkte, daß sie es nicht schaffte, ohne Hilfe von Alkohol Kontakte zu knüpfen. Sie konnte sich sie selbst einfach nicht als nüchterne, sexuell aktive Frau vorstellen. Nach einer Weile fand sie sich mit ihrer Enthaltsamkeit ab und konzentrierte sich auf ihr übriges Leben.

Eines Tages nahm Mimi in einer benachbarten Stadt an einer Hochschulkonferenz teil. In dieser vertrauten Umgebung, wo sie als kompetent und selbstbewußt angesehen wurde, fühlte sie sich sicher und nicht unter Druck. »Wir schienen wissenschaftliche Interessen miteinander gemein zu haben, und wir tauschten unsere Visitenkarten aus – Sie wissen schon, das übliche bedeutungslose ›Gehen wir mal zusammen mittagessen‹.«

Mehrere Wochen später hatte Sheila beruflich in Mimis Stadt zu tun, und sie planten ein gemeinsames Abendessen. Während des ganzen Abends fühlte sich Mimi ungezwungen und angenommen, und sie genoß ihre lockere Kameraderie. »Das Abendessen war höchst erfreulich. Wir hatten eine Menge gemeinsame Erfahrungen, und wir lachten miteinander über alles. Plötzlich wurde mir bewußt, daß ich mich mit dieser Frau blendend unterhielt!«

Nach dem Essen gab Sheila Mimi zu verstehen, daß sie sich von ihr angezogen fühle. Mimi reagierte – zu ihrer großen Überraschung – weder sofort mit Angst noch dem inneren Zwang, die Kontrolle zu übernehmen. Und die Initiative war nicht einmal von ihr ausgegangen! Mimi war imstande, im Augenblick zu bleiben und ihr eigenes Hingezogensein zu Sheila zu erkennen. Sie fühlte sich wohl und merkte, wie sie sich entspannte. Zum erstenmal genügte ihr, was im Augenblick geschah.

Sheila ging an diesem Abend schließlich mit Mimi nach Hause. Anfangs hatte Mimi Angst, aber es gelang ihr, über ihre Furcht zu sprechen. »Sheila konnte meine Angst akzeptieren und anerkennen. Sie gab mir das Gefühl, daß sie einen wunderbaren Abend fortsetzen wollte und daß sie mir nahe sein wollte, wo auch immer meine Grenzen lagen. Ich war so gelöst, daß ich tatsächlich in ihren Armen einschlief.«

Im Laufe der Wochen, als Mimi mehr Selbstvertrauen entwikkelte und sich sicherer fühlte, wurde ihre Beziehung zunehmend sexuell geprägt und immer leidenschaftlicher. In dem Maße, wie Mimis Verlangen zunahm, schwand ihre Furcht. Sheilas Verspieltheit im Bett und ihre Fähigkeit, Lust zu genießen, ohne auf Leistung Wert zu legen, ermöglichten es Mimi, ihr sexuelles Selbst wiederzuentdecken.

Eine sichere Umgebung

Sich Ihrer Furcht vor sexuellen Kontakten in nüchternem Zustand bewußt zu werden kann Ihnen ebenso wie Mimi helfen, sexuelle Erlebnisse zu vermeiden, die in anderer Hinsicht angstauslösend wirken. Wenn Ihnen Sex bereits angst macht, weil Sie sich nüchtern darauf einlassen, dann ist es wesentlich, Ihre anderen Befürchtungen in bezug auf Sex abzubauen.

Versuchen Sie zunächst herauszubekommen, was ein sexuelles Erlebnis erfreulich und genießbar für Sie macht. Vielleicht müssen Sie Ihren Partner schon einige Zeit kennen und benötigen intensiven Hautkontakt, um in die richtige Stimmung zu kommen. Oder Sie wollen sich nur im Schlafzimmer auf Sex einlassen, wenn die Kinder bereits schlafen. Vielleicht müssen Sie sich vornehmen, sich niemals auf Druck Ihres Partners hin auf Sex einzulassen.

Sich bewußt zu sein, was Sie jetzt, da Sie clean und trocken sind, brauchen, wird Ihnen helfen zu spüren, was eine sexuelle Situation angenehm für Sie macht. Geben Sie sich die Erlaubnis, was auch immer zu tun, was Ihnen die sexuelle Begegnung so unbedrohlich wie möglich erscheinen läßt.

»Als ich trocken wurde«, erinnerte sich Theresa, »hatte ich keine Ahnung, daß sich das auf mein Sexualleben auswirken würde. Ich dachte einfach, ich würde aufhören zu trinken, und alles übrige würde gleichbleiben. Das war ein arger Schock für mich festzustellen, daß ich es nicht mehr ertragen konnte, auf dieselbe Weise durchs Leben zu gehen. Plötzlich hatte ich in bezug auf alles Gefühle.

Das Sonderbarste war für mich meine Angst vor Sex. Ich konnte mir einfach nicht vorstellen, mit Jeff nüchtern ins Bett zu gehen. Ich hatte während unseres ganzen Zusammenseins nie einen Orgasmus gehabt, aber das ließ ich ihn nie merken. Ich konzentrierte mich darauf, es angenehm für ihn zu machen, ich sagte ihm nicht, was ich wollte und brauchte. Gott, ich wußte es ja selbst nicht! Jetzt ist mir bewußt, daß ich kein Vergnügen am Sex hatte.

Es war nicht Jeffs Schuld, er tat sein Bestes. Ich war einfach nicht vorhanden. Und dann kehrten die Erinnerungen an meine Vergewaltigung zurück. Ich hatte riesige Aggressionen gegen alle Männer – gegen Bill, meinen Chef, meine mich angeblich so heiß liebenden Freunde –, und ich ließ sie alle an Jeff aus.

Nun, sobald ich nüchtern war, konnte ich mich nicht mehr verstecken. Ich war präsent, ob ich es wollte oder nicht. Und meistens empfand ich panische Angst.«

Der Mut, umzulernen

Je öfter Sie in nüchternem Zustand sexuell aktiv sind, desto entspannter und zwangloser werden Sie Sex in diesem Zustand genießen lernen. Mit zunehmender Erfahrung wird Ihre Angst im Lauf der Zeit schwinden. Sobald Ihr Körper anfängt, Ihnen klare Rückmeldungen zu geben, werden Sie sich Ihrer nüchternen sexuellen Reaktionen bewußt werden und besser imstande sein, sie vorherzusagen. Sie werden lernen, was Ihnen Lust bereitet, wobei Sie sich gut fühlen und wovon Sie mehr wollen. Sie werden faktisch neu lernen, sexuell aktiv zu sein.

Eines Abends, als Sarah aufhörte, Schlaftabletten zu nehmen, war sie sehr erregt. Sie war nicht mehr imstande, von sich aus einzuschlafen. Während sie wach dalag und las und darauf wartete, daß Scott nach Hause kam, wurde sie immer wütender.

Wenn er da wäre, könnten wir wenigstens miteinander schlafen, dachte sie, und danach könnte ich wahrscheinlich einschlafen.

Je länger sie wartete, desto mehr dachte sie daran, wie angenehm das sein würde. Und dann merkte sie, daß sich hinter ihrer Unruhe tatsächlich Lust auf Sex verbarg. Nun gut, Scott ist nicht zu Hause, überlegte sie, aber ich bin es. Und plötzlich erschien ihr Selbstbefriedigung als eine großartige Idee. Mit nur schwachen Gewissensregungen, die von dem übriggeblieben waren, was ihre Mutter denken würde, begann sie zu lernen, daß sie für manche ihrer Bedürfnisse selbst sorgen konnte.

Eine zweite Jugend

In AA-Gruppen kursiert die Erkenntnis, daß man aufhört, emotional zu wachsen, wenn man von chemischen Substanzen abhängig wird. Auf irgendeiner Ebene scheint die Sucht neben dem persönlichen Wachstumsprozeß auch die sexuelle Entwicklung zu behindern. Auf jeden Fall ist es schwieriger, beides miteinander in Einklang zu bringen, solange man trinkt.

Es kann sein, daß Sie sich im Entzug sehr jung und unreif fühlen. Vielleicht entdecken Sie, daß Sie sich sexuell wie ein Teenager vorkommen, daß Sie nicht wirklich wissen, was Sie wollen und welche Art von Berührung am erregendsten für sie ist. Vielleicht haben Sie das Gefühl, sowohl hinsichtlich der Techniken als auch der Partner sexuell experimentieren zu müssen. Viele Frauen leben sich in der Frühphase der Selbstfindung in einer Weise sexuell aus, wie sie es während ihrer Abhängigkeit niemals taten.

Diese Erfahrungen sind für eben erst trocken gewordene Frauen nicht ungewöhnlich. Falls Sie schon in der Jugend mit dem Alkohol- oder Drogenkonsum begonnen haben, hatten Sie nie eine Chance, sich selbst sexuell kennenzulernen; Ihre sexuellen Reaktionen waren oft durch einen chemischen Nebelschleier gefiltert.

Jetzt müssen Sie durch diese Periode der sexuellen Entwicklung und des Experimentierens als Erwachsene hindurchgehen. Vielleicht schämen Sie sich und empfinden es peinlich zu merken, daß Sie sich wie eine Sechzehnjährige benehmen. Möglicherweise fühlen Sie sich aber auch betrogen und sind wütend, Ihre sexuelle Selbstentdeckung als Erwachsene durchmachen zu müssen.

Gestatten Sie sich, Ihre Gefühle zu empfinden und genau da zu sein, wo Sie in Ihrem Genesungsprozeß sind. Trösten Sie sich mit der Tatsache, daß Ihre chemische Abhängigkeit Sie zwar daran gehindert hat, sich sexuell kennenzulernen, daß Sie dies aber jetzt ändern können. Sie können tun, was Ihnen nötig erscheint, um sich sicher zu fühlen, während Sie Ihr eigenes sexuelles Wachstum erforschen.

4. Kapitel

Meinen Körper akzeptieren

> Bevor ich an diesem Abend zu Bett ging, schaute ich im Bad in den Spiegel über dem Waschbecken, und als mir da nur mein Gesicht entgegenstarrte – und es würde ewig nur dieses gewöhnliche Gesicht sein –, begann ich zu weinen. So ein trauriges, häßliches Mädchen! Wie ein verrückt gewordenes Tier versuchte ich mit quietschenden Nägeln, das Gesicht im Spiegel auszukratzen.
>
> Und dann erblickte ich die Wunderkindseite von mir, wie mir schien – weil ich dieses Gesicht nie zuvor gesehen hatte. Blinzelnd, um mich klarer sehen zu können, betrachtete ich mein Spiegelbild. Das Mädchen, das mich da anstarrte, war zornig und kraftvoll. Dieses Mädchen und ich waren identisch. Ich hatte neue Gedanken, eigenwillige Gedanken, oder vielmehr Gedanken voll Trotz. Ich werde ihr nicht erlauben, mich zu verändern, versprach ich mir selbst. Ich werde nicht sein, was ich nicht bin.
>
> Amy Tan, *The Joy Luck Club*

Frauenkörper gibt es in allen Formen und Größen. Keine zwei gleichen sich. Dennoch tragen die meisten von uns ein Idealbild im Kopf herum, und es ist gewöhnlich ein Bild, das wir niemals erreichen können. Wenn wir groß sind, wollen wir zierlicher sein, wenn wir einen üppigen Busen haben, wünschen wir uns einen kleineren. Magere Frauen möchten rundlicher sein, muskulöse Frauen wollen feingliedrig und grazil sein, grazile Frauen möchten kräftiger aussehen ...

Falls Sie sich in Umkleideräumen, Aerobic-Kursen oder

Schwimmbädern umgesehen haben, dann haben Sie wahrscheinlich viele verschiedene Körperformen kennengelernt. Die meisten von uns können den endlosen Varianten von Körpertypen etwas abgewinnen und sie urteilslos betrachten – solange es sich um den Körper anderer handelt. Wenn es um unseren eigenen Leib geht, sind wir weniger tolerant. Wir wissen genau, wo unsere »Schwachstellen« sind, und nehmen an, daß das auch alle anderen merken. Wenn jemand unserem Urteil über unseren Körper widerspricht, dann meinen wir zu wissen, daß er oder sie das nur deshalb tut, weil er bzw. sie nicht genau genug hinschaute.

Da unsere Kultur auf jüdisch-christlichen Moralvorstellungen basiert – die davon ausgehen, daß Sex in erster Linie zur Fortpflanzung da sei, und die von den Frauen verlangten, Teile ihres Körpers in der Öffentlichkeit zu verbergen –, enthält sie extrem negative Auffassungen vom Körper im allgemeinen, obwohl sie sich offiziell zu einem positiveren Körperbild bekennt. Die traditionelle christliche Sicht des Körpers ist, daß er die Quelle aller Versuchung und Sünde sei, sowohl der Sünde des Fleisches als auch der des Geistes. Niemand sei dagegen immun. Statt als ein heiliges Gefäß des Göttlichen angesehen zu werden, wird der Körper als ein Vehikel des Profanen mit einem beklagenswerten Hang zur Sünde betrachtet.

Der wissenschaftliche Rationalismus des 17. Jahrhunderts führte den Dualismus von Geist und Körper ein, der uns auch heute noch bestimmt und die Realität unseres modernen Lebens definiert. Aus dieser Sicht stellen Geist und Körper unabhängige Größen dar, die nur durch das Gehirn miteinander verbunden sind. Der Geist wird als Sitz der Rationalität betrachtet, er steuert die Entschlußfähigkeit, den Willen und die Verantwortlichkeit. Im Gegensatz dazu funktioniert der Körper nach rein mechanischen, physikalischen Gesetzen, die wir mit »objektiven« wissenschaftlichen Methoden feststellen, voraussagen und manipulieren können. Diese Sichtweise offenbart sich in der »Klugheit« der medizinischen Wissenschaft des Westens: Sie ist eine Sammlung von Techniken, mit denen der physische Leib allein und getrennt vom denkenden und fühlenden Selbst behandelt wird. Symptome mögen beseitigt, physisches Leben gerettet werden, aber was Vorstellungen von der Heilung der ganzen Person oder der Entwicklung von Behandlungen für das nichtkörperliche Selbst betrifft, für Geist und Seele – diese wurden vor drei Jahrhunderten über Bord geworfen!

Unsere Kultur hat ein massives Verbot dagegen verhängt, daß Frauen ihren eigenen Körper kennenlernen. Das elementarste Mittel, um etwas kennenzulernen, speziell uns selbst, ist die Berührung. Uns selbst anzufassen und »da unten« zu erforschen, das ist vielen von uns, solange wir uns erinnern können, ausgetrieben worden. Der einzige Augenblick, in dem es akzeptabel erscheint, uns selbst zu berühren, ist, wenn wir Klopapier zwischen unseren Fingern und unserer Haut haben. Männer empfangen merkwürdigerweise nicht dieselbe Art von Botschaften, und die meisten haben keinerlei Hemmungen, sich selbst zu berühren.

Man bedenke zum Beispiel den Unterschied zwischen dem, was im Sport für Männer und Frauen akzeptabel ist. Ob auf dem Baseballfeld oder dem Tennisplatz, die Männer kratzen sich ungeniert an der Brust, richten ihre Suspensorien, reiben ihre Schenkel und klopfen einander auf den Hintern. Im Gegensatz dazu berührt eine Tennisspielerin selten irgendeinen Teil ihres Körpers außer ihrem Gesicht und Haar. Man kann sich kaum vorstellen, daß eine Tennisspielerin an ihrem Unterhöschen herumzupft, weil es sich im Schritt eingezwickt hat. Frauen betreiben in der Regel keinerlei Kontaktsportarten wie Football oder Rugby. Wenn man sich die Geschlechtsunterschiede im Sport anschaut und wie sich Männer und Frauen in ihren Verhaltensweisen bei deren Ausübung unterscheiden, sehen wir ein Beispiel dafür, wie wir als Frauen zur Entfremdung von unserem Körper gedrängt werden.

Wie auch immer wir uns fühlen, eines ist jedenfalls nicht zu leugnen: Jede Frau hat einen Körper, und jede Frau hat ein bestimmtes Bewußtsein von ihrem Körper und ihrem Körperbild. Ob wir uns selbst auf jeder Ebene annehmen, hängt teilweise davon ab, ob wir unseren Körper so akzeptieren, wie er ist, und nicht, wie er nicht ist. Ihn dafür zu bewundern und sich darüber zu freuen, wozu er fähig ist, statt sich auf seine Unzulänglichkeiten und wahrgenommenen Mängel zu konzentrieren, ist die unmittelbare Folge dieses Annehmens; das mag manchen von uns schneller gelingen als anderen, wiederum abhängig von unserer individuellen Palette von Erfahrungen.

Falls wir mit der Person, die wir innerlich sind, erneut Fühlung aufnehmen wollen, können wir nicht dies oder jenes als »nicht okay« zurückweisen; wir müssen anfangen, jeden Teil von uns selbst zu akzeptieren. Das schließt unseren Geist, unsere Seele und, ja, unseren Körper ein. Ohne diese wunderbaren Medien – Wunder an Beweglichkeit und Quellen des Vergnügens – hätten wir alle keine Wohnung auf dieser Welt. Wir müssen aufhören, uns mit den »unvollkommenen« Teilen unseres Körpers zu identifizieren, und beginnen, unseren Körper als untrennbaren Teil von uns zu akzeptieren. Er ist nicht der Feind, und meinen Körper kennenzulernen ist der Schlüssel, der mir viele andere Türen öffnet.

In meinen Sex-Workshops habe ich festgestellt, daß die meisten Frauen chronisch unzufrieden mit ihrem physischen Selbst und allzu schnell bereit sind, ihren Körper zu kritisieren. Sie sagen Dinge wie: »Mein Bauch ist zu schwabbelig«, »Ich habe einen Hängebusen«, »Ich bin zu alt dafür« oder »Vielleicht, wenn ich zehn Pfund weniger hätte ...«. In der Regel fühlt sich keine einzige der Anwesenden sicher genug in bezug auf ihren Körper, um ihn enthüllen zu wollen.

Es ist keine Übertreibung zu behaupten, daß so gut wie alle Frauen in Amerika und Mitteleuropa irgendeinen Teil ihres Körpers ablehnen. Unsere negativen Gefühle gegenüber unserem Körper zeugen von dem großen Wert, der von unserer Kultur auf die äußere Erscheinung der Frauen gelegt wird. Das Ideal ist die schlanke, glatte, unbehaarte, makellose, frischgefönte Magazin-Schönheit, der nur an ein paar entscheidenden Stellen schwungvolle Kurven gestattet sind. Nicht einmal Schönheitsköniginnen sind mit ihrem Körper ganz und gar einverstanden, und die schönsten Schauspielerinnen sind gleichzeitig die besten Kundinnen der plastischen Chirurgen. Wir übrigen tun unser Bestes mit Hilfe von Kleidung, Make-up und Diät, aber meistens sind wir mit unserem Körper zuletzt doch wieder unzufrieden.

Wer sich äußerlich als mangelhaft empfindet, fühlt sich innerlich schließlich nicht begehrenswert. Wir finden uns damit ab, ein Leben voll Sehnsucht zu führen, indem wir uns mit weniger bescheiden, weil wir insgeheim fürchten, von anderen nicht begehrt zu werden. Unser Körperbild hat ungeheure Folgen für die Qualität unserer Sexualität. Die Autorin Sheila Kitzinger schreibt: »Sex hat mit der Art und Weise zu tun, wie wir uns selbst durch unseren Körper ausdrücken ... und aus physischem Wohlbefinden entspringt sexuelle Energie.«* Wenn man sich als unförmig und unattraktiv empfindet, wird man viel eher dazu tendieren, lieber spätabends, im Dunkeln und unter der Bettdecke mit seinem Partner zu schlafen. Und im tiefsten Inneren werde ich den Verdacht nicht los, daß mein Partner meine körperlichen Mängel selbst während des Liebesaktes registriert.

Das Gefühl, nicht begehrenswert – und deshalb nicht begehrt – zu sein, kann sich allmählich verändern. Dieser Wandel vollzieht sich, sobald wir lernen, die Botschaften zu verändern, die wir an uns selbst richten, und zu glauben beginnen, daß wir auf unsere ganz persönliche Weise alle begehrenswert sind. Das ist nicht etwas, das wir uns verdienen müssen; es sammelt sich auch nicht Partner um Partner an. Unser Begehren und unser Begehrtwerden sind ein Bestandteil dessen, wer wir sind und was wir in eine sexuelle Beziehung einbringen.

* Sheila Kitzinger, *Sexualität im Leben der Frau* (München, Biederstein Verlag, 1986).

Sucht und Körperbild

Während ihrer Drogenabhängigkeit vernachlässigen, ignorieren bzw. verhüllen viele suchtkranke Frauen ihren Körper. Einige wenige wie Danielle konzentrieren sich darauf, ihren Körper »vollkommen« zu erhalten, um ihre Sucht zu kaschieren. Frauen wie Sarah, die zu beziehungsabhängigem Verhalten sozialisiert wurden, sind oft stark auf ihren Körper fixiert und sorgen dafür, daß sie gut aussehen – nicht aus Freude an ihrem Leib oder aus Eigenliebe, sondern um Partner anzuziehen. Frauen in Therapie müssen sich über ihre Einstellung zu ihrem Körper klarwerden; sie müssen ihn anschauen und sich entschließen, ihn zu akzeptieren oder ihn vielleicht durch mäßige Kost und Fitneßtraining ein bißchen zu ändern.

Schauen wir uns mit den Augen von zwei Frauen an, welche Rolle das Körperbild in ihrem Leben spielt: Sarah, die ihre Abhängigkeit von rezeptpflichtigen Tabletten leugnet und sich über den Mangel an Sex in ihrer Ehe wundert; und Paula, die geleugnet hat, überhaupt sexuelle Gefühle zu haben, und deren Gedanken dabei ständig um ihren Körper und dessen Umfang kreisen.

Sarah

Letzte Woche platzte Sarah eine Viertelstunde nach Beginn in ihre Frauengruppe. Sie ließ sich mit einem reumütigen Grinsen in ihren Sessel fallen und entschuldigte ihr Zuspätkommen damit, daß sie bei ihrem Arzt gewesen sei, um sich ein Rezept zu holen. Auf die besorgten Fragen der Frauen hin, ob sie krank sei, erklärte sie: »Nein, nein, ich brauchte bloß ein neues Rezept für meine Schlaftabletten.« Die Teilnehmerinnen ihrer Gruppe, von denen einige im Entzug von Tablettensucht sind, ließen es nicht bei dieser Erklärung bewenden und fragten sie näher nach ihrem Medikamentengebrauch. Sie machten sich Sorgen, daß sie abhängig sein könnte, obwohl dies für Sarah kein Thema war. Sie drängten Sarah, ihnen mehr darüber zu erzählen. Als sie sprach, fing Sarah an, einige Aspekte ihres Lebens in einer Weise in Verbindung zu setzen, wie sie es nie zuvor getan hatte – Aspekte, die sie ignoriert hatte.

Die komplexe Konstellation der Fakten von Sarahs Leben – Tablettenkonsum, schlechtes Körperbild und unbefriedigender Sex – erschien Sarah als ein heilloses Gewirr, dessen Verbindungsstränge sie als schwer deutbar, aber wichtig empfand. Sarah hat erst angefangen, sie aufzudröseln. Wie wir schon gehört haben, ging Sarahs Mutter mit ihrer halbwüchsigen Tochter regelmäßig zum Arzt, um ihr Appetitzügler (Amphetamine) verschreiben zu lassen, damit sie ihr Gewicht unter Kontrolle hielt. Sarah verinnerlichte die Besorgtheit ihrer Mutter und bemühte sich ständig, ihren Körper an die Bilder in den Illustrierten anzupassen.

Wir erinnern uns, daß Laura, Sarahs Mutter, von der Vorstellung durchdrungen war, jedes Problem lasse sich durch das richtige Medikament aus der Welt schaffen. In den Fünfzigern und Sechzigern wurden neue Arzneimittel wie Penicillin und ein Impfstoff gegen Kinderlähmung als Wundermittel angesehen; der Gebrauch neuer Tranquilizer war so verbreitet, daß in der Ed-Sullivan-Show Witze darüber gerissen wurden. Lauras Medizinschrank war ständig reich sortiert, sie bewahrte alte Rezepte auf und trug ihren Vorrat an Pillenschachteln auf allen ihren Wegen bei sich. Oft versorgte sie Sarah und deren Bruder Nate aus ihren Schätzen mit Medizin. Sie schien für jeden und gegen alles etwas zu haben. Sarah lernte von frühester Kindheit an, Tabletten zu nehmen. Sie hielt dies für einen Bestandteil von jedermanns Alltag.

Im College nahm Sarah wie viele Studentinnen auch weiterhin Aufputschmittel, die sie diesmal von ihren Freundinnen erhielt, um besser für Prüfungen lernen zu können. In ihrer ersten Ehe rechtfertigte sie das Bedürfnis nach Tabletten mit der Notwendigkeit, ihr Gewicht niedrig zu halten. Die Folge war, daß sie die Auswirkungen noch spürte, wenn sie zu Bett ging. Oft war sie dann sexuell fordernd, aber ihre Bedürfnisse stammten nicht von ihrem eigenen sexuellen Verlangen her; vielmehr empfand sie eine chemisch bedingte Form von Unruhe, die sie für sexuelle Begierde hielt. Die Befriedigung blieb denn auch aus. Sie versuchte, die Entspannung durch Sex als eine Art Tranquilizer zu benutzen. Das funktionierte nicht, weil es nichts mit von innen kommenden sexuellen Gefühlen zu tun hatte. Trotzdem ließ sie nicht davon ab. Sie wußte nicht, warum, insbesondere, da ihr Sex niemals wirklich half, sich besser oder attraktiver oder geliebt zu fühlen.

Inzwischen ist sie zum zweitenmal verheiratet. Ihr Mann, Scott, geht erst sehr spät zu Bett. Deshalb bekommt Sarah nicht einmal das vertraute, wenn auch unwirksame Beruhigungsmittel, für das sie Sex immer hielt. Sie hat angefangen, Schlaftabletten zu nehmen, um sich vor dem Einschlafen zu beruhigen.

Außerdem bereitet ihr die Beziehung zu Scott zunehmend Sorgen. Er scheint mehr Zeit im Büro oder zu Hause mit Arbeit zuzubringen als mit ihr. Sie hat nicht das Gefühl, daß er sie bemerkt; noch viel weniger, daß er herauszufinden versucht, wie sie sich fühlt oder was sie will. Ihre Sorgen über ihre Konflikte bezüglich ihrer Elternrollen, ihre hyperkritische Mutter und ihren alkoholsüchtigen Vater, Scotts zunehmende Fixierung auf seine Arbeit und ihr kaum vorhandenes Sexualleben scheinen niemals zu enden und sind allesamt belastend für sie. Rezeptfreie Schlaftabletten erscheinen ihr harmlos, und bis vor kurzem wirkten sie auch.

Natürlich sind sie nicht harmlos. Sarah ist inzwischen abhängig von ihnen. Wenn Scott endlich ins Bett kommt, ist Sarah zu groggy, um wirklich aufzuwachen. Obwohl sie ihn gebeten hat, sie aufzuwecken, wenn er schließlich zu Bett geht, schafft er es nicht. Wenn sie aufwacht, verhindert der Spiegel an toxischen Substanzen in ihrem Organismus jede Reaktion. Sie fühlt sich isoliert, vernachlässigt und unattraktiv. Scott hat die Versuche aufgegeben, sich ihr zu nähern. Er empfindet es einfach als zu mühsam; es funktioniert ohnehin nicht besonders gut. Keiner von beiden erkennt, daß Sarah tablettensüchtig ist und daß dies ein Hauptbestandteil ihrer sexuellen Schwierigkeiten und der Entfremdung voneinander ist.

In letzter Zeit hat Sarah gemerkt, daß die vier oder fünf Pillen, die sie jeden Abend nimmt, nicht mehr dieselbe Wirkung haben, die sie früher mit zwei erzielte. Sie mußte zu rezeptpflichtigen Tabletten übergehen. Um zu gewährleisten, daß sie ihr nicht ausgehen, besorgt sie sich verschiedene Rezepte von ihrem Hausarzt, ihrer Gynäkologin und sogar vom Arzt ihrer Kinder.

Sarah hielt plötzlich inne, als ihr klar wurde, was sie gesagt hatte. Mein Gott, dachte sie, wie kann ich tablettensüchtig sein, ohne es zu wissen? Ohne ein weiteres Wort brach sie in heftiges Schluchzen aus.

Sarah dachte, sie habe Fortschritte gemacht, komme mit ihrem Leben besser zurecht und entwickle ein Selbstwertgefühl. Sie hatte den Alkoholismus ihres Vaters erkannt und war imstande, dessen Auswirkungen auf viele verschiedene Aspekte ihres Lebens zu sehen. Sie arbeitete eifrig an diesen Themen, sowohl in der Therapie als auch in ihrer Frauengruppe. Sie konnte nicht verstehen, warum sie bisher nicht imstande gewesen war, dies zu erkennen, bzw. wie es geschehen konnte, daß sie so tief in die Tablettensucht hineingerutscht war.

Es ist nicht überraschend, daß es Sarah gelang, ihre Pillenabhängigkeit zu leugnen. Schließlich waren Laura und Doug ihre primären Rollenvorbilder. Ihre Mutter war medizinische Selbstversorgerin und schien immer alles im Griff zu haben, sie präsentierte nach außen hin ein tadelloses Bild. Es war die Familienüberzeugung, daß jedermann Pillen nimmt. Man bekam sie von seinem Hausarzt. Ihr Vorbild für dieses Suchtverhalten war ihr trunksüchtiger Vater, ein stiller Mann, der laut und peinlich wurde, wenn er zuviel getrunken hatte. Sarah war keineswegs so. Sie wußte zwar, daß sie Probleme hatte ... sie war ein erwachsenes Kind eines Alkoholikers. Aber sie trank fast niemals, wie konnte sie also süchtig sein?

Sarah ist ein erwachsenes Kind, das von frühester Jugend an dazu erzogen wurde, in seinem Verhalten den Erwartungen anderer zu entsprechen. Deshalb ist es nicht ungewöhnlich, daß Scott für sie den Mittelpunkt ihrer Ehe bildet und daß es ihr wichtiger ist, ihn zufriedenzustellen als sich selbst. Das schließt Sex ein. Sie konnte nicht mit Scott schlafen und ihre eigenen Lustgefühle genießen, weil sie diese nie kennengelernt hatte. Obwohl ihr ihr eigener Körper fast völlig fremd war und sie kaum etwas über ihn wußte, versteht sie es zweifellos, Scotts Wünsche zu erfüllen und seine sexuellen Bedürfnisse zu befriedigen, sofern sie nur wach ist. Jetzt, da sie selten miteinander schlafen, kann sie jedoch nicht einmal das tun. Sie kann Scott nicht zu ihrem Lebensinhalt machen, sie weiß sich selbst nicht zu schätzen, sie schluckt eine Menge Tabletten, die ihre Wahrnehmungen verzerren, und sie leidet unter panischer Angst.

Paula

Paula schaute auf ihre Fingernägel herunter, die sie wieder bis aufs Fleisch abgekaut hatte. Sie haßte das wirklich an sich, aber sie machte es so unbewußt, daß es ihr nie gelungen war, diese Gewohnheit abzulegen. Ihre Therapeutin fragte sie nach ihren sexuellen Beziehungen. Sie überlegte einen Augenblick. »Ich weiß nicht«, antwortete sie, »ich glaube, ehrlich gesagt, daß ich gar keine sexuellen Empfindungen habe.« Während sie das aussprach, kam ihr zu Bewußtsein, was für eine sonderbare Bemerkung das war.

Paula ist eine kompetente Ärztin, die stolz auf ihre Fähigkeit ist, andere Menschen heilen zu können, dennoch ist sie unfähig, sich selbst zu akzeptieren oder etwas für sich zu tun. Vor einigen Jahren, als sie mit Belastungen fertig werden mußte, die sie für vorübergehend hielt, verstrickte sie sich in einen immer dichter werdenden Knoten von Abhängigkeiten: Alkohol, um Spannungen abzubauen, Amphetamine gegen die Müdigkeit und Entwässerungs- und Abführmittel, um nicht »dick« zu werden. Paula weist die Charakteristika eines Inzestopfers auf, ohne jedoch eine klare Erinnerung an sexuellen Mißbrauch zu haben.

Paula, ein schmächtiges Persönchen, ist niemals in Gefahr gewesen, übergewichtig zu werden. Trotzdem war sie von dem Gedanken besessen, schlank und klein zu bleiben. Auf einer unbewußten Ebene versuchte sie, sich daran zu hindern, zu einer Frau heranzureifen, indem sie sich weigerte, einen Frauenkörper zu entwickeln. Dies war ein ernstes Problem für sie – einmal verhungerte sie beinahe, weil sie sich weigerte, sich etwas zu essen zu geben. Obwohl sie jetzt nicht mehr anorektisch oder tablettensüchtig ist, ist sie immer noch mager und blaß. Mit ihrem glatten Haar und ihrer schlichten Kleidung macht sie nach wie vor eher den Eindruck eines Kindes als den einer Akademikerin.

Auch in emotionaler Hinsicht hat Paula alles getan, was sie konnte, um zu gewährleisten, daß sie kindlich blieb. Sie hat es geschafft, den meisten üblichen Erfahrungen des Heranwachsens aus dem Weg zu gehen. Im Wohlstand von Südkalifornien, dem vermeintlichen Ursprung sexueller Freiheit, aufgewachsen, ist Paula von der Fülle sexueller Botschaften um sie herum völlig unberührt geblieben. Ihre reichen, alkoholabhängigen Eltern waren sowohl physisch als auch emotional selten verfügbar, und als Quelle sexueller Aufklärung fielen sie vollkommen aus.

Sie wußte nichts über ihren eigenen Körper und bekam Angst, als sie im Alter von dreizehn zu menstruieren begann. Die Haushälterin gab ihr eine Binde, und in den nächsten zwanzig Jahren benutzte sie nichts anderes – sie dachte nie daran, die Marke zu wechseln, und sie hatte keine engen Freundinnen, die sie hätten auf Tampons aufmerksam machen können.

Paula lebt seit drei Jahren mit Tom zusammen. Dies ist ihre einzige Beziehung, seit sie von zu Hause wegging. Tom ist jedoch 64 – älter als ihr Vater –, und seine sexuelle Energie entspricht der eines alternden Mannes. Das deckt sich mit Paulas Bedürfnissen, weil es ihr gestattet, weiterhin die Rolle eines unwissenden kleinen Mädchens, unbefleckt von Sexualität, zu spielen. Bei den seltenen Anlässen, wenn sie »es« tun, fühlt sie sich aufgrund der Diskrepanz in Alter und Energiepegel noch mehr wie ein Kind.

Paula hat ihre gesamte Lebenskraft in ihre geistige Entwicklung und ins Berufsleben gelenkt und sich von ihrem Körper und dessen Bedürfnissen abgeschnitten. Paulas Aufgabe besteht jetzt darin, in Kontakt mit ihrer Sexualität zu kommen und zu einer Frau zu werden. Zu diesem Zweck muß sie ein Bewußtsein ihres Körpers entwickeln und dann in diesen hineinwachsen, sie muß erwachsen werden und die Entscheidungsbefugnis in Anspruch nehmen, auf die sie als erwachsene Frau ein Recht hat.

Es ist ein großer Schritt für Paula, das Ausmaß zu erkennen, in dem sie von ihrer Sexualität abgekoppelt ist. Seit zwei Jahren ist sie zweimal wöchentlich in Psychotherapie, wo sie sich sehr bemüht, ihre Bedürfnisse zu erkennen. Dort lernt sie, sich im weitesten Sinn zu »ernähren« und zu stärken. Dabei hat sie angefangen, sich zu entfalten und zu verändern. Paula beginnt, mit ihrer Therapeutin über die Notwendigkeit zu sprechen, ihre Sexualität zum Leben zu erwecken. Sie weiß, daß sie sich das wünscht, aber es vom Verstand her zu wissen ist bloß der Anfang. Sie muß ständig daran arbeiten, fühlen zu lernen – und das ist etwas ganz anderes, als über Gefühle nachzudenken.

Paula hat Angst. Es ist Zeit loszulassen, erwachsen zu werden, eine Frau zu werden. Mit 33, sagt sie sich sarkastisch, ist es an der Zeit, es zu versuchen.

Den eigenen Körper kennenlernen

Dieses Kapitel enthält einige praktische Anleitungen, um sich mit dem eigenen Körper anzufreunden. Die folgende Spiegelübung ist ein guter erster Schritt, um sich selbst anzunehmen.

Nehmen Sie sich Zeit dazu, wenn Sie allein und ungestört sind. Legen Sie Ihre Kleider einschließlich Ihres Schmuckes ab, und stellen Sie sich nackt vor einen bis zum Boden reichenden Spiegel. Benutzen Sie einen Handspiegel oder einen zweiten Ganzfigurspiegel, um Ihre Rückseite sehen zu können.

Falls Ihnen die Vorstellung, sich nackt zu betrachten, etwas unbehaglich ist, dann sind Sie nicht die einzige. Vielen Frauen fällt es schwer, ihren Körper unverhüllt anzuschauen. Viele andere betrachten nur ihre Haare und ihr Gesicht aufmerksam und schenken allem übrigen nur einen flüchtigen Blick. Geben Sie nicht auf, und haben Sie Geduld mit sich.

Paulas Therapeutin schlug ihr vor, mit dieser Übung zu beginnen. Bei ihrem ersten Versuch brauchte sie eine halbe Stunde, um die Courage aufzubringen, sich ihrer Kleider zu entledigen; wußte sie doch, daß sie sich »unbewaffnet« würde in einem Spiegel betrachten müssen. Als sie endlich ausgezogen war, vermochte sie sich nur ein paar Sekunden lang anzuschauen. Ihr Herz klopfte wie wild, und sie befürchtete tatsächlich, in Ohnmacht zu fallen.

Als sie ihrer Therapeutin ihre Erfahrung schilderte, erinnerte diese sie sanft daran, langsam zu beginnen und sich nicht zu überfordern, sich nur jeweils einen Körperteil vorzunehmen und diesen Bereich täglich etwas zu erweitern. Als sie dieser Empfehlung ihrer Therapeutin folgte, fühlte sich Paula erheblich weniger bedroht. Nach mehreren Monaten war sie imstande, ihren Körper, ohne mit der Wimper zu zucken, im Spiegel zu betrachten. Sie erkannte ihn; sie merkte, daß er je nach der Beleuchtung, den Schatten und ihrer Positur unterschiedlich aussehen konnte. Am wichtigsten war, daß sie begann, ihren Eindruck von ihrem Körper damit in Verbindung zu bringen, worüber sie nachdachte bzw. was sie fühlte.

Das war eine Offenbarung, ein wirklicher Durchbruch im Verstehen. Paulas Körper – und wie er ihr erschien – hatte eine Beziehung zum »Rest« von Paula. Sie waren untrennbar miteinander verbunden.

Wenn Sie begonnen haben, Ihren Körper ohne Abscheu – und ohne sich auf irgendeine angebliche Unvollkommenheit zu konzentrieren – zu betrachten, dann sind Sie für den nächsten Schritt bereit: anzufangen, Ihren Körper zu akzeptieren. Sobald Sie eine Vorstellung von Ihrem Äußeren haben, trennen Sie sich von dem Bedürfnis, sich wegen der »Fettdellen« an Ihren Schenkeln, Ihrem »winzigen« Busen oder einem »mageren« Hals herunterzumachen. Tun Sie einen ruhigen Atemzug, und sehen Sie sich objektiv und kritikfrei an. Sagen Sie laut zu Ihrem Spiegelbild: »Du bist in Ordnung. Ich mag dich genau so, wie du bist. Du bist okay. Dieser Körper ist okay.«

Gehen Sie jetzt langsam Ihren Körper durch, und äußern Sie gegenüber jedem Teil Ihre Zuneigung, wie Sie es mit dem Körper eines geliebten Kindes tun würden. Tun Sie das zuerst verbal: Danken Sie Ihrem Körper für sein Dasein, äußern Sie Anerkennung für die Dienste, die er Ihnen leistet. So können Sie zum Beispiel Ihren Füßen dafür danken, daß sie Ihnen helfen zu gehen, zu laufen und zu tanzen. Sie können Ihrem Hals danken, daß er es Ihnen ermöglicht, hinter sich zu blicken. Sie können Ihrer Wirbelsäule danken, daß sie es Ihnen ermöglicht, sich zu bücken. Sie können Ihren Brüsten dafür danken, daß sie Sie als Frau kennzeichnen, daß sie Ihnen sexuelle Lust verschaffen, daß sie Ihr Kind ernähren.

Paula konnte diesen Teil der Übung nur wenige Augenblicke lang ausführen, bevor sie sich überwältigt fühlte. Sie hatte sich selbst noch nie Liebe und Anerkennung gespendet, und sie fand es fast unerträglich. Sie war jedoch eine Frau von großer Entschlossenheit. Nachdem sie einige Monate lang geübt hatte, fing sie effektiv an, sich auf diese Zeit mit sich selbst zu freuen. Der Schmerz, sich wirklich gegenüberzutreten, wich der Freude über dieses neue Ritual, das sie sich angeeignet hatte.

Eines Tages erwähnte Paulas Therapeutin, daß sich Paulas Erscheinung verändert habe – sie schien mehr Substanz zu haben, mehr Kraft auszustrahlen. Paula nickte unverzüglich ihre Zustimmung. »Ich weiß, das wird verrückt klingen«, sagte sie, »aber ich glaube, ich habe immer in einem fünf Zentimeter großen Quadrat da vorn in meiner Stirn gelebt. Den Rest von mir hätte es, wenn es nach mir gegangen wäre, gar nicht zu geben brauchen. Jetzt habe ich tatsächlich ein Bewußtsein von mir als einer dreidimensionalen Person. Ich bin mir meiner Vorderseite und der Rückseite gleichzeitig bewußt. Ich kann den Wind rings um mich spüren, wenn ich die Straße entlanggehe.«

Ihren Körper zu lieben ist für die meisten Frauen eine schwierige Aufgabe. Vielleicht haben auch Sie Tage, an denen Sie mit

Ihrem Aussehen zufrieden sind, und Tage, an denen es Sie zur Verzweiflung treibt, sich überhaupt anschauen zu müssen, geschweige denn, Ihr Spiegelbild jemals liebevoll zu akzeptieren. An solchen Tagen ist es wichtig, sich daran zu erinnern, daß diese Gefühle natürlich sind; viele von uns haben Jahre in emotionaler Entfremdung von unserem Körper zugebracht. Wir werden zu nichts anderem ermutigt. Sich selbst lieben zu lernen ist ein Prozeß, der Zeit erfordert. Sobald Sie imstande sind, wirklich ihre ganze Person im Spiegel nackt anzuschauen – zum erstenmal ohne Befremden und Enttäuschung –, werden Sie vielleicht allmählich ein Gefühl der Vertrautheit und Toleranz, vielleicht sogar der Sicherheit empfinden. Schließlich wird sich Akzeptanz und Liebe zu Ihrem Körper – so, wie sie ihn jetzt kennen und gefühlsmäßig dazu stehen – entwickeln: Dies ist ein wichtiger Schritt zur sexuellen Gesundung, ein Schritt, den Sie geschafft haben.

Wenn Sie in dieser Übung noch einen Schritt weitergehen wollen, dann können Sie beginnen, sich mit dem Inneren Ihres Körpers anzufreunden. Legen Sie sich hin, schließen Sie die Augen, und beginnen Sie zu spüren, was in Ihrem Inneren geschieht.

Spüren Sie, wie Ihre Atemluft herein- und hinausgeht. Spüren Sie, wie sich Ihre Lunge damit füllt und wie sie sich wieder entleert. Spüren Sie, wie sich Ihre Brust hebt und senkt. Spüren Sie den Schlag Ihres Herzens. Lauschen Sie dem Geräusch, das es macht, während es Blut durch Ihren Körper pumpt. Spüren Sie, wie Ihr Blut in jedem Teil von Ihnen zirkuliert und Sie lebendig und vital erhält. Sagen Sie Ihrem Körper, Sie wüßten es zu schätzen, daß er all dies ganz allein tut, ohne die geringste Hilfe seitens Ihres Bewußtseins zu benötigen.

Vielen von uns gelingt es nicht, unseren Körper von heute auf morgen zu akzeptieren, aber früher oder später werden wir mit zunehmender Übung lernen, unsere Einzigartigkeit zu schätzen und sogar zu genießen. Sie brauchen Ihren Körper nicht zu verändern, um sich selbst gegenüber ein gutes Gefühl zu haben. Sie können beschließen, Ihren Körper zu akzeptieren, sich in bezug auf ihn okay zu fühlen und ihm in dem Bewußtsein dankbar zu sein, daß er, genau wie er ist, eine Kostbarkeit darstellt.

Was ist mit Ihren Genitalien?

Vielen von uns fällt es schwer, die richtigen Worte zu finden, um über unsere Geschlechtsorgane zu sprechen. Es gibt Slangausdrücke, die Männer benützen – Möse, Pussy, Büchse, Fotze, Loch –, aber diese Worte haben einen beleidigenden Unterton, durch den sich Frauen peinlich berührt, unbehaglich, verärgert, beschämt oder wie eine Ware fühlen. Es gibt auch physiologisch korrekte Bezeichnungen – Vulva, innere und äußere Schamlippen, Vagina, Klitoris –, aber dies sind medizinisch klingende Termini; so klinisch, daß sie eher geeignet sind, uns von unseren Genitalien zu distanzieren. Manche Frauen haben Zuflucht zu Hüllwörtern und blumigen Ausdrücken genommen – innere Flöte, Lippenblume, Venushügel –, die unnatürlich klingen und die physischen Aspekte unserer Geschlechtsorgane verdecken. In jüngster Zeit haben einige Frauen angefangen, das Wort *yoni* zu benutzen, ein Sanskrit-Wort, das mit schönen erotischen Darstellungen aus Indien assoziiert wird, um ein Wort zu haben, das sowohl positiv als auch freundlich klingt.

Unsere Gesellschaft hat uns keine positiven Bilder weiblicher Genitalien zu bieten. Die Leute mögen das Washington Monument zwar lachend als Phallussymbol bezeichnen, aber dieser Begriff *Phallussymbol* hat einen positiven Klang, der Macht und Selbstsicherheit suggeriert. Die Silhouette von Großstädten wie Manhattan und Chicago sind geprägt von Monumenten, die den symbolischen Phallus feiern; ihre Wolkenkratzer recken sich endlos in den Sonnenuntergang. Die weicheren, runderen, komplexeren Formen der weiblichen Genitalien finden in solchen Landschaften keine Entsprechung.

Wir sind es so gewöhnt, diese männlichen Formen zu sehen, daß es uns vielleicht überrascht zu entdecken, daß die Betonung des Maskulinen in der Kunst und Architektur eine relativ jüngere historische Entwicklung darstellt. Aufregende neue archäologische Forschungen haben ergeben, daß vor etwa 25 000 Jahren eine blühende weiblich geprägte Kultur viele Jahrtausende lang im Europa der Jungsteinzeit florierte. Das Buch der angesehenen Archäologin Marija Gimbutas, *The Language of the Goddess,* enthält Fotos und Zeichnungen von fast zweitausend symbolischen Artefakten aus dieser Epoche, die auf der weiblichen Form und spezifischen Geschlechtsorganen beruhen.* Diese Gerätschaften dienten jedem Lebensbereich, vom Geschirr bis zu Schmuckgegenständen, ja sogar als Grabbeigaben. Wie Gimbutas schreibt, zeigen die irischen Grabstätten des Neolithikums, die sogenannten Court-Cairn-Gräber, »daß der ›Court‹ (Hof) die Stelle zwischen den geöffneten Beinen der Göttin ist; die Korridore oder Kammern dahinter sind ihre Scheide und Gebärmutter«. Ähnliche Gräber wurden zu Hunderten in allen Teilen der Welt entdeckt; sie zeugen davon, daß die Formen und Darstellungen des weiblichen Körpers einst das fundamentalste Schaffen der Zivilisation beeinflußten.

Als die patriarchalischen Kulturen die Herrschaft übernahmen, verblaßten diese Darstellungen jedoch und wurden durch eine Bildsprache ersetzt, die auf der äußeren weiblichen Gestalt basierte. Die Frauen, die wir gewohnt sind in der Kunst zu sehen, sind die nackten griechischen Göttinnen, die sinnlichen Odalisken und andere »verführerische« weibliche Personen wie Jungfrauen, Engel und Sklavenmädchen. Nur in wissenschaftlichen Lehrbüchern sehen wir noch Darstellungen weiblicher Genitalien, aber deren Beschriftungen erklären die Rolle der verschiedenen Teile im sexuellen Erleben nicht. Im 20. Jahrhundert sind die Blumenbilder von Georgia O'Keeffe zu Metaphern für die weiblichen Genitalien geworden; sie vermitteln aufgrund dieser kühnen Verbindung, die von einer Frau zu einer

* Marija Gimbutas, *The Language of the Goddess* (San Francisco: Harper & Row, 1989), 154.

unverkennbar weiblichen Symbolik hergestellt wurde, eine eindrucksvolle Botschaft.

Wenn wir nicht wissen, wie unsere Genitalien aussehen bzw. wie wir sie benennen sollen, und schon der Gedanke daran uns erröten läßt, ist es nicht überraschend, daß es uns schwerfällt, unser Leben als Geschlechtswesen zu genießen. »Berühr mich da, berühr mich nicht dort«, ist vielleicht die genaueste Auskunft, die wir geben können. Und wenn wir uns selbst nicht anschauen wollen oder können, dann werden wir uns nicht wohl fühlen, wenn ein Liebhaber uns anschaut. Ebensowenig ist es dann leicht, uns einen Raum zu suchen oder zu schaffen, wo wir uns ganz allein sexuell fühlen können.

Viele Frauen haben ihre eigenen Genitalien niemals angeschaut. Manche Frauen haben sich vielleicht als kleine Mädchen, die gegenüber ihren Geschlechtsorganen genauso neugierig sind wie in bezug auf andere Körperteile, ein bißchen selbst erforscht. Doch häufig lernen wir schon früh im Leben, daß dies nicht gestattet ist, und so lassen wir es bleiben oder fühlen uns schuldig, wenn wir es tun. Dann sind da die Botschaften, die wir von der Werbung zu hören bekommen: daß wir eine Scheidenspülung oder ein Deodorant benötigen und daß uns Slipeinlagen »frisch« halten. Viele Frauen beginnen, diesen Teil ihres Körpers zum ersten (und vielleicht zum einzigen Mal) während der Schwangerschaft und bei der Entbindung zur Kenntnis zu nehmen.

Kürzlich habe ich in der Ratgeberspalte einer Zeitung die Zuschrift einer Frau gelesen, die berichtete, daß eine ihrer Schamlippen doppelt so groß wie die andere sei. Sie beklagte sich bitterlich, daß dies ihr Leben ruiniert habe. Sie schämte sich dieses »Defekts« so, daß sie von niemandem gesehen werden wollte, und die Folge war, daß sie absolut kein Sexualleben führte. Der Größenunterschied ihrer Schamlippen war inzwischen zu einem solchen Problem für sie geworden, daß sie an eine Schönheitsoperation dachte, um sie »vollkommen zu machen«.

Wie viele ihrer Geschlechtsgenossinnen hatte auch diese Frau offensichtlich niemals die Genitalien anderer Frauen gesehen.

Männer sehen den Penis ihrer Geschlechtsgenossen in Umkleideräumen und öffentlichen Toiletten und vergleichen Größe und Form. Aber die Damentoiletten haben Türen; Frauen tragen mehrere Schichten von Unterkleidern; man hat ihnen beigebracht, sich speziell anderen Frauen gegenüber schamhaft zu verbergen. Die Leserbriefschreiberin wußte nicht – und hatte keine Möglichkeit zu erfahren –, daß die gleichen Abweichungen, die bei anderen Körperteilen auftreten, auch bei weiblichen Geschlechtsorganen vorkommen. So haben die meisten Menschen einen Fuß, der etwas größer ist als der andere, und auch die Ohren sind meist nicht vollkommen symmetrisch. Manche Frauen haben Brüste mit zwei verschiedenen Körbchengrößen. Sicherlich gleicht keine Nase der anderen. Warum sollte das bei unseren Genitalien anders sein? Die Wahrheit ist, daß auch die weiblichen Geschlechtsorgane in verschiedenen Größen, Formen und Farben vorkommen.

Da uns so wenig über die Spielarten weiblicher Genitalien bekannt ist, neigen wir dazu, die Abbildung in irgendeinem Lehrbuch als den einzig möglichen Standard anzusehen, wie eine Frau aussehen kann bzw. wie jede Frau idealerweise aussehen sollte. Ein ausgezeichnetes Gegenmittel dafür ist Betty Dodsons Serie anschaulicher und informativer Illustrationen in dem Buch *Sex for One: Die Lust am eigenen Körper* (München, 1991). Die Betrachtung der Varianten in diesen Zeichnungen und deren Vergleich mit Ihren eigenen Genitalien ist ein ausgezeichnetes Mittel, um die Schönheit Ihres eigenen Körpers und dessen Einzigartigkeit schätzen zu lernen.

Die Genitalien erforschen

Machen Sie diese Übung, wenn Sie allein sind und sich sicher und ungestört fühlen. Sie können sie mit zwei Zielen angehen: zu sehen, was da ist, und zu spüren, was geschieht, wenn Sie verschiedene Teile Ihres Körpers berühren.

Für diese Übung brauchen Sie einen Handspiegel und eine Taschenlampe. Setzen Sie sich mit gebeugten und geöffneten

Knien auf Ihr Bett, mit Kissen zum Anlehnen im Rücken. Vielleicht helfen Ihnen auch Kissen unter den Knien, bequemer in dieser Stellung zu verharren.

Beginnen Sie damit, Ihre Genitalzone zu betrachten, wenn Sie nicht erregt sind. Wie viele verschiedene Teile können Sie sehen? Können Sie sie benennen? Kennen Sie deren physiologische und sexuelle Funktion? Informieren Sie sich mit Hilfe entsprechender Bücher, wenn Sie Hilfe bei der Beantwortung dieser Fragen benötigen. Machen Sie diese Übung einen Monat lang einmal wöchentlich, und falls Sie noch menstruieren, beachten Sie, wie sich Ihre Genitalien im Laufe Ihres Menstruationszyklus verändern. Entspannen Sie sich, und genießen Sie Ihre Erforschung dieser aufregenden neuen Welt in Ihnen.

Da Paula Ärztin ist, war sie mit den technischen Aspekten der weiblichen Anatomie und deren Funktionen vertraut. Doch sie war echt überrascht zu erkennen, daß sie diese theoretischen Informationen niemals mit ihrem eigenen Körper verknüpft hatte. Als sie in ihre eigene Vagina schaute, hatte sie das Gefühl, eine völlig unbekannte Welt zu betrachten.

Paula inspizierte sich mit äußerster Faszination. Sie bemerkte, daß die äußeren Schamlippen ein helles Rosa mit einem Stich ins Violette aufwiesen und glatt waren, während die inneren Lippen rötlicher schimmerten – wie eine errötende Wange, dachte sie. Und so faltig! Als sie dies Woche um Woche tat, bemerkte sie, daß sie manchmal trocken und manchmal feuchter war; je nachdem, wo sie in ihrem Zyklus stand.

Es dauerte einige Zeit, bis sie es schaffte, sich selbst zu berühren. Sie genierte sich furchtbar, obwohl sie allein war. Paula war ihrem Körper so entfremdet, daß sie keine bewußte Erinnerung daran hatte, sich je angefaßt zu haben, außer wenn sie sich wusch oder nach dem Pinkeln abwischte.

Beim ersten Versuch, sich zu berühren, schreckte ihr Finger sofort zurück. Sie empfand Schuld und Scham – die Überreste frühkindlicher Botschaften. Geh langsam vor, sagte sie sich. Du schaffst es. *Es ist okay, das zu tun.*

Sie betastete sanft jeden Teil – die äußeren Schamlippen, die inneren Schamlippen, die Klitoris, die Scheidenöffnung – und versuchte zu spüren, wie sich jeder anfühlte. Sie begann sich Fragen zu stellen: Ist es glitschig? Nein, eher wie ein Blütenblatt, trocken und glatt. O, das ist irgendwie holprig. Ich möchte wissen, ob es immer so ist.

Als es ihr gelang, sich zu entspannen, begann Paula zu merken, wie sich der Rest ihres Körpers fühlte, wenn sie diese Gegend befingerte. Die Berührung ihrer Scheide, der Klitoris und der inneren und äußeren Schamlippen – alles löste bei ihr etwas unterschiedliche, unvergleichliche Empfindungen aus. Es war jedenfalls anders, als wenn Tom dies tat. Das könnte sogar angenehm sein, begann sie zu denken.

Sich selbst sexuelle Lust verschaffen

Falls Ihnen der letzte Teil dieser Übung Schwierigkeiten bereitete, dann lesen Sie weiter. Sie werden sehen, daß Sie nicht allein sind.

Die meisten Frauen im Selbstfindungsprozeß und speziell beziehungsabhängige Frauen haben ihr ganzes Leben mit dem Versuch zugebracht herauszufinden, was andere Leute wollen. Ihren eigenen Wünschen widmen sie in weiten Bereichen ihres Lebens nur wenig oder gar keine Aufmerksamkeit, ganz zu schweigen, wenn es um ihre eigenen sexuellen Bedürfnisse, Phantasien und Wünsche geht.

Auch hier funktioniert die Verleugnung auf vielerlei Weise und hindert uns daran, uns selbst kennenzulernen. Vielleicht leugnen wir, sexuelle Begierden zu haben, oder wir täuschen einen Orgasmus vor. Vielleicht betonen wir die physische Seite von Sex ohne Verbindung zu unserem emotionalen Selbst. Wir haben kein Vorbild einer inneren Entwicklung oder eines zunehmenden Verständnisses. Angeblich genügt es, einen Partner zu finden, der »es uns macht« oder mit uns macht, aber der Rest kommt nicht von selbst. Wenn wir uns fragen, was wir als sexuell befriedigend empfinden, dann wissen wir vielleicht keine Antwort darauf.

Die Fähigkeit, uns selbst sexuelle Lust zu bereiten, ist ein wichtiger Aspekt, um positive Gefühle uns selbst als Geschlechtswesen gegenüber zu entwickeln. Wir alle hatten in bezug auf die Selbsterkundung unterschiedliche Kindheitserfahrungen. Wie wir gesehen haben, gestattete Sarah ihrer Hand niemals, sie »da unten« anzufassen. Danielle hatte im Gegensatz dazu schon mit drei Jahren ihre Klitoris als Lustquelle entdeckt. Mimi lernte ihr sexuelles Selbst erst im College kennen. Und Theresa wußte nur, was es bedeutet, Männer zu befriedigen.

Manche Frauen würden gern masturbieren, aber haben schon beim bloßen Gedanken daran Schuldgefühle. Tatsächlich hat eine Untersuchung gezeigt, daß die Hälfte der Frauen, die angaben zu masturbieren, sich deshalb schuldig fühlten.

In den siebziger Jahren befragte die Autorin Shere Hite 3000 Frauen, ob sie regelmäßig masturbierten, und 82 Prozent bejahten dies. Von den Frauen, die Kinsey Ende der vierziger Jahre interviewte, hatten sich nur 62 Prozent zur Selbstbefriedigung bekannt; die Anzahl der Frauen, die sich selbst Lust bereiten, scheint also zuzunehmen. Aber diese Zahlen stehen immer noch in deutlichem Gegensatz zu den mehr als 90 Prozent der Männer, die sich nach eigenen Angaben mindestens einmal wöchentlich selbst befriedigen. Möglicherweise masturbieren Männer häufiger, weil sie Gründe haben, sich täglich anzufassen: Sie halten ihren Penis beim Urinieren, sie rücken ihre Hoden in der Unterhose zurecht, und sie erblicken ihre Genitalien, wenn sie sich entkleiden.

In der Geschichte haben Frauen viele negative Botschaften in bezug auf Masturbation empfangen. Jede geschlechtliche Betätigung, die nicht der Fortpflanzung diene, sei eine Sünde, hat man uns gesagt, und Masturbation sei im Grunde Selbstmißbrauch. Manche Religionen halten Onanie für eine Fleischeslust, die Charakter und Moral des Menschen verderbe. Vorstellungen dieser Art scheinen Frauen stärker zu beeindrucken als Männer. Man hat uns auch gesagt, daß Masturbation nur etwas für Frauen ohne Partner sei. Es sei etwas, was man nur als letzte Möglichkeit ausübe, und selbst dann sei es »abartig«.

Ich habe Frauen die Furcht äußern hören, daß sie, wenn sie masturbieren, die Lust auf Partnersex verlieren werden, obwohl die meisten Frauen genügend sexuelle Energie sowohl für Masturbation als auch für Sex mit Partnern haben. Unzufriedenheit beim Sex mit einem Partner hat gewöhnlich mehr mit der Qualität der Beziehung zu tun als damit, ob oder wie oft einer der Partner masturbiert.

Im Gegensatz dazu sprechen nur wenige, aber überzeugende Gründe für die Selbstbefriedigung: Erstens ist es ein gutes Gefühl. Und zweitens, je mehr Sie über die Reaktionen Ihres Körpers wissen, desto genauer wissen Sie, was Sie mögen. Dadurch können Sie Ihrem Partner dabei helfen, Ihnen Lust zu bereiten. Es gibt auch noch andere Gründe zu masturbieren: Es ist geeignet, vage Ängste zu vertreiben, es kann Ihnen helfen, sich vor dem Einschlafen zu entspannen, es ist gut für Ihr Phantasieleben, es ist eine gute Möglichkeit, sich selbst zu lieben, und es macht Spaß zu sehen, was passiert.

Die meisten Frauen kommen durch die Masturbation zum Orgasmus, und diese Orgasmen sind vielfach physisch heftiger als ein Orgasmus, den man mit einem Partner erlebt. Der Grund dafür ist, daß niemand anderer Ihren Körper so gut kennt wie Sie und niemand außer Ihnen wissen kann, was Sie von einem Augenblick zum anderen empfinden. Falls Ihnen Ihre Empfindungen nicht angenehm sind, können Sie sofort aufhören oder die Gangart wechseln. Falls Sie zu starken Druck ausüben, können Sie nachlassen. Falls Sie verlangsamen oder beschleunigen müssen, können Sie auch das tun. Und Sie brauchen sich keinen Augenblick lang den Kopf zu zerbrechen, wie Sie es Ihrem Partner erklären sollen.

Die meisten Frauen sind physiologisch imstande, einen Orgasmus zu erleben, aber viele hatten nicht die richtige Art von Stimulierung, die sie zum Orgasmus bringen kann. Alkohol-, drogen- und medikamentenabhängige Frauen hatten wahrscheinlich gedämpfte sexuelle Reaktionen und müssen erst lernen, daß sie ein befriedigendes sexuelles Erlebnis haben können. Sexuell mißbrauchte Frauen können sich in einem Konflikt befinden und Schwierigkeiten haben, sexuelle Lust zu empfinden und zum Orgasmus zu kommen. Für sie ist sexuelle Lust oft mit Schuld- und Schamgefühlen verbunden. Ihre Fähigkeit, zu vertrauen und zu genießen, ist ernsthaft gefährdet. Sex und sexuelle Impulse können von mißbrauchten Frauen sogar als gefährlich empfunden werden, aber diese Frauen können lernen, sich wieder sicher zu fühlen.

Masturbation ist das beste Mittel, um erneut in Fühlung mit Ihren sexuellen Reaktionen zu kommen. Masters und Johnson stellten fest, daß die durch Selbststimulierung hervorgerufenen Orgasmen zuverlässiger und rascher eintreten und von größerer körperlicher Intensität sind als die durch einen Partner bewirkten, obwohl das Erlebnis sexueller Intimität mit jemand anderem emotional und physisch befriedigender sein mag. Durch sanfte und liebevolle Selbststimulierung können Sie also lernen, wie Sie auf Berührungen verschiedener Art reagieren. Falls Sie Erfahrungen sexuellen Mißbrauchs gemacht haben, ist es sehr wichtig, besonders sacht und sorgsam mit sich umzugehen.

Bewußte Masturbation

Beginnen Sie die im letzten Abschnitt beschriebene Berührungsübung, aber tun Sie es diesmal, während Sie masturbieren. Halten Sie gelegentlich inne, und schauen Sie sich an. Beachten Sie, wie sich die Farbe mit zunehmender Erregung verändert, achten Sie auf das Anschwellen der inneren und äußeren Schamlippen. Sie werden vielleicht eine Zunahme der Gleitfähigkeit bemerken. Fühlt es sich in der Konsistenz anders an? Sie werden sehen können, wenn sich Ihre Klitoris vergrößert und hervortritt und sich später wieder zurückzieht und versteckt.

Als Danielle mit dieser Übung begann, dachte sie, das wird mir überhaupt nicht schwerfallen. Sie hatte seit vielen Jahren bis zum Orgasmus masturbiert – auch mehrmals hintereinander – und wußte, wie sie sich selbst reizen konnte. Aber als sie sich mit der Bewußtheit zu berühren begann, die diese Übung erfordert, stellte sie zu ihrer Überraschung fest, daß es viele Aspekte des sexuellen Selbstgenusses gab, die sie ignoriert hatte.

Sie hatte sich immer darauf konzentriert, so rasch wie möglich zur orgasmischen Entladung zu kommen. Jetzt begann Danielle, die Sinnlichkeit ihrer Haut zu genießen, ihre Brüste, ihren Bauch und ihre Hüften zu betasten und zu streicheln und ihren eigenen Körper aufzugeilen, wie sie es vielleicht mit einem Geliebten tun würde. Gleichzeitig entdeckte sie, daß auch andere Bereiche außer ihrer Klitoris empfindlich waren, und schenkte auch diesen Beachtung – so massierte sie sanft den Rand ihrer Scheidenöffnung und streichelte mit der Hand leicht über ihr Schamhaar.

Nach mehreren Monaten hatte sie ihre Reaktionen in einer Weise kennengelernt, die sie erstaunte. Sie merkte, daß sie sich kurz vor dem Einsetzen ihrer Periode besonders sexy fühlte; die leichteste Berührung bereitete ihr höchste Lust. Aber in den ersten Tagen nach ihrer Periode gelang es ihr manchmal nicht, zum Orgasmus zu kommen. Ihr Körper schien einige Zeit zu brauchen, um seine Reserven an Empfindungen zu erneuern. Sie war fasziniert von der neuen Tiefe ihrer sexuellen Reaktionen, und sie begann, ihre Liebhaber in ihre Erkenntnisse einzuweihen. Sobald sie gelernt hatte, sich selbst Lust zu bereiten und anderen ihre Wünsche zu vermitteln, öffnete sich für sie die Tür zu der Fülle sexuellen Erlebens, die sie so lang vermißt hatte. Ihr physisches Lustempfinden war endlich wieder mit ihren Gefühlen verbunden.

Im Gegensatz zu Danielle, die mit Enthusiasmus und Erfahrung an diese Übung heranging, hatte Paula noch nie einen Orgasmus gehabt. Sie hatte erst kürzlich gelernt, daß sie angenehme Empfindungen in bezug auf sich haben konnte, die mit ihrem Körper zusammenhingen, aber ihre Genitalien noch nicht als Lustquelle entdeckt. Als ihr ihre Therapeutin klarmachte, daß Masturbation das beste Mittel für präorgasmische Frauen ist, um zu lernen, wie man zum Orgasmus kommt, machte ihr das angst. Sie hatte gelernt, ihren Körper im Spiegel zu betrachten und sogar zu akzeptieren, was sie sah. Sie hatte gelernt, ihre Genitalien zu berühren. Aber all das erschien ihr wie klinische Übungen. Dies war weitaus bedrohlicher. Die Zeit, die sie mit ihrem eigenen Körper zubrachte, begann ihr unheimlich zu werden.

Ebenso wie Paula müssen Sie sich mit etwaigen Gefühlen des Abscheus in bezug auf Masturbation auseinandersetzen, bevor es Ihnen gelingen wird, zu einer befriedigenderen Sexualität einschließlich des Orgasmus zu kommen. Vielleicht ist es auch nötig, alte Gefühle von Schuld und Scham durchzuarbeiten. Drei gute Bücher über Orgasmus und Masturbation sind: Betty Dodson, *Sex for One: Die Lust am eigenen Körper*; Lonny Barbach, *For yourself* und *Gelöst im Orgasmus* von Julia Heiman, Leslie LoPiccolo und Joseph LoPiccolo. In jedem dieser Bücher werden Techniken behandelt, die in Gruppen für präorgasmische Frauen angewandt werden.

Sobald Sie gelernt haben, sich selbst zum Orgasmus zu bringen, können Sie die Verantwortung für Ihre eigene Lust übernehmen. Ein kenntnisreicherer Austausch mit Ihren Partnern beim Liebesspiel bedeutet, genau zu wissen, was Ihnen mehr oder weniger guttut; ein Bewußtsein, das es Ihnen ermöglicht, sich mit Ihrem Körper und Ihren Gefühlen verbunden zu fühlen. Wenn Ihre Partner nicht länger erraten müssen, wozu Sie in der Stimmung sind, und wenn sie der vollen Verantwortung enthoben sind, Sie sexuell zu befriedigen, werden auch sie experimentierfreudiger und reaktionsfähiger sein. Sobald Sie wissen, was Sie erregt und zum Orgasmus bringt, können Sie beginnen, dies Ihren Partnern klar zu vermitteln. Dadurch wird sich für Sie die Chance einer befriedigenden sexuellen Beziehung enorm erhöhen, und die Verbundenheit zwischen Ihrem Geist und Körper, zwischen Ihren Genitalien und Gefühlen wird immens zunehmen.

ZWEITER TEIL

Handlungen: die äußere Reise

So wie die innere Reise in der Frühphase des Selbsterfahrungsprozesses von uns fordert, ehrlich in bezug auf unsere Gedanken und Gefühle zu sein, fordert die äußere Reise von uns, die Grundmuster unserer Beziehungen und sexuellen Interaktionen ehrlich anzuschauen. Obwohl es uns leichter erscheinen mag, unsere Verhaltensmuster zu erkunden, ist es oft sehr schwierig und schmerzhaft, sich einzugestehen, was heute in unserem Leben geschehen ist und was noch geschieht. Wir müssen diesen Weg Schritt für Schritt gehen und uns bewußtmachen, daß Selbstfürsorge während dieses Prozesses aktive Selbstfindung bedeutet. Nachstehend einige der Fragen, mit denen wir uns auseinandersetzen müssen:

1. Erforschung Ihrer Kindheit und Ihrer Familie in Zusammenhang mit Sexualität. Wie ist Ihre Familie mit sexuellen Fragen umgegangen? Wurde über sexuelle Themen gesprochen oder nicht? Wie wurden die Dinge bezeichnet? Wie wurden die Dinge erklärt?
2. Ehrliche Benennung der sexuellen Ereignisse Ihrer persönlichen Vergangenheit. Dazu zählt, sich über die eigene Lebensgeschichte klarzuwerden und die Ereignisse zutreffend zu benennen.
3. Betrachtung der eigenen sexuellen Verhaltensweisen einschließlich der Erarbeitung eines sexuellen Lebenslaufs und dessen Verknüpfung mit einer allfälligen Suchtentwicklung. Wie haben sich Ihre sexuellen Erlebnisse und Ihre Abhängigkeit von Suchtmitteln gegenseitig beeinflußt?

4. Erforschung Ihrer Wahl von Sexualpartnern. Mit wem sind Sie sexuell aktiv gewesen und warum? Welches waren die Kennzeichen dieser Beziehungen?
5. Lernen, in der Gegenwart zu leben. Dies ist absolut wesentlich für die Sexualität.

5. Kapitel

Sexuelle Verhaltensmuster erkunden

> Selbsterkenntnis ist die subtilste aller Künste. Früher oder später werden wir dazu gezwungen, und je mehr wir der Frage ausweichen, desto mehr Schichten werden wir durchdringen müssen, bevor wir zum Kern vorstoßen.
>
> Malvina Hoffmann, *Heads and Tales*

Zum äußeren Weg der sexuellen Identitätsfindung gehört es, unser Leben aus einer frischen Perspektive zu betrachten. Jetzt trägt die innere Arbeit, die wir geleistet haben, echte Früchte: Wir sind imstande, mehr zu erkennen und in bezug auf das, was wir sehen, uns selbst gegenüber ehrlicher zu sein. Mit zunehmender Genesung wird sich unser Verständnis unserer früheren Handlungen und gegenwärtigen Beziehungsmuster weiter vertiefen. In dem Maße, wie unsere Verleugnung abnimmt, beginnen wir, die Motive hinter unseren früheren Handlungen zu verstehen und zu erkennen, was wir heute tun können, um unsere sexuelle Entwicklung und Entfaltung zu fördern.

Muster werden erkennbar

Muster sexuellen Verhaltens, die Ihnen im Anfangsstadium der Selbsterfahrung nur undeutlich bewußt waren, werden jetzt mit größerer Klarheit hervorzutreten beginnen. Ein ehrlicher Blick auf Ihre sexuelle Vergangenheit ist für die sexuelle Genesung absolut unerläßlich. Nur wenn Sie die Grundmuster in Ihren sexuellen Beziehungen erkennen, können Sie anfangen, sie zu verstehen und zu ändern. In der Selbsterfahrung gibt es einen Zusammenhang zwischen der Erkenntnis, wer Sie in Beziehung zu anderen gewesen sind, und dem Hineinwachsen in die sexuelle Identität, die Sie anstreben. Ohne einen ehrlichen Blick darauf, wo Sie gewesen sind und wo Sie jetzt sind, werden Sie nicht imstande sein zu entscheiden, wer Sie werden wollen. Ein Verständnis der Vergangenheit ist wesentlich, um sich die Art von Leben zu schaffen, die Sie sich wünschen.

Vielleicht werden Sie viele Gründe finden, warum Sie der Auseinandersetzung mit Ihrer sexuellen Vorgeschichte aus dem Weg gehen. Immer wieder habe ich sowohl in Gruppen- wie in Einzeltherapie von Klientinnen die folgenden Gründe dieser Vermeidung gehört:

- »Mein altes Leben ist aus und vorbei. Was hat es für einen Sinn, in alten Erinnerungen herumzurühren?«
- »Meine Vergangenheit hat mich nicht beeinflußt. Außerdem mache ich jetzt einen neuen Anfang.«
- »Ich bin jetzt clean und trocken, und mein früheres sexuelles Verhalten war ein Teil meiner Sucht – warum sollte ich mich jetzt damit auseinandersetzen?«
- »Mein Leben ist jetzt zu belastend. Mit meinen sexuellen Beziehungen werde ich mich später beschäftigen, wenn ich mich stabiler fühle.«
- »Mein Leben nimmt endlich eine erfreuliche Entwicklung. Die Auseinandersetzung mit meinen sexuellen Verhaltensmustern wird mir bloß weitere Schmerzen bereiten.«

Alle diese Gründe laufen auf eines hinaus: Verleugnung. Wir leugnen, daß unsere sexuelle Vergangenheit die Macht hat, unser heutiges Sexualverhalten zu beeinflussen. Wir leugnen, daß uns das Verständnis unserer Prägungen ermöglicht, uns zu verändern. Mit dieser Leugnung berauben wir uns jedoch auch der Möglichkeit künftiger sexueller Wahl- und Entscheidungsfreiheit.

Theresa fiel es sehr schwer, die Tatsache anzuerkennen, daß sie sich auch in ihren Erwachsenenbeziehungen immer wieder mißbrauchen ließ. Ihre Geschichte veranschaulicht, wie lange es dauern kann, bis wir bereit sind, in unseren Beziehungen Muster zu erkennen, insbesondere wenn diese das Selbstgefühl bedrohen, das wir so sorgsam aufgebaut haben.

Theresa sträubte sich dagegen, in der Therapie über ihre sexuelle Vergangenheit zu sprechen. Sie hatte große Mühe darauf verwendet, das Bild einer selbstbewußten, intelligenten und artikulationsfähigen Frau von sich zu entwerfen, und sie war schockiert, ihre Therapeutin sagen zu hören, daß sie sich in ihren Beziehungen »mißbrauchen« lasse. »Ich haßte diese Vorstellung«, sagte sie später. »Ich konnte den Gedanken nicht ertragen, eine mißbrauchte Frau zu sein. Unter einer mißbrauchten Frau stellte ich mir eine schwache Heulsuse vor, die nicht für sich selbst eintreten kann. Es kam mir vor, als werde mein ganzes Bewußtsein von mir als stark und unabhängig in Frage gestellt.«

Über ihre sexuellen Verhaltensmuster zu sprechen förderte schmerzhaftes Material zutage, das seit vielen Jahren verschüttet gewesen war. »Es war schwierig genug, mit den Inzesterlebnissen meiner Kindheit fertig zu werden; ich wollte nicht gezwungen sein, meine Erwachsenenbeziehungen in einem ähnlichen Licht zu sehen. Ich habe die Therapie beinahe abgebrochen, so verstört war ich.«

Theresa hatte seit ihrer Jugend zu Alkohol und Drogen gegriffen, um sich der Realität ihres Lebens, der Grundsituation des Mißbrauchtwerdens, nicht stellen zu müssen und um ihr Selbstvertrauen zu steigern. Jetzt, da sie clean und nüchtern war, wurde sie von der Trostlosigkeit ihrer Beziehungen überwältigt. »Ich konnte einfach nicht akzeptieren, daß ich nicht der starke Mensch war, für den ich mich hielt. Ich brauchte Monate, bis ich laut aussprechen konnte, daß meine Beziehungen zu meinen Freunden und meinem ersten Mann auf Mißbrauch beruht hatten.«

Sobald diese alten Erinnerungen und Erfahrungen anfingen

hochzukommen, ohne durch chemische Substanzen gefiltert zu werden, war Theresa deren voller Wucht ausgesetzt. Sie begann zwischen den Therapiesitzungen Angstanfälle und Erinnerungsblitze ihrer Vergewaltigung zu haben, besonders während des Sexualakts.

»Ich weiß, daß das für Jeff belastend ist, aber er bemüht sich, mich in meiner Therapie und Selbsterfahrung zu unterstützen.« Theresa entspannt sich sichtlich, als sie staunend diese Tatsache feststellt. »Es ist ein unglaubliches Glück für mich, ihn zu haben; speziell wenn man an seine Vorgänger denkt. Ich weiß, daß ihn meine Situation belastet, aber er schafft es trotzdem, mich zu beruhigen und zu trösten, wenn ich die Flashbacks habe. Ich kann mit ihm über meine schmerzhaften Gefühle sprechen. Er ist der erste Mann, dem ich je von den Erlebnissen meiner frühen Kindheit erzählt habe.

Ich werde mir nie wieder jemand aussuchen, der sich gut fühlt, wenn er mich heruntermacht. Ich fühle mich endlich frei genug, jemand zu wählen, der gut für mich ist, jemand, der keine Ähnlichkeit mit dem Freund meiner Mutter hat, der mich nur benutzen und mir weh tun wollte.«

Theresas Bereitschaft, ihre Beziehungen als erwachsene Frau endlich anzuschauen und deren Verbindungen zu ihren Inzesterfahrungen zu erkennen, war der Schlüssel: Diese Haltung und der sich anschließende Prozeß befähigte sie, eine gesündere Beziehung zu entwickeln und aufrechtzuerhalten. Erst als sie den Mut hatte, ehrlich zu sein und die Wahrheit zu sagen, ihre Vergangenheit als das zu bezeichnen, was sie war – von Gewalt und Mißbrauch gekennzeichnet –, konnte sie eine wachsende Beziehung zu Jeff mittragen.

Sich zu einer eigenen sexuellen Geschichte zu bekennen kann schmerzhaft sein. Die Grundmuster der eigenen sexuellen Beziehungen anzuschauen kann eine Vielzahl von Gefühlen auslösen, mit denen Sie vielleicht nicht gerechnet haben und denen Sie ausweichen möchten. Trotzdem kann ich die Wichtigkeit, einen klaren Blick auf die eigene sexuelle Vergangenheit zu werfen, nicht genug betonen. Es wird Ihnen helfen, auf dem

Weg in eine gesündere Zukunft voranzukommen. Dazu ist ein innerer Sprung nötig, und der erfordert ein gewisses Maß an Vertrauen zu sich selbst, zum Prozeß und zur Spannkraft Ihres inneren Selbst.

Sexualität in Kindheit und Familie

Die erste Aufgabe der äußeren Reise in der Frühphase der Selbsterfahrung besteht darin, die Wahrheit über Ihre frühe Kindheit und die sexuellen Erlebnisse in Ihrer Familie herauszufinden. Ihre Sexualität, zu der Ihre fundamentalsten Vorstellungen davon zählen, was Sex ist und was er bedeutet, hat im Schmelztiegel Ihrer frühesten Erfahrungen in der Familie Gestalt angenommen. Damals haben Sie begonnen, die Botschaften in bezug auf Sex zu verinnerlichen, die Sie bisher begleitet haben. Im Anfangsstadium der Selbstfindung können Sie beginnen, diese Botschaften aus Ihrem Unbewußten hervorzuholen, sie zur Sprache zu bringen, Ihre Überzeugungen in bezug auf Sexualität anzuschauen und sich klarzumachen, wo Sie sie herhaben.

Erinnerungen

Beginnen Sie mit Ihren Erinnerungen. Vergegenwärtigen Sie sich und sprechen Sie laut aus, was Sie in Ihrer Kindheit in bezug auf Sexualität erlebt haben. Die Verhaltensweisen und Einstellungen Ihrer Eltern, Großeltern, Tanten und Onkel haben Ihre Gefühle gegenüber Ihrem Körper, Ihrer Sexualität und Ihren Beziehungen stark beeinflußt. Sich diese Verhaltensweisen und Einstellungen ins Gedächtnis zu rufen und anhand bestimmter Vorfälle zu konkretisieren wird zu weiteren Erinnerungen und Einsichten über die Zusammenhänge zwischen den Haltungen Ihrer Familie und Ihren eigenen führen.

Falls Sie nicht in Therapie oder in einer Frauengruppe sind, kann das Schreiben eines persönlichen Tagebuchs Ihr erster

Schritt zur Erkenntnis der Rolle sein, die die Sexualität in Ihrer Familie spielte. Stellen Sie sich einige konkrete Fragen, zum Beispiel: Wie äußerten Ihre Eltern ihre sexuellen Gefühle füreinander? Waren sie in Ihrer Gegenwart zärtlich zueinander? Hat Papa Witze darüber gemacht, wie schwierig es ist, Mama ins Bett zu bekommen? Hat Mama so getan, als ob Sex eine Bürde sei, die sie zu erdulden habe? Was sagten Ihre Eltern, als Vetter Willi heiraten »mußte«? Wie haben sie seine neue Frau behandelt? Wie äußerten sie sich über Tante Paula, die vierzig Jahre lang mit einer »Freundin« zusammenlebte? Was sagten sie nicht?

Ihre Antworten auf Fragen dieser Art werden anfangen, sich zu einem differenzierten Bild der von Ihnen empfangenen sexuellen Botschaften und die Art ihrer Vermittlung zusammenzufügen. Schürfen Sie jetzt tiefer, und erforschen Sie die emotionale Tonlage. Wurden sexuelle Botschaften als Warnungen und Ermahnungen geäußert, oder waren sie eher implizit im Schweigen und in Gesprächslücken enthalten? Erinnern Sie sich, wie Sie sich in solchen Augenblicken fühlten.

Vielleicht gelingt es Ihnen gar nicht, sich an irgend etwas im Zusammenhang mit Sexualität in Ihrer Familie zu erinnern. Wenn Sie sich zu vergegenwärtigen suchen, wann Sie zum erstenmal etwas über Geschlechtsverkehr erfuhren, werden Sie vielleicht kein Glück haben. Diese Unfähigkeit, sich zu erinnern, ist als solche bereits aufschlußreich. Viele Frauen, die sich an keine sexuellen Erfahrungen in der Familie erinnern können, entdecken später, daß sie ein sexuelles Familientrauma erlebt haben. Schmerzhafte Erlebnisse wie Inzest zu vergessen ist die Art und Weise, wie wir uns als Kinder vor emotionalen Ereignissen schützen, die wir nicht verkraften können. Als Erwachsene können wir jedoch die Stärke entwickeln, uns dieser Vorkommnisse zu erinnern und sie zu verarbeiten.

Falls Sie sexuell mißbraucht wurden oder den Verdacht haben, daß es geschehen sein könnte, ist Einzeltherapie angezeigt. Suchen Sie sich eine Therapeutin, die Erfahrung in der Arbeit mit verdrängten Sexualtraumen hat und weiß, wie Klientinnen geholfen werden kann, über Mißbrauch in der Kindheit hinwegzukommen. Oft können auch Frauen- und Entzugskliniken Therapeutinnen empfehlen, die auf diesem Gebiet versiert sind. Eine erfahrene Therapeutin kann Ihnen helfen, sich mit Ihrer Vergangenheit auseinanderzusetzen und aus dieser Arbeit gestärkt und nicht niedergeschmettert hervorzugehen. Dies wird es Ihnen ermöglichen, auf Ihrem Weg ein Stück weiter voranzukommen.

Rücksprache mit anderen Familienmitgliedern

Gespräche mit Ihren Geschwistern über deren Kindheitserinnerungen können ebenfalls hilfreich sein. Sie können sie fragen, ob sie sich erinnern, wie Vater und Mutter über Sex gesprochen haben; wie sie die körperlichen Berührungen zwischen Vater und Mutter wahrnahmen; wie die Eltern auf die Sexualität der heranwachsenden Kinder reagierten und wie die Familie mit der sexuellen Aufkärung umging. Aus all dem kann sich eine Bestätigung Ihrer eigenen Gefühle ergeben, und sicherlich werden Sie Einsichten gewinnen, wie andere in Ihrer Familie eine ähnliche Situation erlebten. Vielleicht erkennen Sie aber die Figuren in deren Erinnerung gar nicht wieder, weil die Wahrnehmungen bzw. Erlebnisse der Geschwister so anders waren.

Unter manchen Umständen ist es jedoch vielleicht gar nicht hilfreich, mit Ihren Geschwistern über deren sexuelle Kindheitserfahrungen zu sprechen. Falls sie alkohol- oder drogensüchtig sind, falls sie beziehungsabhängig sind und selbst eine Verleugnung aufrechterhalten, falls sie Sie als Kind sexuell belästigt haben oder Sie von einem Elternteil bedrängt wurden und Ihre Geschwister nicht bereit sind, dieses Faktum anzuerkennen, ist es wichtig, sich diesen Schritt sorgfältig zu überlegen. Vielleicht wollen Sie auch deshalb nicht mit Ihren Geschwistern sprechen, weil Sie nicht bereit sind, mit einem anderen Familienmitglied über Ihre eigene Belästigung durch einen Angehörigen zu reden.

Es wird wahrscheinlich nicht hilfreich sein, mit einem Elternteil zu sprechen, der noch trinkt, Drogen nimmt oder sich seinem Partner bzw. Ihnen gegenüber abhängig verhält. Eine Aussprache mit einem drogen- und alkoholfreien, nicht abhängigen Elternteil kann dagegen erhellend sein. Vielleicht wird es Ihren Eltern jetzt, da Ihre Kindheit vorüber ist, leichter fallen, ihr Mißbehagen und ihre Befangenheit in bezug auf Sex und die Art und Weise, wie sie Sie erzogen haben, zuzugeben. Vielleicht empfinden sie sogar Bedauern in bezug auf ihre sexuelle Einstellung und die Art und Weise, wie sie diese weitergaben. Vielleicht begrüßen sie die Gelegenheit, ihre rückblickend empfundene Unzufriedenheit mit ihren eigenen Erziehungspraktiken zu äußern, und vielleicht erzählen sie Ihnen auch detaillierter, wie sie selbst erzogen wurden.

Manchmal besteht der Wert eines Gespräches mit einem Elternteil nicht in der Bestätigung bzw. den Informationen, die man erhält, sondern in dem Vorgang selbst. Direkt, freimütig und selbstsicher zu sein kann ungeachtet der Reaktion eine wichtige Lektüre darstellen.

Ihr Ziel bei Ihren Gesprächen mit Ihren Eltern über deren sexuelle Haltungen in Ihrer Kindheit ist es, mehr über die Ursprünge Ihrer sexuellen Überzeugungen zu erfahren. Falls Sie mit der Erwartung in ein Gespräch eintreten, die Überzeugungen Ihrer Eltern zu verändern, werden Sie wahrscheinlich enttäuscht werden. Falls Sie eine Entschuldigung dafür erwarten, was Sie als deren schädliche Haltung während Ihrer Kindheit ansehen, werden Sie diese vermutlich nicht bekommen. Aber falls Sie ernsthaft wünschen, mehr über das sexuelle Klima in Ihrem Elternhaus zu erfahren, dann werden Sie aus diesem Gespräch vielleicht mit einem größeren Verständnis in bezug auf Ihre eigenen sexuellen Einstellungen und deren Quellen hervorgehen. Die Fähigkeit, mit anderen über diese Einstellungen zu kommunizieren, wird als ein Schlüssel für Ihr eigenes Verständnis, Ihre Akzeptanz und Ihr Wachstum fungieren.

Mehrere Wochen lang war in Danielles Frauengruppe über sexuelle Einstellungen und deren Prägung durch die Familie gesprochen worden. Danielle hatte immer geglaubt, daß sie und ihre Mutter, Marianne, keine sexuellen Geheimnisse hätten, aber jetzt begann sie zu erkennen, daß es da eine Menge gab, was sie nicht über ihre Mutter wußte. Besonders neugierig war sie in bezug auf Mariannes Kindheitserlebnisse mit Sexualität.

»Meine Mutter hat mich über alles informiert, was ich zu wissen brauchte – in der High-school ist sie sogar mit mir zum Gynäkologen gegangen, um mir die Pille verschreiben zu lassen«, erzählte Danielle lachend. »Sie und mein Vater haben immer vor uns Kindern miteinander geschmust und beim Abendessen über ihr Sexualleben gesprochen. Auf diese Weise habe ich gelernt, daß Sex erlaubt ist.

Aber sie haben nie viel über Liebe oder Verbundenheit gesprochen, und wenn ich es mir recht überlege, haben sie sich nie einfach so umarmt. Ihre Zärtlichkeiten hatten immer irgendeinen sexuellen Unterton.«

Da Marianne immer so offen gewesen war, dachte Danielle, es werde ihr leichtfallen, über ihre eigenen sexuellen Erlebnisse zu sprechen. Sie war überrascht, wie wütend Marianne wurde, als die Geschichte aus ihr herausbrach.

Marianne und ihre zwei Schwestern waren in einer Kleinstadt in Kansas in einer Familie strikter Fundamentalisten aufgewachsen. Es gab kein Tanzen, kein Singen, und das Leben war eine sehr ernsthafte Angelegenheit. Mariannes Vater war Vorarbeiter in einer Fabrik, ihre Mutter ausschließlich Hausfrau. Beide Eltern waren hart arbeitende, gottesfürchtige Leute, die über nichts viele Worte verloren, schon gar nicht über Sex.

Mariannes Mutter beschützte ihre Töchter vor einer Welt, die sie als gefährlich ansah. Sie betrachtete Sex als eine Pflicht, die Frauen so schnell wie möglich hinter sich bringen sollten. »Sie erlaubte mir erst mit sechzehn, mich mit Jungen zu verabreden«, erinnerte sich Marianne bitter, »und auch dann wollte sie, daß ich nur mit Jungen von unserer Kirche ausgehe. Sie überwachte ständig, wo ich hinging und was ich tat.« Danielle schauderte, als sie sich das graue, öde Leben ihrer Mutter als junges Mädchen vorzustellen versuchte, bar jeder Wärme und jedes

Vergnügens in Zusammenhang mit Sex und sexuellen Impulsen. »Wie in aller Welt hast du es geschafft, dich schließlich davon zu lösen?«

»Als ich ans College ging, gab es für mich kein Halten mehr. Das waren die sechziger Jahre, und es schien, daß man tun konnte, was man wollte. Ich fing an, Hasch zu rauchen und gleichzeitig sexuell aktiv zu werden. Meine Sexualität schien alle Grenzen zu sprengen. Es war so berauschend, ihrem wachsamen Auge entronnen zu sein. Die Drogen und der Sex, das gehörte damals alles dazu.

Ich fühlte mich gleichzeitig schuldig und wütend und glücklich. Als du kamst, wußte ich bloß, daß ich dir vermitteln wollte, daß Sex okay ist, daß dein Körper okay ist und daß Lust okay ist. Ich tat alles, bloß um von all dem Zeug über Gott, Sünde, Hölle und Verdammnis wegzukommen. Wahrscheinlich habe ich deshalb so großen Wert darauf gelegt, daß die körperliche Lust das einzig Wichtige ist, weil ich in meinem tiefsten Inneren dessen nicht so sicher war. Ich denke immer noch darüber nach, was meine Mutter sagen würde, wenn sie noch lebte und mich sehen könnte oder wenn sie die Wahrheit über meine Lebensweise erfahren hätte.«

Mariannes Konflikt zwischen ihrer strengen Erziehung und ihrem permissiven Lebensstil machte es ihr unmöglich, ihre eigene Sexualität unbefangen zu genießen. Freies Gewährenlassen und Unterdrückung sind unbefriedigende Alternativen; diese zwei Enden des Spektrums blenden all die subtilen Nuancen dazwischen aus. Marianne gab zwar gern die technischen, körperorientierten Informationen an ihre Tochter weiter, die man ihr vorenthalten hatte, aber sie scheute vor den Fragen über Gefühle zurück, weil sie keine Antworten darauf hatte. Sie schien zu sagen, »frag mich, was du willst«, gleichzeitig demonstrierte sie aber auch die Haltung: »Komm mir nicht zu nahe.«

Danielle ging aus dem Gespräch mit einem tieferen Verständnis des Herangehens ihrer Familie an die Sexualität hervor. »Ich hatte immer geglaubt, unsere Familie sei so aufgeklärt, so frei. Meine Mutter machte stets den Eindruck, sehr aufgeschlossen, sehr liberal in bezug auf Sex zu sein. Jetzt merke ich, daß das nur teilweise stimmt – ich sehe sie jetzt klarer.«

Danielle fühlte sich durch diese Erkenntnis zwar erschüttert, aber sie ermöglichte ihr zu begreifen, warum ihren sexuellen Beziehungen der emotionale Gehalt zu fehlen schien. »Für mich sind reiner Sex und Liebe zwei verschiedene Dinge geworden. Reiner Sex ist etwas Mechanisches; wenn man sich liebt, gehört noch mehr dazu. Ich habe das Gefühl, daß bei purem Sex etwas fehlt. Es ist ein platteres Erlebnis, als sich zu lieben.«

Gestörte Sexualität im Familienleben

Sexuelle Probleme existieren nicht isoliert; sie sind ein Zeichen des Mangels an Ganzheit in der Familie. In einer gesunden Familie ist zwischen den Eltern oder anderen Erwachsenen ein bestimmtes Maß an Zuneigung und offenkundig sexueller Energie feststellbar. Sobald die Familie nicht mehr in einem gesunden Maß funktionsfähig ist, ist auch die Sexualität davon betroffen. Dieser Mangel an gesunder Sexualität zeugt von unzulänglicher Integration in den Familienverband.

Da die Sexualität in der amerikanischen und teilweise auch in der europäischen Gesellschaft so polarisiert, deformiert und emotional überfrachtet ist, sind die Erziehungspraktiken amerikanischer und europäischer Eltern – so wohlmeinend sie sein mögen – in bezug auf Sex nur selten optimal. Zum Beispiel wollte Danielles Mutter als Reaktion auf ihre eigenen repressiven Kindheitserfahrungen die Kindheit ihrer Tochter anders gestalten. Ihrer Tochter die Pille verschreiben zu lassen war realistisch; Danielle war ein sexuell aktiver Teenager und mußte etwas über Empfängnisverhütung wissen. Allerdings hätte sie auch über die emotionalen Aspekte sexueller Beziehungen aufgekärt werden sollen, aber Marianne war nicht imstande, ihr diese Informationen zu geben.

Ebenso wie Sarah sind Sie vielleicht in einer Familie aufgewachsen, in der Sie unvollständige und verwirrende Informationen über Ihre sexuelle Entwicklung und das, was Sie von sexuellen Erlebnissen erwarten können, erhalten haben. Ihre Eltern sind dabei vielleicht weniger indirekt vorgegangen, sie haben Ihnen möglicherweise Informationen über Sex vorenthalten und Sie wiederholt aufgefordert, Ihren Körper zu verhüllen, mit der Folge, daß Sie Schamgefühle in bezug auf Teile Ihres Körpers als peinliche Blößen verinnerlicht haben. Frauen, die als Halbwüchsige wegen ihres Äußeren kritisiert wurden, sind als Erwachsene oft mit ihrem Aussehen unzufrieden und betrachten sich als Objekte, die ständiger Reparaturen bedürfen.

Vielleicht hat man Ihnen schon als sehr kleines Kind Schamgefühle eingeimpft, weil Sie sexuelle Neigungen erkennen ließen. Eine Frau erzählte mir: »Eines Tages hat mich meine Mutter dabei ertappt, wie ich mit meiner Freundin Eileen Doktor spielte. Es war alles recht harmlos – wir waren erst vier Jahre alt –, aber sie hat mich nach Strich und Faden verprügelt und mir nie wieder erlaubt, mit Eileen zu spielen.«

Erwachsene Familienangehörige sind Ihnen vielleicht durch anzügliche Bemerkungen zu nahe getreten, haben sich Ihnen gegenüber eindeutig sexuell verhalten oder Ihre Intimsphäre verletzt, indem sie Sie nach Ihren sexuellen Erlebnissen ausfragten. Ein erwachsenes Familienmitglied hat Sie vielleicht sogar in ungehöriger Weise berührt oder Sie zu sexuellen Handlungen genötigt, wie es der Freund von Theresas Mutter tat. Solche Vorkommnisse können sich auf Frauen unterschiedlich auswirken, was wiederum von den übrigen, individuell verschiedenen Lebensumständen der Betroffenen abhängt.

Oder Ihre Angehörigen haben womöglich alle äußeren Anzeichen von Sexualität vermieden und sich nie vor Ihnen umarmt oder auf andere Weise physische Zärtlichkeit gezeigt. Eine Klientin erzählte mir: »Meine Eltern hatten separate Betten, separate Nachttischchen und separate Lampen. Die Betten waren immer tadellos gemacht, als ob nie jemand darin geschlafen hätte. Ich kann mir nicht vorstellen, wie sie sich je nahe genug gekommen sind, um mich zu zeugen!« In einer solchen Familie heranzuwachsen kann bei einem Kind den Eindruck hervorrufen, »normale« Sexualität bedeute *keine* Sexualität.

All dies sind Beispiele, wie die sich im Kind entwickelnde Sexualität in Familien mit Störungen unterschiedlichen Grades deformiert werden kann. Viele ansonsten konstruktive, gesunde Familien versagen glatt, wenn es um Sex geht. Es ist ein riesiges, schwieriges Thema. Wenn sich das Familienleben verschlechtert, ist die Sexualität einer der ersten Bereiche, die darunter leiden. Gesunde, funktionierende Sexualität erfordert Ehrlichkeit, klare Kommunikation und Intimität. Sie ist ein integraler Bestandteil eines gesunden Familienverbandes.

Die Übertretung physischer und emotionaler Grenzen

Eines der häufigsten Merkmale gestörter Familien ist das Fehlen gesunder Grenzen – jener materiellen und emotionalen Barrieren, die uns von anderen und von der Außenwelt trennen. Grenzen besagen: »Hier endest du, und hier beginne ich.«

Wenn jemand zu nahe an Sie herantritt, dann haben Sie das Gefühl einer Verletzung Ihrer physischen Grenzen. Sie machen dann vielleicht einen Schritt zurück, um die für Ihr Wohlbefinden richtige Distanz wiederherzustellen. Emotionale Grenzen funktionieren in derselben Weise. So haben Sie vielleicht das Gefühl, daß man Ihnen emotional zu nahe tritt, wenn Ihnen jemand sagt, daß Sie sich nicht so fühlen sollten, wie Sie es tun.

Grenzen haben etwas mit Schranken und Schutz zu tun; wir benötigen feste Grenzen, um uns zu definieren und unser Verschmelzen mit anderen auf Kosten unserer persönlichen Identität zu verhindern. Falls Ihre Grenzen wiederholt verletzt wurden, wird es Ihnen wahrscheinlich schwerfallen, sich abzugrenzen und anderen Schranken zu setzen. Und andere scheinen unsere mangelhafte Abgrenzung zu wittern; vielleicht trägt dies dazu bei, daß wir in ungesunde Beziehungen hineingeraten.

In den meisten gestörten Familien sind die physischen Grenzen entweder zu starr, oder sie verschwimmen. Starre Grenzen sind wie durchsichtige Wände zwischen Eltern und Kindern. »In meiner Familie hat niemand je den anderen angefaßt«, erzählte mir eine Frau traurig. »Wenn mich meine Eltern umarmten oder küßten, dann kam mir das wie eine Pflichtübung vor. Erinnern Sie sich an die unsichtbare Wand, von der in der Zahnpastawerbung immer die Rede war? So gingen meine Eltern mit Zuneigung um – als ob eine unsichtbare Wand zwischen uns stünde.« Der Mangel an Kommunikation in der Familie dieser Frau gab ihr das Gefühl von Distanz, Isolierung und Einsamkeit. Als Erwachsene fühlte sie sich nur dann wirklich sicher, wenn sie sich distanzieren und emotional abkapseln konnte. Es fiel ihr sehr schwer zu lernen, Intimität zuzulassen.

Familien mit fließenden bzw. allzu durchlässigen Grenzen wie die von Sarah bringen Kinder hervor, die nicht wissen, wo sie enden und wo andere anfangen. Eltern mit einem verschwommenen, unklaren Bewußtsein ihrer eigenen Grenzen und der Grenzen anderer verhalten sich übermäßig zudringlich. Dies erzeugt eine ungesunde Form von Nähe und Gefühlsintensität. Eine Klientin berichtete mir: »Meine Mutter war Psychologin, man würde deshalb meinen, daß sie es hätte besser wissen müssen. Sie wollte immer hören, was ich denke und was ich fühle. Und dann analysierte sie meine Gedanken und erklärte mir, ich sei nicht deshalb schlecht gelaunt, weil ich einen beginnenden Schnupfen hätte, sondern weil ich meinen Gefühlen auswiche! Ich hatte das Gefühl, sie gucke mir ständig in den Kopf hinein. Sie hat mir ihre eigene Version der Realität aufgenötigt, statt anzuerkennen und zu respektieren, was ich erlebte.« Kinder, die in solchen Familien aufwachsen, wissen oft nicht, wie sie ihre eigenen Grenzen definieren sollen, und sind unfähig, ihre Rechte zu schützen. Ihnen fehlt ein gesundes Gefühl von Eigenständigkeit und Individualität, das es ihnen ermöglichen würde, zu wissen und zu sagen, was für sie gefühlsmäßig akzeptabel ist und was nicht. Als Erwachsene übertreten solche Kinder unbewußt die Grenzen anderer und gestatten anderen, die ihren zu überschreiten.

Sexuelle Grenzen sind in der gestörten Familie oft fließend. Eltern können gleichzeitig zudringlich und streng sein. Halbwüchsige werden vielleicht im Badezimmer nicht ungestört gelassen, und gleichzeitig werden sie gezwungen, sich einem unrealistischen Reglement in bezug auf ihre Verabredungen zu unterwerfen. Manche Eltern zeigen sich schockiert über unabsichtliche Nacktheit, tolerieren aber andererseits unangemessene Berührungen; manche berühren einander und ihre Kinder mit äußerster Hemmungslosigkeit. Wie mir eine Klientin erzählte: »Als ich zwölf war, machte mein Vater ständig Bemerkungen über meine Brüste – daß sie herumhüpften und ich einen BH tragen sollte. Es war wirklich peinlich und machte mich sehr befangen. Aber als ich mit meinen Eltern über Sex reden wollte, gaben sie mir zur Antwort, ich sei noch nicht alt genug, um das zu wissen.« Solche Ausmaße an Heuchelei und die verschiedenen Spielarten, die diese annimmt, werden uns systematisch vermittelt, während wir zu Frauen heranreifen. Die Wirkung kann verheerend sein; der Blick für die Wahrheit wird uns verstellt, und wir werden gelähmt und damit für fragmentierte Ideen über Sex und uns selbst als Geschlechtswesen prädisponiert.

Eltern können auch ohne Strenge zudringlich sein – etwa, wenn sie die Post ihrer Kinder öffnen und sich bei den Verehrern ihrer halbwüchsigen Töchter anbiedern. Oder sie können streng sein, ohne sich zudringlich zu verhalten – etwa von ihrer Tochter prinzipiell fordern, um zehn Uhr zu Hause zu sein, selbst wenn ein Film erst Viertel nach zehn endet.

Kinder, die über sexuelle Grenzen im unklaren gelassen werden, äußern als Erwachsene Verwirrung darüber, welches sexuelle Verhalten bei Verabredungen angemessen ist, und es fällt ihnen vielleicht schwer, dem Druck anderer ein Nein entgegenzusetzen. Wenige Eltern sind imstande, ihren Halbwüchsigen klarzumachen, welche Art von sexuellen Spielen bei einer Verabredung »okay« ist. Noch seltener sind Eltern, die ihren Teenagern dabei helfen können, ein Gefühl für angemessenes Sexualverhalten zu entwickeln, wenn aus einer Verabredung eine liebevolle Beziehung wird. Kinder, die sehr verschwommene Grenzen haben, müssen sich vielleicht von anderen völlig distanzieren, um sich sicher zu fühlen.

Es ist wichtig, die physischen, emotionalen und sexuellen

Grenzen in ihrer Kindheit genau zu betrachten. Wo verliefen sie? Wann hatten Sie das Gefühl, daß sie übertreten wurden? Haben Sie sich nach mehr Nähe und weniger Strenge gesehnt? Oder hätten Sie sich klarer gezogene Grenzen gewünscht? Ihre Antworten auf solche Fragen werden Ihnen Erkenntnisse darüber vermitteln, wie Sie heute Ihre Grenzen definieren und ob Sie etwas daran ändern möchten und auch, wie diese Änderung in Ihrem eigenen Leben aussehen und zustande kommen könnte.

Die persönliche Vergangenheit benennen

Ihre sexuellen Erfahrungen als Erwachsene zu benennen ist wesentlich, um im Selbsterfahrungsprozeß Ehrlichkeit in bezug auf Sexualität zu entwickeln. Aber laut auszusprechen, was geschah und was nicht geschah, und es entsprechend zu benennen ist oft ein schmerzhafter Prozeß.

Wenn Sie beginnen, Ihre sexuelle Vergangenheit zu erkunden, dann werden Sie vielleicht feststellen, daß Sie wie Theresa das Faktum des Mißbrauchtwerdens in Ihren sexuellen Erfahrungen heruntergespielt haben. Theresa erklärte: »In meinen Beziehungen ist es oft vorgekommen, daß ich mit einem Mann geschlafen habe, obwohl ich es gar nicht wollte. Und das war meine Vorstellung von Sex – mit jemandem ins Bett zu gehen, ohne es zu wollen. Jetzt begreife ich, daß ich es rationalisiert habe. Was in Wirklichkeit geschah, war, daß ich gezwungen wurde, gegen meinen Willen mit jemandem zu schlafen.«

Es ist sehr wichtig, etwas so sehen zu können, wie es wirklich ist, und es entsprechend zu benennen. Als Theresa es schaffte, ihre Erfahrung korrekt zu benennen, half ihr das zu erkennen, daß sie faktisch nicht die Kontrolle hatte – sie ließ sich zu Sex herbei, ohne es zu wollen –, sondern daß sie in einer auf sexuellem Mißbrauch beruhenden Beziehung steckte, die eine Neuauflage der Vergewaltigung in ihrer Kindheit darstellte.

Die Vergangenheit beim Namen zu nennen kann eine

schmerzhafte Erfahrung sein. Vielleicht haben Sie, wie viele Frauen, nur überleben können, indem Sie das Bewußtsein der Realität Ihrer sexuellen Verhaltensweisen ausblendeten. Aber in dem Maße, wie Sie im Selbsterfahrungsprozeß Fortschritte machen, werden Sie merken, daß alte Verhaltensweisen nur dann überwunden werden können, wenn Sie es schaffen, darüber die Wahrheit zu sagen.

Falls Sie feststellen, daß die wahrheitsgemäße Benennung der Vergangenheit bei Ihnen unkontrollierbare Gefühle auslöst, dann zögern Sie nicht, sich Hilfe zu holen. Selbsthilfegruppen, Unterstützergruppen und Einzeltherapie – all dies kann Ihnen dabei helfen, sich mit der Realität Ihrer früheren sexuellen Erfahrungen auseinanderzusetzen.

Einer Frauengruppe beitreten

Die Benennung Ihrer Vergangenheit wird am leichtesten in einer Frauengruppe zu verwirklichen sein, in der auch Sexualität thematisiert wird. In einer solchen Gruppe bekommen viele Frauen zum erstenmal in ihrem Leben das nötige Gefühl von Sicherheit, um darüber zu sprechen und zu benennen, was tatsächlich geschah. Sie werden vielleicht feststellen, daß ihre Erlebnisse mit Sexualität nichts Einmaliges sind und daß auch andere Frauen genau wissen und verstehen, wovon sie sprechen.

»Zum erstenmal habe ich gesehen, daß ich nicht allein bin«, staunte Joan, eine rekonvaleszente Alkoholikerin, gegenüber ihrer Gruppe. »Ich habe eine Menge Scham- und Schuldgefühle über meine sexuelle Vergangenheit mit mir herumgeschleppt, und wahrscheinlich habe ich mich für die größte Schlampe in der Stadt gehalten. Aber die Frauen in meiner Gruppe zeigten mir, daß andere Frauen ähnliche sexuelle Erfahrungen durchgemacht und sie lebendig, ja sogar gesund, überstanden haben!«

Die Zugehörigkeit zu einer Frauengruppe kann die riesige Last individueller Verantwortung beseitigen helfen, die Frauen oft gegenüber ihrer Sexualität empfinden. Viele Frauen begreifen, daß ihre ungesunden Lebens- und Verhaltensweisen ein Teil unseres Vermächtnisses als Frauen sind. In einer Gruppe können Frauen verstehen lernen, daß ihr sexuelles Verhalten ein Ausdruck geringer Selbstachtung und eines schwachen Selbstwertgefühls war, und sich offen eingestehen, daß sie ihre Sexualität dazu benutzt haben, um sich ein positives Selbstgefühl zu verschaffen.

»Ich war einmal in einer Gruppensitzung«, fuhr Jean fort, »und ich redete zwanghaft über all die Männer, mit denen ich geschlafen hatte. Ich konnte einfach nicht aufhören und beschuldigte mich aller Sünden der Welt. Und diese andere Frau in meiner Gruppe sagte: ›Warum schlägst du nicht das Telefonbuch auf und schaust dir all die Namen von Männern an, mit denen du nicht geschlafen hast?‹ Nun, das hat die Dinge für mich schlagartig zurechtgerückt.«

Bedauerlicherweise besteht in vielen Frauengruppen eine unausgesprochene Übereinkunft, nicht über Sex zu sprechen. Dies ruft bei Frauen den Eindruck hervor, daß Sex nicht wichtig ist, da niemand darüber spricht. Vielleicht befürchten sie auch, daß niemand anderer sexuelle Schwierigkeiten und Probleme hat und daß sie irgendwie ganz anders sind.

Falls Sie einer Gruppe angehören, in der Sex nicht erwähnt wird, müssen Sie vielleicht erst einmal das Eis brechen, indem Sie Sex als Thema für eine spezielle Zusammenkunft vorschlagen. Sexualität ist eines der schwierigsten Gesprächsthemen für Frauen. Aber sobald sie die Chance erhalten, ist es erstaunlich, was es Frauen zu sagen drängt, was sie sagen wollen und zu sagen haben.

Oft kommen Frauen in meine Rehabilitationsgruppen, die nicht verstehen, warum diese speziell für Frauen gedacht sind. Pat, eine rekonvaleszente Alkoholikerin Mitte Vierzig, konnte anfangs keinen Wert darin sehen, an einer reinen Frauengruppe teilzunehmen, aber sie änderte bald ihre Meinung. »Ich habe Frauen nie sehr gemocht. Sie schienen immer über unwichtige Dinge zu sprechen, und das Zusammensein mit ihnen ging mir auf die Nerven. In der Bank, wo ich arbeite, verbrachte ich den größten Teil meiner Zeit mit Männern – sie waren interessanter. Der Eintritt in Stephanies Gruppe war meine erste Berührung mit einem Projekt der Frauenbewegung, und ich war ziemlich skeptisch.

Dann fing mein neuer Boss an, mich anzumachen. Er lud mich nach der Arbeit auf ein Glas Wein ein, und ich antwortete, daß ich nicht trinke. Als nächstes schlug er vor, daß wir zusammen zu einer Konferenz fahren sollten, obwohl es ein großer Umweg für ihn gewesen wäre, mich abzuholen. Als ich ihn darauf hinwies, machte er einen Rückzieher, aber ich hatte das Gefühl, er werde es wieder versuchen.

Ich war beunruhigt, wußte aber nicht, was ich tun sollte. Ich war eben befördert worden, und ich wollte diese Stelle behalten. Ich zerbrach mir den Kopf, wie ich ihn bei Laune halten sollte, aber ich hatte nicht die Absicht, mich mit ihm einzulassen. Deshalb sprach ich in der Gruppe darüber. Alle waren empört. Sie waren entschieden der Meinung, daß er seine Stellung als Vorgesetzter ausnutze. Sie bezeichneten es tatsächlich als sexuelle Belästigung.«

Als Pat hörte, daß ihre Erfahrung einen Namen hatte, und daß es Mißbrauch – sexueller Mißbrauch – war, veränderte sich ihre gesamte Wahrnehmung. »Ich war überrascht. Ich hatte keine Ahnung, daß es so ernst war. Erst nachdem die Gruppe meinetwegen so wütend wurde, konnte ich mir meine Gefühle bewußtmachen. Da merkte ich erst, wie sehr sauer ich auf ihn war. Er nutzte die Situation in unfairer Weise aus. Und da er mein Chef war, konnte ich ihm nicht offen meine Meinung sagen.«

Pat änderte ihre Wahrnehmung der Vorkommnisse, weil sie in einer Frauengruppe war, die ihre Erfahrung beglaubigte. Die anderen Frauen wußten, wie frau sich fühlt, wenn sie am Arbeitsplatz sexuell belästigt wird und keinen Ausweg für sich sieht. Ihre Unterstützung ermöglichte ihr, sich ihrer eigenen Gefühle von Wut bewußt zu werden. Aufgrund ihrer Erfahrungen in der Gruppe fiel es Pat nunmehr leichter, ihre eigenen Wahrnehmungen ihrer Realität ernst zu nehmen.

Der Entschluß, die Stimme ihres inneren Selbsts nicht zu ignorieren, befähigte Pat allmählich, ihrer intuitiven Reaktion auf Menschen und Situationen wieder vertrauen zu lernen. Dies war die Reaktion von Pats authentischem Selbst, nunmehr gestärkt und entschlossen, die Realität zu erkennen und auf der Legitimität ihrer Sicht der Dinge zu bestehen. Hier ist ein Beispiel, wie sich eine Frau selbst fand, die anfangs nicht imstande war, ihr inneres Selbst zu hören und zu spüren, daß ihre Sicht der Wirklichkeit gültig war. Sie weiß jetzt, daß ihre innere Stimme es verdient – und sie selbst es verdient –, angehört und respektiert zu werden.

Therapeutische Programme

Dank einer neuen Bewußtheit seitens vieler Frauen, die jetzt im Bereich der Selbsterfahrungstherapien tätig sind, beginnen einige Behandlungszentren, regelmäßige Gruppen für Frauen anzubieten. Fast ausnahmslos erklären die Teilnehmerinnen, wie wichtig diese Gruppen für ihre Gesundung sind und wie sehr sie dieses Angebot zu schätzen wissen. Von Gruppen, die sich auf das Leben der Frauen, so wie diese es erfahren, konzentrieren, geht per se eine stärkende Wirkung aus.

Diese Stärkung hilft den Frauen, ihre Erfahrungen wahrheitsgetreu zu benennen. Falls Sie in einem Behandlungsprogramm arbeiten, das keine Frauengruppe vorsieht, könnten Sie den Vorschlag machen, daß eine der regelmäßigen Gruppen mindestens einmal wöchentlich nach Geschlechtern getrennt zusammenkommt. Therapiezentren, die Frauengruppen gegründet haben und deren Wirksamkeit erkannten, haben sie zu einem Bestandteil ihres Standardprogramms gemacht.

6. Kapitel

Identifizierung sexueller Verhaltensstörungen

Angesichts der Unwissenheit, die einen Großteil unseres sexuellen Erlebens umgibt und erfüllt, hat die vielleicht häufigste menschliche Reaktion darin bestanden, es durch ein Idealbild sicher und geheuer zu machen. Da diese Idealvorstellungen davon, »wie es sein sollte«, sowohl von Epoche zu Epoche als auch in den verschiedenen Kulturen stark voneinander abwichen, ist es klar, daß es einfach keine einzige Art und Weise gibt, wie es sein »sollte«. Tatsächlich hat gerade dieser Versuch, irgendeinem Ideal zu entsprechen, viel zu der mangelnden Bewußtheit und zur Deformation unserer sexuellen Interaktionen beigetragen. Vielleicht besteht die große Herausforderung heute für uns darin zu lernen, eine feinfühligere und tiefere Bewußtheit in die Sexualität einzubringen, damit wir sie als erregenden Ausdruck des geheimnisvollen Einswerdens neu entdecken können.

John Welwood, *Challenge of the Heart*

Als Frauen sind wir facettenreiche, komplexe Geschöpfe, und die Sexualität ist ein zentrales Element dieses Reichtums. Sie existiert nicht isoliert, losgelöst vom Rest des Lebens. Ob wir einen guten oder einen schlechten Tag hatten, von chemischen Substanzen abhängig sind oder uns auf dem Weg zur Selbstwerdung befinden, ob wir im Haus oder außerhalb arbeiten, all dies wird sich auf unsere Sexualität genauso auswirken wie auf unsere Stimmung. Statt uns die Schuld an Problemen mit der Sexualität zu geben, ist es notwendig, daß wir uns genau anschauen, wie wir unsere Sexualität benutzen, um auszudrükken, was sonst noch in unserem Leben vor sich geht. Diese Zusammenhänge zu erkennen kann uns eine ganz neue Stufe der Selbsterkenntnis eröffnen.

Den Kern unserer Sexualität bildet unsere Fähigkeit, Liebe zu äußern. Wie wir mit anderen sexuell in Beziehung treten, das ist ein sehr echter Ausdruck unseres Wesens. Unsere Gefühle in bezug auf uns selbst – unseren Selbstwert und unsere Selbstachtung – manifestieren sich in der Art und Weise, wie wir mit anderen sexuell Kontakt aufnehmen. Wenn wir uns nicht selbst lieben, ist es ungeheuer schwierig, jemand anderen zu lieben oder zu glauben, daß andere uns lieben.

Wenn Sie anfangen, die Wahrheit über Ihre sexuelle Vergangenheit zu erzählen, wenn Sie Ihre Erlebnisse zutreffend benennen, sie genau betrachten und aufhören, sich wegen Ihrer Handlungen zu beurteilen, dann werden Sie auch einen tieferen Einblick in das bekommen, was Sie durch Ihr sexuelles Verhalten suchen oder vermitteln wollen. Sie werden anfangen, sich Ihre Sehnsucht einzugestehen – umarmt, gestreichelt, geliebt zu werden.

Frauen, die durch ihr deformiertes Selbstgefühl verwirrt sind, manifestieren durch ihre Sexualität vier häufige Verhaltensmuster: Koabhängigkeit, Ausagieren, Vermeidung und Suchttendenzen. Jedes Verhaltensmuster ist ein Ausdruck der Art und Weise, wie wir mit der Sexualität in unserem Leben umgehen. Keines dieser Verhaltensmuster ist eine gesunde Form einer sexuellen Beziehung, und jedes hat seine eigenen, damit einhergehenden Schwierigkeiten.

Zu Ihrem inneren Weg der Gesundung gehörte es, Ihre sexuellen Gefühle ehrlich anzuschauen und sich mit Ihren Verletzungen und Schmerzen auseinanderzusetzen. Der äußere Weg der Genesung erfordert, daß Sie Ihre sexuellen Verhaltensmuster als Erwachsene ehrlich betrachten und Ihre Erlebnisse benennen, um so die Stimme Ihres inneren Selbst hören lernen. Dies ist eine Aufgabe, die genauso schmerzhaft und genauso leicht zu vermeiden sein kann. Aber es ist eine wesentliche Aufgabe in der Anfangsphase der Selbstfindung, Ihr sexuelles Verhalten zu untersuchen und diese Muster zu identifizieren, und ich ermutige Sie, in dieser Weise auf Ihrem Weg weiterzugehen.

Koabhängigkeit

Der Begriff *Koabhängigkeit* wird hier zur Beschreibung eines verbreiteten Problems benutzt. Frauen in unserer Gesellschaft werden faktisch als Koabhängige sozialisiert; das heißt, wir werden dazu erzogen, Erfüllung nur durch die Befriedigung der Bedürfnisse anderer zu finden, andere in unserem Leben an die erste Stelle zu setzen. Frauen lernen, die Bedürfnisse ihrer Partner und Ehegefährten, ihrer Kinder oder alten Eltern auf Kosten ihres eigenen Lebens in den Mittelpunkt ihres Daseins zu stellen. Selbst Frauen, die sich gegen diese Sichtweise zur Wehr setzen, sind davon betroffen, weil man ihnen das Gefühl gibt, »verdorbene« oder »egoistische« Frauen zu sein, deren Nonkonformismus für alle gefährlich ist.

Frauen, die nicht lernen, ihre eigenen Bedürfnisse zu definieren und zu erfüllen, sind hinsichtlich ihres Selbstwertgefühls und ihrer Selbstachtung von anderen abhängig. Sie sind unfähig, Grenzen zu ziehen, weil sie befürchten, verlassen zu werden. In sexueller Hinsicht verraten Frauen eine koabhängige Weise des Umgangs mit anderen, wenn sie ständig die sexuellen Bedürfnisse ihres Partners über ihre eigenen stellen – mit ihm sexuell verkehren, ohne erregt zu sein, Penetration zulassen, bevor sie feucht genug sind, sich auf Intimitäten einlassen, wenn sie wütend sind, den Verlauf des Sexualakts vom Partner bestimmen lassen, obwohl er nicht ihren Bedürfnissen entspricht.

Sexuell koabhängigen Frauen fällt es schwer, ihre sexuellen Grenzen und Schranken zu identifizieren und durchzusetzen. Da sie in der Kindheit nicht lernten, daß sie ein Recht haben, mit Würde und Respekt behandelt zu werden, haben sie die Fähigkeit verloren, ihre eigenen sexuellen Bedürfnisse zu erkennen, zu respektieren und ernst zu nehmen.

Großen Wert auf eine Beziehung zu legen macht sie noch nicht koabhängig; im Gegenteil, es erzeugt Gleichgewicht und Intimität. Es ist der Mangel an Gegenseitigkeit, der oft zu koabhängigem Verhalten führt.

Die 44jährige Veronica bezeichnete sich schon in der Anfangsphase der Behandlung als »sexuell abhängig«. Sie war in North Dakota in einer Arbeiterfamilie aufgewachsen. Ihre Mutter war sehr passiv und hatte schon mit achtzehn geheiratet, um ihren eigenen, unerträglichen Familienverhältnissen zu entrinnen. Veronica war ebenfalls aus ihrer Familie geflüchtet, sowohl durch den Erwerb von Bildung als auch durch ihre Heirat. Sie wußte, daß sie finanzielle Stabilität benötigte, um ihrer Umgebung zu entkommen, die sie als erstickend empfand. Deshalb arbeitete sie sehr hart, um Stipendien zu erhalten und sich auch sonst die nötigen Mittel zu ihrer Weiterbildung zu verdienen. Sie ist jetzt als Biologin im medizinischen Labor einer Kreisstadt beschäftigt.

Als Veronica ihre Familie betrachtete und wie man sie über Sexualität aufgeklärt hatte, erkannte sie einige vertraute Grundmuster. »Ich bin in den fünziger Jahren aufgewachsen, als niemand – und ich meine wirklich niemand – über Sex redete. Meine Mutter hatte mich nicht einmal über die Menstruation aufgeklärt, bis ich mit elf Jahren weinend zu ihr kam, weil ich zu verbluten glaubte.

Als ich mit neunzehn heiratete, war ich ziemlich unwissend in bezug auf meinen eigenen Körper und Sex im allgemeinen. Ich hatte masturbiert, seit ich ein kleines Mädchen war, und ich wußte, wie man zum Orgasmus kommt, aber ich wußte nicht, daß man auch mit einem Partner einen Orgasmus haben kann. In den zehn Jahren meiner Ehe habe ich keinen einzigen Orgasmus erlebt. Ich dachte einfach, Geschlechtsverkehr sei etwas anderes als Masturbation – in mancher Hinsicht mehr, in anderer weniger befriedigend.

Mein Mann war Alkoholiker. Ich habe abends mit ihm getrunken. Wir bumsten in der Missionarsstellung, und dann bin ich entweder beschwipst oder betrunken eingeschlafen. Am nächsten Morgen hatte ich schreckliche Kopfschmerzen, die ich aber immer auf das Trinken zurückführte. Es kam mir damals nicht in den Sinn, daß mein Kopfweh auch von meiner Frustration und Verzweiflung kommen könnte und von der Art und Weise, wie ich mich über mein Leben selbst belogen hatte.

Ich hatte keine Ahnung, daß ich meine eigenen sexuellen Bedürfnisse kennenlernen und geltend machen sollte. Ich dachte, eine Ehefrau habe die Aufgabe, ihren Mann glücklich zu machen, dazu sei sie verpflichtet, oder er werde sie zu Recht verlassen. Jetzt blicke ich auf all diese Kopfschmerzen zurück, die ich hatte, und sage mir: natürlich! Ich muß unerhörte sexuelle und physische Spannungen und Ressentiments angestaut haben.«

Ausagieren

Sexuelles Ausagieren schließt sexuelle Verhaltensweisen ein, die gegen unsere sexuellen Wertvorstellungen verstoßen.

Alkoholikerinnen neigen sowohl während ihres aktiven Trinkens als auch in der Anfangsphase des Entzugs zum Ausagieren.

Alkoholikerinnen berichten häufig, daß sie trinken, um ihre sexuellen Hemmungen abzubauen, und alkoholisierte Frauen geraten oft in sexuelle Situationen, die sie vermeiden würden, wenn sie nüchtern wären. So benutzte Mimi zum Beispiel Alkohol, um die Courage aufzubringen, die sie zu benötigen glaubte, um sexuell aktiv zu sein. Nach ein paar Drinks fühlte sie sich stark und brachte den Mut auf, sich einer potentiellen Partnerin mit Selbstvertrauen zu nähern. Im Anfangsstadium des Entzugs hatte sie ohne Alkohol große Angst, fühlte sich verletzbar und machte sich Sorgen, wie sexuelle Beziehungen verlaufen würden.

Untersuchungen haben auch ergeben, daß Männer den Alkoholkonsum einer Frau mit ihrer sexuellen Verfügbarkeit verknüpfen. Wenn ein Mann eine Frau trinken sieht, nimmt er an, daß sie sexuell ansprechbar ist. Dadurch entsteht die folgende alkoholbedingte Situation: Die Männer werden sexuell aggressiver; die Frauen erwarten, daß ihre sexuellen Hemmungen schwinden; die Urteilsfähigkeit beider ist beeinträchtigt, und die Frauen geraten in sexuelle Situationen, die sie später oft bedauern.

Die 26jährige Jackie hatte in einem Großunternehmen eine steile Karriere gemacht. Hochgewachsen und sportlich, zog sie in ihren elegant geschnittenen Kleidern alle Blicke auf sich. Ihre Erscheinung, gepaart mit einem Diplom in Betriebswirtschaft von der Stanford-Universität und ihrer überlegten, methodischen Arbeitsweise, prädestinierte sie offensichtlich für den Erfolg. Sie war seit einem Jahr auf Entzug, als sie unserer Frauengruppe die folgende Geschichte erzählte.

»Das skandalöseste Beispiel von sexuellem Ausagieren habe ich mir bei der Jubiläumsfeier meiner Firma geleistet. Es sollte eine Nobelfete mit Buffet und Tanz werden, und der Gedanke daran war mir recht unbehaglich, deshalb fing ich schon zu trinken an, bevor ich aus dem Haus ging. Als das Tanzorchester zu spielen begann, hatte ich bereits seit etwa vier Stunden stetig getrunken. Ich erinnere mich zwar, daß ich tanzte, aber an nicht viel mehr. Am nächsten Morgen fühlte ich mich so schlecht, daß ich wußte, ich hatte wirklich einen sitzen gehabt.

Als ich zur Arbeit erschien, gingen mir viele der Frauen in meiner Abteilung aus dem Weg, sie verschwanden irgendwie um die Ecke, als ich auftauchte. Ich wußte nicht, was passiert war oder was ich tun sollte. Schließlich griff ich mir meine beste Freundin im Büro, Allison, zog sie in die Toilette und bat sie, mir zu erzählen, was ich getan hatte.

Es fiel ihr schwer, es mir zu sagen, aber schließlich kapierte ich. Ich hatte auf dem Tanzparkett mit einem der Manager geschmust – vor den Augen seiner Frau. Ich war sogar mit ihnen befreundet und hatte ihren Kindern Geburtstagsgeschenke gekauft.

Ich wäre am liebsten vor Scham in den Boden gesunken.

Nicht nur konnte ich mich nicht erinnern, was geschehen war, sondern alle anderen hatten es gesehen und erinnerten sich nur zu genau.«

Jackie genierte sich immer noch furchtbar, als sie von ihrem sexuellen Ausagieren erzählte. Ihr Verhalten bei dem Fest war so ganz anders als das ihrer üblichen sexuellen Persona. Sie war eher introvertiert und ging selten mit Männern aus, obwohl sie ledig war. Den größten Teil ihrer Zeit nahmen ihre Arbeit und ihr Lauftraining in Anspruch. Nachdem sie mit dieser Geschichte herausgerückt war, erkannte sie jedoch, daß sie etwas über ihre sexuellen Gefühle aussagte. Die mögen zwar verdrängt sein, dachte sie, aber ich kann sie nicht einfach weiterhin ignorieren, speziell, wenn sie drohen, in unvorhersagbarer Weise und in einer Form, die allen meinen Werten ins Gesicht schlägt, ans Licht zu kommen. Sie beschloß, diesen vernachlässigten Aspekt ihres Lebens näher zu untersuchen.

Vermeidung

Frauen verdrängen ihre eigene sexuelle Energie aus vielen Gründen. Einige haben, wie Paula, ihre sexuellen Gefühle so vollständig blockiert, daß sie sich ihres eigenen Verlangens nicht im mindesten bewußt sind und es daher auch nicht befriedigen können. Die Sexualität kann auch aus anderen Gründen versiegen, z.B. aufgrund von Alkoholismus, Verletzung der persönlichen Grenzen, sexuellem Trauma, Furcht und Scham.

Frauen zeigen sexuelles Vermeidungsverhalten auf vielerlei Weise. Eine Frau kann an einen alkoholkranken Partner gebunden sein, dessen sexuelle Potenz immer mehr nachläßt. Eine andere nimmt vielleicht Dritte in ihre Beziehungen herein – sie kann Verwandte in ihre Wohnung aufnehmen, Freunde übernachten lassen, bis zur Bewußtlosigkeit mit Bekannten trinken. Wieder eine andere kann Partner wählen, die sexuell nicht zur Verfügung stehen, die Workaholics, zwanghaft untreu oder chronisch krank sind.

Gesellschaftliche Faktoren

Gesellschaftliche Faktoren spielen bei sexuellem Vermeidungsverhalten oft eine Rolle. Da die weibliche Sexualität generell von soviel Furcht und Scham umgeben ist, kann es als bequemster Ausweg erscheinen, sexuell einfach nicht aktiv zu sein. Vielen Frauen fällt es sehr schwer, sich der gesellschaftlichen Mißbilligung aktiver weiblicher Sexualität zu stellen. Sheila Kitzinger formuliert es in *Die Sexualität der Frau* sehr drastisch:

> Wir leben in einer Gesellschaft, in der Männer bedient werden und Frauen diese Dienstleistungen erbringen. Frauen sind die kraftspendenden Mutterfiguren. Es wird davon ausgegangen, daß Männer außer Haus ihrer Arbeit nachgehen und die wirtschaftliche Grundlage als Gegenleistung für Haushaltsführung, Kindererziehung und sexuelle Verfügbarkeit bieten. Daß sie, die Männer, aktiv und dominant sind, während die Frauen relativ passiv und bereit zur Unterordnung sind, da sie in der Erwartung erzogen wurden, Männer wüßten schon am besten, wie sie, die Frauen, zufriedenzustellen seien.
>
> Viele Menschen leben natürlich nicht so, aber alles, was wir glauben und tun, wird von dieser Schablone unserer Kultur beeinflußt, die unsere Wahlmöglichkeiten formt und begrenzt und sie oft ad absurdum führt, weil es uns als gesellschaftlichen Geschöpfen schwerfällt, völlig unabhängig davon zu handeln.

Alkoholismus

Alkoholismus unterdrückt die körperlichen Reaktionen der Geschlechtsorgane, was bedeutet, daß es Alkoholikerinnen schwerer fällt, auf Berührungen zu reagieren, feucht zu werden und zum Orgasmus zu kommen als nichttrinkenden Frauen. Solange sie trinken, erscheint es vielen Frauen unmöglich, sexuell erregt zu werden und Befriedigung zu erlangen, und sie stellen deshalb alle derartigen Versuche ein. Oder es wird soviel Energie durch das Trinken, die Beherrschung des Trinkens und die Gedanken an das nächste Glas gebunden, daß nur wenig Kraft übrigbleibt, die in die Entfaltung sexueller Beziehungen investiert werden könnte. Die Sexualität einer Frau – mächtig, verwirrend und beeinflußt von der Ambivalenz unserer Kultur und den oft widersprüchlichen Lektionen unserer Erziehung, wie sie ist – zählt oft zu den ersten Dingen, die eine alkoholabhängige Frau vernachlässigt, um sich ihre Zeit und Energie für das Trinken aufzusparen. Es ist nicht schwer zu verstehen, warum etwas, das eine solche Quelle von Konflikten ist, so bereitwillig verdrängt wird.

Als Mimi aufhörte zu trinken, vertrocknete auch ihr Sexualleben. Sie kannte nur eine einzige sexuelle Verhaltensweise. Sie war es, die den Ton angab und die Regie führte. In der Anfangsphase der Selbsterfahrung war sie dagegen von Angst erfüllt und hatte ihre bisherige Selbstsicherheit völlig verloren. In den ersten Monaten ihres Entzugs versuchte sie, eine sexuell gestörte Beziehung aufrechtzuerhalten, weil sie wußte, daß sie sonst allein sein würde. Diese Beziehung ging sechs Monate später in die Brüche, und aus Gründen des Selbstschutzes – nicht aus freier Wahl – wurde sie völlig enthaltsam. Sie fühlte sich sexuell so verletzbar, daß sie einfach aufhörte, sexuelle Beziehungen zu knüpfen, um schon die Möglichkeit einer engeren Bindung auszuschließen. Erst als sie Sheila kennenlernte, begann sie, sich erneut für ihre Sexualität zu öffnen.

Grenzverletzung

Frauen, die in Familien aufgewachsen sind, in denen ihre persönlichen Grenzen nicht respektiert wurden, können ebenfalls dazu tendieren, Sex zu meiden. Grenzverletzungen können die verschiedensten Formen auf einer Skala annehmen, die von einem Mangel an persönlicher Rückzugsmöglichkeit über kaschierte bzw. seelische Mißhandlung bis hin zu körperlicher Mißhandlung bzw. sexuellem Mißbrauch reicht. Grenzübertretungen müssen nicht sexueller Art sein, um eine negative Auswirkung auf die Sexualität einer Frau zu haben. Derart traumatisierten Frauen kann Sex als so bedrohlich und riskant erscheinen und solche Angst bei ihnen auslösen, daß sie fast alles tun würden, um sexuelle Situationen zu vermeiden. Viele Frauen, die sich vor Sex fürchten, sind in einer Zwickmühle: Sie gingen am liebsten jeder Erotik aus dem Weg, aber dann schämen sie sich wieder ihrer Enthaltsamkeit, weil sie in einer Gesellschaft leben, die so großen Wert auf Sex legt.

Carolyn, eine Sozialarbeiterin Mitte dreißig, kam wegen sexueller Probleme in ihrer gegenwärtigen Beziehung in Therapie. Sie war seit sechs Jahren trocken und hatte einen soliden Entzug bei den Anonymen Alkoholikern hinter sich, war aber unglücklich, weil sie sich in nüchternem Zustand nicht besonders sexy fühlte. Sie erkannte, daß sie Sex immer gemieden und ihr Vermeidungsverhalten selten überwunden hatte – und auch dann nur, wenn sie trank.

»Meine Familie hat dem stereotypen Ideal der oberen Mittelschicht entsprochen«, begann sie. »Nach außen hin sah alles toll aus; wir waren alle begabt und erfolgreich, wir waren alle sportlich und in der Schule beliebt. Aber zu Hause schien keiner die anderen zu respektieren. Nach dem Abendessen, das immer eine Tortur war, verzog sich jeder in sein eigenes Zimmer und las oder sah fern. Ich war nie davor sicher, daß meine Brüder, ohne anzuklopfen, in mein Schlafzimmer oder das Bad stürmen würden. Und ich bin überzeugt, daß meine Mutter Telefongespräche mithörte.

Als ich anfing, mich auf Sex einzulassen, hatte ich Angst und konnte ohne eine Menge Alkohol intus niemandem auch nur in die Nähe kommen. Selbst jetzt, da ich seit sechs Jahren trocken bin, fällt es mir immer noch schwer, mit jemandem warm zu werden. Ich muß einen Menschen sehr, sehr lange Zeit kennen, um dieses Höchstmaß an Vertrauen zu erreichen, das ich für Sex brauche. Es fällt mir nicht leicht, in die Stimmung für Sex zu kommen, selbst wenn ich es will.«

Carolyn arbeitet in einem Familienberatungsdienst. Vor etwa

einem Jahr begann sie mit einer Kollegin, Janet, ein System von Beihilfen für ein neues perinatales Drogenprogramm für Mütter zu erarbeiten. Durch die Intensität des Forschungsprojekts freundeten sie sich an und begannen, gelegentlich zusammen zum Essen oder ins Kino zu gehen. Sie hatte die Gerüchte im Büro gehört, daß Janet lesbisch sei. Obwohl Carolyn, als sie noch trank, mehrere sexuelle Begegnungen mit Frauen gehabt hatte, gestattete sie sich keine sexuellen Phantasien oder Gefühle in bezug auf Janet.

Obwohl sie sich sympathisch fanden und gern zusammen waren, hatten die beiden Frauen nie miteinander über ihr Privatleben gesprochen. Statt dessen bevorzugten sie eine Wiederholung der Verhaltensmuster ihrer Herkunftsfamilien – oberflächlichen Kontakt und Mangel an Kommunikation. Diese zwar vertraute, aber eigentlich ungesunde Form des Umgangs miteinander war die reflexartige Reaktion von Frauen, die keinen Kontakt zu ihren Wünschen und Bedürfnissen hatten. »Ich habe neun Monate lang mit Janet zusammengearbeitet, bevor es mir auch nur in den Sinn kam, daß ich mich zu ihr hingezogen fühlen könnte. Selbst dann – wahrscheinlich typisch für mich – mußte Janet den ersten Schritt tun ... ja, sie mußte etliche Schritte tun, um mich zu einer Reaktion zu veranlassen. Inzwischen ist diese Beziehung sehr wichtig für mich. Ich möchte wirklich lernen, sexuell aktiver zu sein.«

Sexuelle Abhängigkeit

Suchtartig kann jedes sexuelle Verhalten sein, das als zwanghaft und damit unkontrollierbar erlebt wird, ungeachtet der Anzahl von Sexualpartnern, die man hat.* Zum Beispiel kann eine se-

* Ich benutze die Wörter *Abhängigkeit, Sucht* und *innerer Zwang* hier als Synonyme. Unter Fachleuten hält die Diskussion über die Ähnlichkeiten und Unterschiede zwischen diesen Verhaltensformen und deren Ursachen an. Falls Unterscheidungen getroffen werden, könnte sich dies künftig darauf auswirken, wie wir diese Störungen behandeln.

xuelle Beziehung Suchtcharakter haben, wenn man seinen Job vernachlässigt und dessen Verlust riskiert, um sich heimlich mit einem bzw. einer Geliebten zu treffen. Sexuelle Abhängigkeit kann auch im Spiel sein, wenn man mehr als eine Affäre gleichzeitig hat oder wenn das Sexualleben aus einer Reihe flüchtiger Abenteuer und oberflächlicher Beziehungen besteht. Zwanghaftes Masturbieren ist ein Mittel, um Spannungen abzubauen, und Angst kann ebenfalls die Form sexueller Abhängigkeit annehmen.

Sexuelle Zwanghaftigkeit geht oft mit anderen Suchterscheinungen wie Abhängigkeit von chemischen Substanzen einher. Sexuell zwanghafte Frauen überdecken ihren Schmerz oder versuchen, ihre Leere damit zu füllen, daß sie krampfhaft nach Sexualpartnern suchen und sich auf sexuelle Erlebnisse einlassen. Die ständige Faszination, nach neuen Partnern zu suchen und sie zu verführen, kann vorübergehend Angst und Streß mindern und Gefühle von Macht und Wohlbefinden steigern. Frauen berichten häufig, daß sie Verführung als Mittel benutzen, um ihr Selbstbewußtsein zu heben. Sie benutzen ihre Sexualität, ihren Sexappeal und ihren Schneid dazu, andere zu beherrschen und zu manipulieren und zu bekommen, was sie wollen.

Frauen, die als Kinder sexuell mißbraucht wurden (allgemein angenommen werden in den USA 38 Prozent aller Frauen und über 70 Prozent der Alkoholikerinnen), gehen Sex entweder völlig aus dem Weg oder neigen zu sexueller Abhängigkeit. Diese Frauen haben gelernt, alle Beziehungen zu sexualisieren, insbesondere Beziehungen zu Autoritätsfiguren. Als sie Kinder waren, wurden ihre persönlichen Grenzen verletzt, und als Erwachsene fällt es ihnen schwer, sexuelle Schranken zu errichten. Diese Neuinszenierung ihres Mißbrauchs in der Kindheit durch zwanghaftes Sexualverhalten ist ein Schrei um Hilfe. Wenn er gehört wird, kann die Betroffene die Chance erhalten, frühkindlichen Mißbrauch zu identifizieren und anschließend Mittel und Wege zu finden, um von dieser Erfahrung zu genesen. Sexuell zwanghaftes Verhalten ist oft mit Alkoholkonsum gekoppelt. Viele Frauen berichten, wie aufregend sie es finden, auszugehen und sich einen Partner zu suchen. Sie lieben das Ritual des Ankleidens, Schminkens und der Wahl einer Bar als »Operationsbasis«. Die Beute aufzuspüren und zu jagen oder jemand anderen auf die eigene Fährte zu locken, das verschafft ihnen den nötigen Kick. Die heimliche Affäre als solche mit all ihrem Drum und Dran wird zum Rauschmittel der Wahl.

Danielles Erfahrung ist ein Beispiel sexueller Zwanghaftigkeit: Ihr Alkoholismus und ihre sexuelle Abhängigkeit waren eng miteinander verknüpft. Nach eineinhalb Jahren Therapie, als sie sich endlich mühelos als Alkoholikerin bezeichnen konnte, begriff sie, daß sie sich auch ihrer Sexabhängigkeit und deren fortgesetzter destruktiver Präsenz in ihrem Leben stellen mußte.

Danielle hatte das Glück, in ihrer Frauengruppe darüber sprechen zu können, warum sie befürchtete, daß ihr Sexualverhalten etwas Zwanghaftes habe. Als sie zu sprechen begann, schlug sie die Beine übereinander, stellte sie wieder nebeneinander und sprach mit leiser Stimme. »Wißt ihr, in letzter Zeit habe ich mich gefragt, ob mein Sexualverhalten vielleicht denselben Suchtcharakter hat wie früher mein Trinken. Ich meine, ich scheine die ganze Zeit daran zu denken. Und wenn ich nicht daran denke, dann tue ich es.

Ich betrachte jeden Mann, der mir über den Weg läuft, als potentiellen Sexpartner, und ich weiß aus seiner Reaktion, daß er meine Bereitschaft spürt. Ich habe mit drei Kollegen geschlafen, was man nicht tun sollte, und in letzter Zeit habe ich mich dabei beobachtet, daß ich auch an anderen Orten Typen angemacht habe – in meinen AA-Gruppen und sogar beim Joggen durch den Park. Beim Einkaufen merke ich, daß ich mir Klamotten kaufe, von denen ich weiß, daß sie verführerisch sind.« Sie hielt inne, da sie sich plötzlich der kurzen Shorts und des anliegenden Pullunders bewußt wurde, die sie trug.

»Ich habe mir überlegt, daß ich vielleicht Sex suche, um nicht über mich und die innere Arbeit nachdenken zu müssen, die ich leisten müßte, wie mir alle sagen.« Danielles Erkenntnis war richtig. Sie hatte einen Punkt in ihrer Therapie erreicht, an dem sie von ihrer Therapeutin ermutigt wurde, ihre Aufmerksamkeit nach innen auf sich selbst zu richten. Da ihr das angst machte, reagierte sie mit verstärkter Extraversion und zwanghaftem Sex. Er war ein äußeres Ventil, ein »Fix«, ausgelöst durch von innen kommende Gefühle.

Danielle merkte also, daß sie genauso hart daran arbeiten mußte, mit ihrer sexuellen Abhängigkeit fertig zu werden, wie mit ihrem Alkoholismus. Obwohl beides miteinander verflochten war, als sie noch trank, löste sich ihre sexuelle Abhängigkeit nicht einfach von selbst auf, als sie das Trinken einstellte.

Tatsächlich erhöhte sich die Anzahl wiederholter sexueller Kontakte mit Männern, die sie kaum kannte. Diese Erkenntnis bewog Danielle schließlich, neben ihrer AA-Gruppe an einem Therapieprogramm teilzunehmen, bei dem es um die Behandlung ihrer Sexabhängigkeit ging.

Die sexuellen und chemischen Lebenskurven

Das Aufzeichnen der Lebenskurven von sexueller Abhängigkeit und Drogensucht ist das beste Mittel, das ich entdeckt habe, um den Zusammenhang zwischen beiden Suchttendenzen klarer erkennen zu können. Das Diagramm ist wesentlich, um zu verstehen, wie sich Ihre Drogenabhängigkeit auf Ihr Sexualverhalten ausgewirkt hat. Wenn Sie sich Ihre Vergangenheit in Erinnerung rufen, um Ihre sexuellen Erlebnisse zu identifizieren, werden Sie sich vielleicht an Vorfälle erinnern, die Sie vergessen hatten, oder Sie werden überrascht sein, wie schmerzhaft viele Ihrer Erinnerungen sind. Vielleicht werden Sie sich auch bestimmter Grundmuster bewußt, speziell der Wechselwirkung zwischen Drogenkonsum und sexueller Aktivität. Zum Beispiel können Ihre Alkoholexzesse und Ihre sexuellen Erlebnisse immer näher beieinanderliegen. Oder Ihre sexuellen Erfahrungen könnten in dem Maße seltener geworden sein, in dem Ihr Trinken außer Kontrolle geriet. Vielleicht werden Sie auch Vorfälle sexuellen Ausagierens feststellen, die mit speziellen Rauschzuständen einhergingen.

Es ist wichtig, diese Tabelle für sich auszufüllen; lesen Sie nicht bloß darüber. Nachdem Sie die Erklärungen gelesen haben, nach welchen Kriterien Theresa ihr Diagramm zeichnete (Abb. 1), wird es Ihnen leichterfallen, Ihre eigene Kurve zu erstellen (Abb. 2). Zögern Sie nicht, Ihre Kurve gleich in dieses Buch einzuzeichnen. Falls Sie das Buch an Freundinnen verleihen wollen, werden Sie es vielleicht vorziehen, das Diagramm zu fotokopieren. Oder vielleicht wollen Sie es auf ein größeres Blatt Papier kopieren, um mehr Erfahrungen einzeichnen zu können.

Das Eintragen von Lebenskurven, von denen die eine Ihre sexuellen Erfahrungen, die andere Ihre Erfahrungen mit Alkohol und anderen Drogen repräsentiert, auf ein- und demselben Blatt Papier kann besonders aufschlußreich sein. Zu sehen, wie sich die Linien kreuzen, wie sie sich gegenseitig bedingen und reflektieren, kann uns einen Einblick in die Interaktion unserer sexuellen und chemisch bedingten Abhängigkeiten verschaffen. Das Verständnis dieses Zusammenhangs erhöht Ihre Chance beträchtlich, sich jene Art von Sexualleben zu schaffen, die Sie sich nach dem Entzug wünschen.

Erst wenn Sie klar und anschaulich sehen können, wie Ihr Sexualverhalten während Ihrer Kindheit und Ihrer aktiven chemischen Abhängigkeit war, können Sie sich dafür entscheiden, an einer Veränderung der Grundmuster zu arbeiten, die sich entwickelt haben.

Die Lebenskurven von Theresas Sex- und Drogenabhängigkeit

In Abbildung 1 sind die Lebenskurven von Theresas Sexual- und Drogensucht zu sehen. Theresa hat eine horizontale Linie gezeichnet, auf der ihr Leben in Fünfjahresintervallen abgebildet ist. Oberhalb dieser Grundlinie sind die angenehmen Erlebnisse (von 1 bis 10) und in dem Raum darunter die schmerzhaften Erfahrungen (von –1 bis –10) verzeichnet. Ihre sexuellen

Erfahrungen hat Theresa als durchgezogene Linie, ihre Alkohol- bzw. Drogenerfahrungen als gestrichelte Linie eingezeichnet. Sehen wir uns ihre Kurven näher an:

Sexuelle Erfahrungen. Theresa beginnt mit der Darstellung ihrer Sexualgeschichte als durchgezogene Linie. Wie man sieht, masturbiert Theresa erstmals mit acht Jahren. Es ist eine positive, lustvolle Erfahrung ohne Schuldgefühle, weil sie noch keinen Namen für das hat, was sie tut.

Ihre inzestuöse Gruppenschändung im Alter von neun Jahren ist ein sexuell traumatisches Erlebnis, das sie als grauenhaftes Geheimnis für sich behält. Während der Vergewaltigung spaltet sie sich von ihrem Körper ab als Mittel des Selbstschutzes.

Im Alter zwischen zehn und elf Jahren beginnt sie erneut zu masturbieren und empfindet es als relativ positives Erlebnis. Sie onaniert abends zur Beruhigung, um sich zu entspannen und einzuschlafen. Der sexuelle Kontakt mit ihr selbst wird ihr zu einer Quelle des Trostes.

Mit zwölf macht Theresa erste Erfahrungen mit Küssen im Rahmen entsprechender Spiele bei Parties, sie küßt Jungen im Schulhof und in der Besenkammer des Hausmeisters. Ihr Bedürfnis nach Zuwendung und Körperkontakt wird durch sexuelle Begegnungen befriedigt. Etwa um diese Zeit beginnt sich ihre Selbstachtung mit ihrer Attraktivität für Jungen zu verknüpfen.

Im Alter von dreizehn Jahren führt das Küssen zum Petting, und beides sind positive körperliche Erfahrungen. Sie mag die damit verbundenen Gefühle. Sie konkurriert mit anderen Mädchen um die Aufmerksamkeit der Jungen und weiß, daß sie attraktiv ist.

In bezug auf ihr erstes freiwilliges sexuelles Erlebnis mit vierzehn ist Theresa ambivalent. Auf der positiven Seite will sie ihr eigenes sexuelles Verlangen und ihre Neugier befriedigen, und der Gruppendruck erfordert, daß sie einen Freund hat und sich in die Clique integriert. Auf der negativen Seite ist sie niedergeschmettert, als der Junge nicht ihr fester Freund sein will und sie am nächsten Tag fallenläßt. Im Hintergrund sind vage und ver-

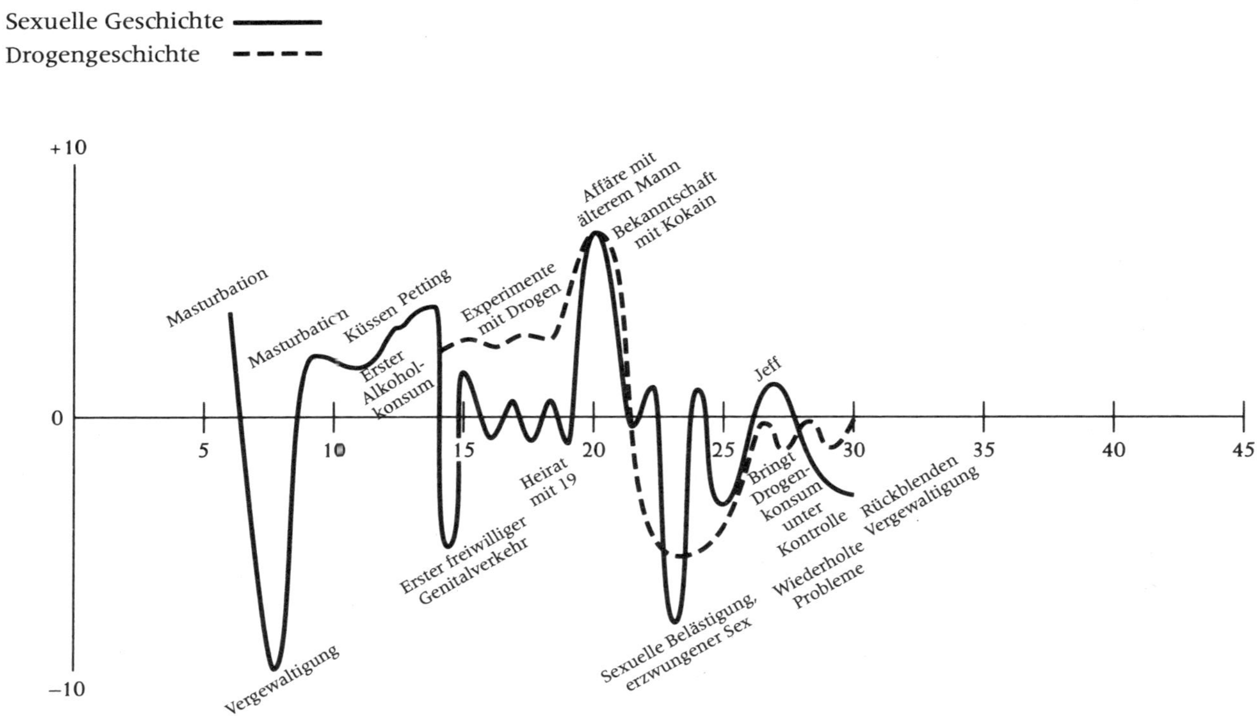

Abb. 1 Lebenskurven von Theresas Sex- und Drogenabhängigkeit.

störende Erinnerungen an ihre Vergewaltigung, die sie ständig zu vergessen sucht.

Im Alter von fünfzehn bis achtzehn hat sie verschiedene sexuelle Begegnungen mit Schülern und College-Studenten. Oft ist sie die Erfahrene, obwohl sie sich sexuell unwissend und unerfahren stellt und manchmal die Jungfrau spielt. Diese Beziehungen dauern jeweils von mehreren Wochen bis zu mehreren Monaten. Sie lernt, was Männer mögen, und versucht oft, sexuelle Stellungen und Begegnungen für ihren eigenen Lustgewinn zu manipulieren oder unauffällig zu arrangieren, obwohl sie keine direkten Bitten äußert. Nach der Heimkehr von Verabredungen, bei denen es zu Sex kam, masturbiert sie oft noch, um einzuschlafen.

Mit neunzehn heiratet Theresa den eher triebschwachen Joe. Sie streiten häufig über ihre sexuelle Beziehung.

Mit zwanzig läßt sich Theresa auf eine sexuelle Beziehung mit einem älteren Mann ein. Der Sex mit ihm ist sehr intensiv. Sie erlebt mehrfache Orgasmen und größere Abwechslung im Liebesspiel als mit ihren jüngeren Liebhabern.

Ihre Affäre beschleunigt die Scheidung, bei der ihr das Sorgerecht für ihren Sohn zugesprochen wird.

In den fünf Jahren nach ihrer Scheidung wählt Theresa Sexualpartner, die »am Rande« unserer Gesellschaft leben und ihren Unterhalt durch Glücksspiel, Kokainhandel und ähnliches »verdienen«. Von jedem einzelnen dieser aufeinanderfolgenden Partner wird sie finanziell ausgehalten.

In diesen Beziehungen benötigt sie Alkohol oder Kokain, um zu Sexualakten bereit zu sein, und ihr gesellschaftliches Leben dreht sich um beides bzw. schließt beides ein. Sie trinkt Alkohol und schnupft Kokain auf Parties, zu Hause und bei Verabredungen. Sie kauft sehr wenige Drogen selbst; die meisten werden von ihren Partnern beschafft. Ihr ganzes Leben dreht sich um Drogen; sie scheint kein davon getrenntes Leben zu haben. Die Frauen, mit denen sie befreundet ist, sind die Freundinnen ihrer männlichen Partner, und sie alle konsumieren Drogen.

Joe nimmt schließlich Anstoß an ihrem Alkohol- und Drogenkonsum und verklagt sie wegen Vernachlässigung ihres Kindes. Im Alter von 22 Jahren verliert sie das Sorgerecht für ihren Sohn.

Im gleichen Jahr wird Theresa an ihrem Arbeitsplatz sexuell belästigt; ihr Arbeitgeber zwingt sie in alkoholisiertem Zustand, mit ihm zu schlafen; ein demütigendes Erlebnis.

Mit 26 lernt Theresa Jeff kennen, einen verläßlichen, soliden Akademiker. Theresa verschleiert ihren Drogen- und Alkoholkonsum und verbirgt ihm weitgehend die Vorgeschichte ihrer Drogenerfahrungen. Sie versucht, ihre Sucht unter Kontrolle zu bringen. Ihr Gynäkologe verschreibt ihr Valium gegen ihre Nervosität – sie weint ständig über den Verlust ihres Kindes und über Probleme bei der Arbeit. Valium wird zu einem wichtigen Bestandteil ihres täglichen Lebens. Jeff erscheint ihr wie ein Erlöser – sie sagt, er sei der gesündeste Mann, den sie je gekannt habe –; seine eigenen Suchttendenzen sind ihr dagegen nicht klar. Jeff ist selbst in einer gestörten, substanzabhängigen Familie aufgewachsen. Er reagierte auf seine Familie, indem er als Erwachsener jeglichen Alkohol- und Drogenkonsum ablehnte. Statt dessen konzentriert er seine Aufmerksamkeit auf die Arbeit.

Er und Theresa haben eine starke körperliche Bindung. Er ist scheu und mag ihre Kontaktfreude und Leichtigkeit im Umgang mit Menschen. Er zieht es vor, allein zu sein, deshalb ist ihr gesellschaftliches Leben begrenzt. Sie ist fröhlich und unbeschwert und bringt das Kind in ihm zum Vorschein, und sie ist sexuell sehr ansprechbar. Er hat sich vor Frauen immer ein bißchen gefürchtet und hatte Schwierigkeiten, die sexuelle Initiative zu ergreifen. Theresa stellt nur geringe emotionale Anforderungen an ihn, was ihre Beziehung ausgeglichen macht.

Chemische Erfahrungen. Schauen wir nun, wie Theresas sexuelle Erlebnisse mit ihrer gestrichelt dargestellten Drogengeschichte interagierten. Mit vierzehn konsumiert Theresa Alkohol bei ihrem ersten freiwilligen Genitalverkehr. Sie liebt den Schwips und trinkt ohne besondere negative Erfahrungen weiter. In Abständen läßt sie sich vollaufen, aber sie erleidet keine Konsequenzen, deren sie sich bewußt ist. Sie merkt, daß Alkohol ihr hilft, sich im Umgang mit Menschen entspannter zu fühlen, und daß es ihr dadurch leichterfällt, Konversation zu machen und Geselligkeit zu pflegen. Alkohol betäubt ihren seelischen Schmerz und hilft ihr, die Vergewaltigung zu »vergessen«.

Joe, Theresas erstem Ehemann, mißfällt ihr Trinken, insbesondere ihr Bedürfnis, sich vor sexuellen Kontakten unter Alkohol zu setzen. Er ist erotisch unerfahren und hat wenig sexuelles Verlangen. In angeheitertem Zustand versäumt es Theresa, sich vorzusehen, sie wird ungeplant schwanger und bringt im Alter von zwanzig einen Sohn zur Welt.

Um diese Zeit experimentiert sie auch mit verschiedenen Drogen, die sie auf Parties von Freunden erhält. Sie nimmt viele davon, ohne zu wissen oder zu fragen, worum es sich handelt.

Mit Kokain macht ein älterer Mann sie bekannt, der sexuell sehr erfahren ist. Sie genießt Kokain und Sex mit diesem Liebhaber. In kurzer Zeit eskaliert ihr Alkohol- und Kokainkonsum. Ohne Drogen hat sie Entzugserscheinungen und Blackouts und ist ängstlich und reizbar. Ihre Alkoholtoleranz nimmt ab, sie wird schneller betrunken. Die negativen Folgen häufen sich: Sie wird wegen Alkohol am Steuer festgenommen, sie verliert ihr Kind wegen Vernachlässigung, ihr Mann läßt sich von ihr scheiden, sie wählt ungeeignete bzw. gefährliche Sexualpartner, und sie wird in alkoholisiertem Zustand zum Beischlaf gezwungen.

Als sie Jeff kennenlernt, versucht sie, ihren Rauschmittelkonsum unter Kontrolle zu bringen, ohne zu erkennen, daß sie bereits süchtig ist. Sie hat Probleme mit periodischem Kontrollverlust – sie kommt zu ihren Verabredungen zu spät, vergißt, ihn abends anzurufen, wenn sie nicht beisammen sind, wird im Bett ohnmächtig, ist verkatert, verpaßt die Besuchszeiten bei ihrem Sohn, macht bei der Arbeit Fehler und läßt in ihren beruflichen Leistungen nach.

An Theresas 30. Geburtstag stellt ihr Jeff ein Ultimatum: »Du wirst allein damit nicht fertig. Geh in Therapie, oder unsere Beziehung ist zu Ende.« Sie weiß, daß seine Schmerzgrenze erreicht ist, und willigt ein, sich nach professioneller Hilfe umzusehen.

In den ersten paar Monaten des Entzugs hat sie während des Sexualakts Erinnerungsblitze an die Inzesterlebnisse ihrer Kindheit. Sie weiß zwar, daß sie mit Jeff im Bett ist, aber dabei hat sie ständig Bill vor Augen – lebhafte Erinnerungen überschwemmen sie mit Schmerz und Wut. In der Therapie lernt sie, während des Aktes die Augen zu öffnen, um in der Gegenwart zu bleiben und zu sehen, mit wem sie eigentlich zusammen ist. Sie lernt, Sex abzulehnen, wenn sie Angst davor hat.

Nach einer Weile beginnt sie alle Männer zu hassen. Sämtliche Aggressionen, die sie gegenüber dem Freund ihrer Mutter und dessen Kumpanen, gegenüber ihrem damals vierzehnjährigen Freund, dem Kokainhändler und ihrem sie mißbrauchenden Arbeitgeber empfindet, projiziert sie jetzt auf Jeff. Sie muß lernen, die vergangenen Ereignisse von ihrem gegenwärtigen Leben zu trennen und die Verletzungen ihrer Kindheit zu verarbeiten.

In der Therapie lernt sie das Konzept des inneren Kindes kennen. Dies ist die Vorstellung, daß wir alle ein Kind in uns tragen; unser Kindheitsselbst lebt, beladen mit unseren alten Schmerzen, in unserem Erwachsenenkörper weiter. Alte Narben beginnen durch Ereignisse in unserem Erwachsenenleben erneut zu bluten. Theresa und Jeff haben eine starke Bindung, und in ihrer sexuellen Beziehung kehren ihre schmerzhaften sexuellen Erinnerungen zurück. Dieses innere Kind muß sie heilen. Sie darf nicht länger Alkohol und andere Drogen benutzen, um den Schmerz zu betäuben und die Erinnerungen zu anästhesieren. Sie muß sich selbst gegenüber die Elternrolle übernehmen und sich mit Jeff eine Geborgenheit schaffen, in der ihr inneres Kind lernen kann zu vertrauen.

Sie können jetzt die Kurven Ihrer eigenen sexuellen Erlebnisse und Ihrer Drogenerfahrungen in das vorgedruckte Diagramm (Abb. 2) einzeichnen. Wie bereits erwähnt, können Ihnen die sich auf dem Koordinatensystem abzeichnenden Muster die Informationen liefern, die Sie benötigen, um diese Muster heute im Rahmen Ihrer Rehabilitation zu verändern.

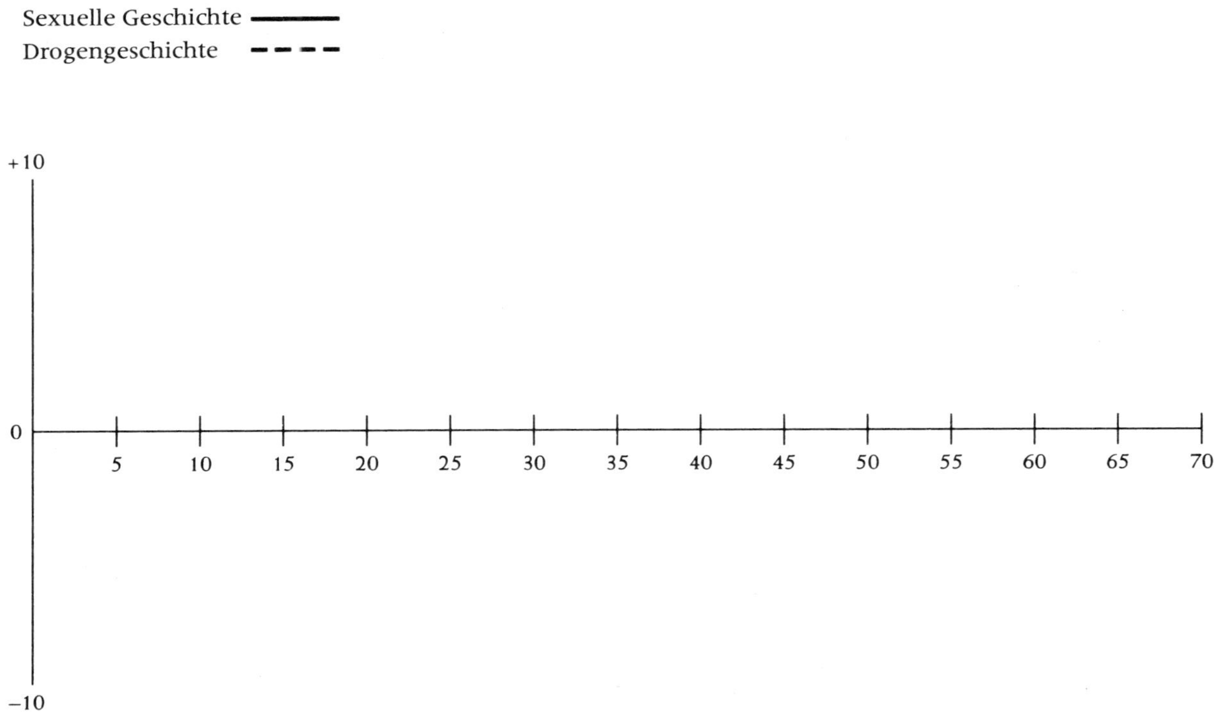

Abb. 2 Lebenskurven

7. Kapitel

Die Partnerwahl verstehen

> Im Hexagramm 44 (»Begegnung«) wird eine funktionierende Beziehung als eine beschrieben, in der zwei Menschen einander auf halbem Weg entgegenkommen. Auf halbem Weg bedeutet, daß beide offen und füreinander aufgeschlossen sind. Dieses beiderseitige Entgegenkommen muß von beiden freiwillig geschehen, nach dem Prinzip der spontanen Anziehung, das als »... das wesentliche Prinzip der Verbundenheit« bezeichnet wird. Wir müssen in unseren Beziehungen Zurückhaltung wahren, bis die Begegnung von beiden Seiten ausgeht... die Begegnung auf halbem Weg ist nur zwischen Menschen möglich, die zueinander und in ihrer Lebensweise ehrlich und aufrichtig sind.
>
> Carol K. Antony, *The Philosophy of the I Ching*

Wählen *Sie* Ihre Sexualpartner, oder werden Sie von ihnen gewählt?

Diese Frage zu beantworten kann schwierig sein. Da die Kombination von unerfüllten Kindheitsbedürfnissen, Mißbrauch, Mangel an Gegenseitigkeit und Sozialisation uns veranlaßt, mit anderen in koabhängiger Weise in Beziehung zu treten, neigen wir dazu, uns als Reagierende zu sehen: Wir sind bereit, auf diejenigen zu reagieren, die uns wählen, statt uns aktiv jene auszusuchen, mit denen wir uns einlassen wollen. Die großen Märchenerzählungen unserer Kultur, die diese ideale, passive Haltung für unberührte Frauen verkörpern – Schneewittchen, Dornröschen und Aschenbrödel –, haben das Bild der schlafenden bzw. ungeformten Frau tief in uns eingepflanzt, die durch den keuschen Kuß eines charmanten Prinzen aufgeweckt und transformiert wird. Die Vorstellung, daß wir frei sein könnten, uns unsere Gefährten selbst zu wählen, erscheint uns fremd und läßt uns vermuten, wenn wir uns auf die Suche machen müssen, dann deshalb, weil uns keiner will.

Die Wahrheit ist, daß wir unsere Sexualpartner tatsächlich wählen – ob wir es bewußt oder unbewußt tun, durch aktive Suche oder passive Einwilligung. Die Betrachtung der Merkmale von Personen, die wir gewählt haben, kann somit aufschlußreich sein. Viele Frauen mögen diesen Vorgang als noch verstörender empfinden, als ihr eigenes Sexualverhalten anzuschauen.

Wir täuschen uns oft selbst über die Qualitäten derjenigen, die wir als Intimpartner wählen, um unser eigenes Selbstbild aufzuwerten. Wir modeln unsere Geliebten um und machen sie zu den Menschen, die wir uns wünschen; vielleicht zu den Menschen, die wir in unserem Leben benötigen. Die Folgen dieser Umformung zu erforschen kann uns helfen, unsere eigenen Rationalisierungs- und Verleugnungsprozesse zu verstehen. So wird zum Beispiel ein Partner, der Sie ständig kritisiert, nicht als aggressiv angesehen, sondern er weist Sie zu Ihrem eigenen Besten auf Ihre Fehler hin. Ein Ehemann, der fast jeden Abend mit seinen »Kumpels« ausgeht, überläßt Sie nicht der Einsamkeit; er füllt bloß die Rolle eines echten Mannes aus, in der Sie ihn sehen wollen. Der Liebhaber, der von Ihnen verlangt, daß sie jeden Augenblick mit ihm verbringen, ist nicht schwach, unsicher oder abhängig, sondern bloß rasend in Sie verliebt.

Es ist genauso wichtig, die Eigenschaften Ihres Partners kritisch zu betrachten, wie sich mit Ihrem eigenen sexuellen Verhalten auseinanderzusetzen. Vielleicht sind Sie eher bereit, Ihr eigenes Verhalten anzuschauen, weil es in Ihrer Macht steht, es zu verändern. Möglicherweise fragen Sie sich, welchen Sinn es denn haben könnte, die Mängel von Menschen zu erkennen, mit denen Sie intim sind. Es könnten sich aber mindestens zwei Vorteile daraus ergeben: Erstens können Sie Ihren Partner, obwohl Sie keine Kontrolle über sein Verhalten haben, wissen lassen, was Sie brauchen; und zweitens können Sie Ihr Verhalten ihm gegenüber ändern.

Vielleicht haben Sie das Gefühl, wenn Sie Ihren Partner ehrlich anschauten, dann müßten Sie Ihre gegenwärtige Beziehung verändern; diese Aussicht könnte Ihnen große Angst machen.

Bevor Sie sich jedoch dagegen entscheiden, machen Sie sich bitte klar, daß Ehrlichkeit nicht bedeutet, sofortige Veränderungen vornehmen zu müssen. Sie erfordert lediglich, sich wahrheitsgemäß einzugestehen, was gegenwärtig geschieht. Die Wahrheit zu sagen gestattet Ihnen, Ihre Wahlmöglichkeiten abzuschätzen und zu erkennen, daß es Alternativen gibt. Dann können Sie die Entscheidungen treffen, die Ihnen helfen werden, für sich selbst zu sorgen.

Wie Sie vielleicht gehört haben, ist die Anfangsphase einer Therapie oft kein günstiger Zeitpunkt, um größere Beziehungsänderungen vorzunehmen. Sie brauchen einige Zeit, um mit dem allfälligen Entzug zurechtzukommen, um herauszufinden, was Ihre Bedürfnisse sind, und um zu erkennen, wer Ihr Partner ist. Das bedeutet nicht, daß Sie in einer schädlichen Beziehung bleiben sollten. Bei einem Sie mißhandelnden oder mißbrauchenden Partner zu bleiben wäre für Ihre Gesundheit gefährlicher, als wegzugehen. Einen gewalttätigen Partner zu verlassen ist *immer* die beste Entscheidung, die Sie treffen können, um für sich und Ihre Kinder zu sorgen. Was auch immer die Eigenheiten und Verhaltensmuster Ihrer Beziehungen sein mögen – Ihren Partner klar zu sehen kann Ihnen nur helfen, ein gesünderes Geschlechtswesen zu werden.

Der ideale Liebhaber und die Selbsterfahrung

Oft kommen die ungelösten Probleme, die wir mit unsern Eltern haben, in den Partnerschaften, die wir als Erwachsene schließen, wieder zum Vorschein. Im fünften Kapitel, »Sexuelle Verhaltensmuster erkunden«, wird erklärt, wie wichtig es ist, die sexuellen Verhaltensweisen und Einstellungen der eigenen Herkunftsfamilie eingehend zu betrachten, bevor wir anfangen, uns unsere Dynamiken der Partnerwahl anzuschauen. Sobald Sie sich über die sexuelle und emotionale Geschichte Ihrer Familie im klaren sind, werden Sie mehr darüber wissen, welche Ihrer Handlungen von gegenwärtigen Bedürfnissen motiviert sind und welche in der Vergangenheit wurzeln.

Immer wieder suchen wir nach denjenigen, die unserem Bild des idealen Geliebten zu entsprechen scheinen. Wir tragen dieses Ideal in uns und projizieren es immer wieder auf andere. Das erklärt, warum wir uns auf den ersten Blick verlieben und uns häufig genauso schnell wieder entlieben. Je besser wir unsere Partner kennenlernen, desto mehr werden sie zu wirklichen Individuen für uns, so daß wir nicht länger unser Ideal auf sie projizieren können. Sobald es uns nicht mehr gelingt, in unserem Partner den Traumgeliebten zu sehen, gehen wir entweder zum nächsten über, oder wir entschließen uns, eine bewußtere Beziehung aufzubauen.

Frauen, die in eine Suchtproblematik verstrickt sind, achten im allgemeinen weder auf ihre eigenen emotionalen Probleme noch auf die ihrer Partner. Statt dessen suchen sie Kumpel, mit denen sie sich ihrer Sucht hingeben können, nicht Partner, die heil sind und sich in einem Wachstumsprozeß befinden. Frauen, die ihre Suchttendenzen überwinden und Schritte zur Gesundung unternehmen, werden vielleicht feststellen, daß ihre Beziehungen scheitern, weil ihre Sucht, nicht die Person, die Basis der Partnerwahl gewesen ist.

Alkoholikerinnen und andere Suchtkranke

Frauen, die in gestörten Familien aufwuchsen, sind gründlich darauf konditioniert, gestörte Formen des Umgangs mit anderen als normal anzusehen. Deshalb ist es nicht überraschend zu entdecken, daß Alkoholikerinnen, Drogen- und Medikamentensüchtige und Koabhängige dazu neigen, sich Alkoholiker und andere Suchtkranke – einschließlich Workaholics und Koabhängige – als Partner zu wählen. Tatsache ist, daß 80 Prozent der Frauen, die in Alkoholikerfamilien aufwuchsen, selbst chemieabhängig werden bzw. Alkoholiker und sonstige Suchtkranke heiraten.

In einer Beziehung, in der einer oder beide Partner suchtkrank sind, besteht die Beziehung nicht zwischen den Individuen, sondern zwischen den Individuen und ihrer Sucht. Ihre Verhaltensweisen sind durch zwanghafte Formen des Umgangs mit Menschen und Dingen bestimmt. Dies ist das verbindende Element – und nicht die persönliche Entwicklung und Entfaltung und der ehrliche Umgang miteinander.

Den eigenen Weg der Genesung weiterzugehen, während man mit einem aktiv Drogen konsumierenden Partner zusammen ist, wird sich als schwierig, wenn nicht gar als unmöglich erweisen. Aktive Alkoholiker und andere Suchtkranke stehen in Beziehungen emotional nicht zur Verfügung. Bei ihnen dreht sich alles um ihre Sucht – die Flasche, das Medikament oder Rauschgift, die Arbeit oder das Glücksspiel, Sex oder Essen. Sie sind einfach außerstande, den emotionalen Bedürfnissen einer Partnerin zu genügen. In ihrem Leben ist kein Raum für Sie und Ihre Bedürfnisse. Sie kommen nicht an erster Stelle; die Beziehung zu Ihnen ist nicht die wichtigste Beziehung in ihrem Leben.

Auch Koabhängigkeit kann Partner daran hindern, in Beziehungen wirklich präsent zu sein. Wenn sich ein Partner ständig darauf konzentriert, dem anderen die Bedürfnisse von den Augen abzulesen und zu erfüllen, ist kein echtes Geben und Nehmen möglich, kein emotionales Wachstum, das durch echte Wechselseitigkeit zustande kommt.

Sarahs Geschichte verdeutlicht fast alle diese Faktoren. Wie in früheren Kapiteln geschildert, verhält sich Sarah auf koabhängige Weise; außerdem ist sie abhängig von rezeptpflichtigen Pillen, und ihr Mann, Scott, ist ein Workaholic. Sowohl Sarah als auch Scott sind füreinander emotional nicht verfügbar – Sarah reguliert sich ständig mit aufputschenden oder dämpfenden Mitteln; Scott, der in seiner Arbeit aufgeht, ist auch physisch selten für sie greifbar. Obwohl die Beziehung für beide unbefriedigend ist, kommen beide nicht von ihren parallelen Gleisen los.

Als Sarah ihre Tablettenabhängigkeit zunehmend überwindet, beginnt sie klarer zu erkennen, wie Scott es geschafft hat, sich ihr zu entziehen. Sie hat versucht, mit ihm über seine Arbeitszeiten zu sprechen, aber er nimmt dann eine Abwehrhaltung ein und erklärt, sie benötigten das Geld, denn Sarah trage ja nichts bei. Wenn sie weiter nachbohrt und darüber spricht, wie hohl ihr ihre Beziehung erscheint, wird er wütend und wirft ihr vor, jahrelang distanziert und für ihn unerreichbar gewesen zu sein.

Scotts Verhalten ist im Zusammenhang mit seiner eigenen Herkunftsfamilie verständlich. Seine Mutter war eine ewig leidende Märtyrerin, die ihre Rede mit tiefen, traurigen Seufzern spickte. Ihre Beziehung zu ihrem Sohn war besitzergreifend und vereinnahmend, und er reagierte darauf, indem er sich ihr physisch und emotional entzog; ein Muster, das er mit Sarah fortgesetzt hat. Scott hat seine Mutter als weichherzig, aber schwach in Erinnerung; sie hatte nie einen Einfluß auf seinen kalten, distanzierten Vater.

Sein Vater, ein strenger Zuchtmeister, war als Vertreter häufig von zu Hause abwesend. Wenn er daheim war, ist er Scott als aggressiv und emotional unzugänglich in Erinnerung geblieben. Die Familie machte selten Urlaub, und Spiel und Spaß rangierten weit unten auf ihrer Prioritätenliste. Das einzige Mittel, wie Scott die Aufmerksamkeit seines Vaters erringen konnte, waren gute Noten, und er widmete sich denn auch dem Lernen und den außerschulischen Aktivitäten mit solchem Erfolg, daß er drei Stipendien an renommierten Elite-Universitäten angeboten bekam. Als Erwachsener leistete Scott in seinem Beruf Vorbildliches und machte Überstunden, ohne mit Vergütung zu rechnen.

Sarah befürchtet, daß ihre eigene Genesung ihre Ehe ruinieren wird. Sie ist bisher in keiner Beziehung Risiken eingegangen, am allerwenigsten in der für sie wichtigsten zu ihrem Mann. Ihre eigene Familie hat ihr mit Sicherheit nicht das Bewußtsein dafür geschärft, daß die beste Art, mit Gefühlen – speziell mit schmerzlichen – umzugehen, die ist, mit dem Betreffenden darüber zu sprechen. Sarah macht sich große Sorgen um die Zukunft.

Solange (oder sofern) Scott seinen Anteil an der Dynamik ihrer Beziehung nicht erkennen und sich dazu bekennen kann – das heißt, solange und sofern er nicht erkennt, daß seine Fixierung auf die Arbeit Suchtcharakter für ihn hat –, sind Sarahs Befürchtungen wahrscheinlich begründet. Falls er in der Verleugnung verharrt, könnte Sarahs Heilung von ihrer Koabhängigkeit ebenfalls gefährdet sein, falls sie sich dafür entscheidet, bei ihm zu bleiben.

Sarah hat ebenso wie andere in gestörten Familien aufgewachsene Frauen die Fertigkeiten erlernt, die sie benötigt, um mit dem Suchtverhalten eines anderen zu leben und diesem ihre Bedürfnisse unterzuordnen. Sie empfindet das beinahe als angenehm; zumindest als vertraut. Da sie diese Form des Umgangs abzulegen sucht und neue, gesunde Arten des Umgangs lernen möchte, wäre ein Partner sehr hilfreich für sie, der sich ebenfalls bemüht, neue Kompetenzen zu erwerben. Scott und Sarah müßten sich gleichermaßen bemühen, ihre Beziehung zu bewerten und daran zu arbeiten.

Gewalttäter

Chemieabhängige oder beziehungsabhängige Frauen haben in der Regel Beziehungen zu Männern oder Frauen, die sie emotional, physisch oder sexuell mißhandeln bzw. mißbrauchen. Mißhandlung und Mißbrauch können die unterschiedlichsten Formen auf einer Skala der Gewalttätigkeit annehmen. Dazu zählen nicht nur Vergewaltigung und Prügel, sondern auch ständiges Kritisieren, das allmählich den Geist zermürbt (siehe Abb. 3).

Frauen, die sich in ihren Beziehungen ständig in der Opferrolle wiederfinden, wurden wahrscheinlich als Kinder in irgendeiner Weise seelisch oder körperlich verletzt. Es ist eine

Zunehmende körperliche Mißhandlung

Witze	Verbale Quälerei	Sexuelle Belästigung	Vergewaltigung (Inzest)	Vergewaltigung, Mord

Abb. 3 Die Skala sexueller Ausbeutung*

merkwürdige Gegebenheit der menschlichen Natur, daß wir dazu neigen, vertraute Kindheitsmuster zu wiederholen, selbst wenn sie demütigend und schmerzhaft waren. Sie sind ein integraler Bestandteil dessen, wer wir sind und wie wir gelernt haben, uns zu verhalten und auf andere zu reagieren. Manche Frauen kommen sogar zu der Überzeugung, sie seien so »verdorben«, daß sie eine schlechte Behandlung »verdienen« und es nicht wert sind, geachtet zu werden. Dies ist niemals richtig.

Die bewußte Vergegenwärtigung schmerzhafter Kindheitsszenen hat einen therapeutischen Wert. Wenn es uns gelingt, lange verschüttet gewesene Erinnerungen ins Bewußtsein zu rufen, können wir es schaffen, neuen Mut zu schöpfen und unser Leben heiler zu machen. Werden diese Szenen jedoch ohne Bewußtheit wiederholt, dann kommt nur eine neue Leidensschicht hinzu. Ohne das Instrumentarium zur Auflösung schmerzhafter emotionaler Erinnerungen fahren wir fort, ungünstige Entscheidungen in bezug auf unsere Partner zu treffen. Wir wiederholen unsere unwirksamen Bewältigungsstrategien und bleiben in starren Kreisläufen fortgesetzter Mißhandlung gefangen.

Selbsthilfegruppen, Frauentherapiegruppen, die sich auf Mißhandlung und Mißbrauch von Frauen konzentrieren, und Einzeltherapie können für Frauen, die aus einem traumatisierenden Milieu kommen, eine große Hilfe sein. Theresa hat zum Beispiel aus allen drei Therapieformen Nutzen gezogen.

* Aus Kathryn Quina und Nancy Carlson, *Rape, Incest, and Sexual Harassment* (New York: Praeger, 1989), 11.

»Ich war mir gar nicht bewußt, daß ich in drangsalierenden Beziehungen gewesen war, bis ich darauf hingewiesen wurde – zuerst von meiner Therapeutin, dann in meiner Frauengruppe und sogar in meiner Gruppe Anonymer Drogenabhängiger!« Anfangs weigerte sich Theresa, sich diese Perspektive zu eigen zu machen, weil sie ihr Bild von sich selbst als Frau, die ihr Leben im Griff hat, bedrohte. Aber sobald es ihr gelang, ihre Erfahrungen korrekt zu benennen, sah sie klarer.

»Die Beziehung, von der ich dachte, ›ich schlafe mit Roger, obwohl ich ihn nicht ausstehen kann, weil er mir ein Gramm Koks schenken wird, der Dummkopf‹, wurde zu: ›Roger zwang mich, mit ihm zu schlafen, und kaufte sich danach mit einem Gramm Koks frei. Ich war es, die benutzt wurde.‹«

Theresa fand diese Version ihrer Lebensgeschichte anfangs deprimierend und beklemmend, insbesondere in Verbindung mit den Flashbacks von ihrer Vergewaltigung, die in ihrer Eindringlichkeit und Lebendigkeit schreckenerregend und verstörend waren. Zum Glück war ihr Unterstützernetzwerk einschließlich Jeff imstande, ihr durch diese Zeit hindurchzuhelfen, bis sie genügend Distanz hatte, um anfangen zu können, ihre Verhaltensweisen ohne Selbstbezichtigungen, Schuldgefühle und Furcht anzuschauen.

Ihr Mut zum Risiko, ihre Vergangenheit zu benennen, um sich durch sie hindurch einen Weg der Genesung zu bahnen, belohnte sie mit einem neuen Bewußtsein von Ich-Stärke und dem Gefühl, ihre Entscheidungen wirklich selbst zu fällen.

Grenzen zu setzen und bereit zu sein, ihre Einhaltung denjenigen gegenüber zu erzwingen, die sich emotional, physisch oder sexuell verletzend verhalten, ist entscheidend, um in solchen Beziehungen bleiben und sie transformieren zu können.

Wie bereits aufgezeigt, haben Frauen in verletzenden Beziehungen Schwierigkeiten mit Grenzen, aber sie stellen oft fest, daß ihnen eine Beratung helfen kann, die entsprechenden Schranken zu errichten. Noch wichtiger ist die Bereitschaft des Partners, sein verletzendes Verhalten einzustellen. Falls Ihr Partner nicht gewillt ist, Hilfe zu suchen und Änderungen vorzunehmen, dann werden Sie die Beziehung aufgeben müssen. Sonst erfolgt die Entscheidung zu bleiben auf Kosten Ihrer Person, und die Übergriffe werden sich fortsetzen.

Unverfügbare oder distanzierte Partner

Süchte, Mißhandlungen und Mißbrauch hindern Partner zweifellos daran, sich ehrlich und vollständig aufeinander einzulassen, aber Menschen können einem auch aus anderen Gründen fern sein. Sie können mit jemand anderem verheiratet oder in mehrfache Beziehungen verstrickt sein. Sie können starre Grenzen haben, die Intimität ausschließen. Sie können depressiv und aus diesem Grund unfähig sein, Ihre Bedürfnisse zu erfüllen. Sie können ungeheuer narzißtisch sein und alles auf sich selbst rückbeziehen; damit versagen sie Ihnen das Recht auf Ihre Gefühle bzw. Erinnerungen, weil sie sich nur für Dinge interessieren, die sie selbst berühren.

Distanzierte und unverfügbare Partner sind keine Partner im wahren Wortsinn. Sie bringen in die Beziehung weder echtes Teilen noch Intimität, noch volles Engagement ein; sie können dies gar nicht. Manchmal kommt dies durch eine Partnerin zustande, die einen unausgesprochenen Vertrag akzeptiert: »Wenn du mich erhältst, werde ich deine Affären weiterhin übersehen.« Oder: »Wenn ich die Kinder so erziehen kann, wie ich will, kannst du dich ausschließlich auf deine Karriere konzentrieren.«

Abmachungen wie diese sind offensichtlich keine wechselseitigen, liebevollen Übereinkünfte. Sie gestatten Erwachsenen, in der gleichen Wohnung nebeneinander herzuleben, ohne je wirklich zusammen oder emotional füreinander dazusein. Die Geschichte von Barbara ist ein gutes Beispiel dafür.

Die 43jährige, kürzlich geschiedene Barbara erklärte: »Als mich mein Mann plötzlich wegen einer anderen Frau verließ, war ich wie vor den Kopf geschlagen und verfiel in eine tiefe Depression. Ich dachte, wir hätten uns arrangiert. Ich wußte, daß wir nicht wahnsinnig und leidenschaftlich ineinander verliebt waren, aber wir hatten eine Basis für unser Zusammenleben gefunden. Ich züchtete meine Hunde und führte sie an Wettbewerbsveranstaltungen vor, er reparierte seine alten Autos, und wir hatten ein wunderschönes Haus, in dem für all dies Platz war. Jetzt ist mir klar, daß jeder einfach sein Leben lebte und den anderen in Ruhe ließ. Wir redeten nie über etwas Ernsthafteres, als was wir am Abend essen wollten. Meine Therapeutin erklärte mir, daß wir zwei Planeten auf verschiedenen Umlaufbahnen waren, die sich nie überschnitten.«

Eine weitere häufige Reaktion auf einen distanzierten Partner besteht darin, zur Verfolgerin zu werden. Wenn er aus Furcht vor allzu großer Nähe von uns abrückt, laufen wir ihm aus Angst vor Verlassenwerden und Verlust nach. Dies kann sich immer aufs neue wiederholen und zu einem fast nicht mehr aufbrechbaren Muster einschleifen. »Jahrelang dachte ich, das Problem seien die Männer«, sagte die 28jährige Becky. »Meine Freundinnen und ich beklagten uns endlos über sie und ihre Bindungsscheu. Beim ersten Ausgehen ist es toll, sie versprechen anzurufen, und dann hört man niemals wieder von ihnen. Wenn man sie auf der Straße trifft, tun sie so, als sähen sie einen nicht.

Als ich in Therapie kam, begann ich zu erkennen, daß ich meinen Anteil an dem Problem haben könnte. Sobald ich einen Mann kennenlernte, begann ich zu phantasieren, daß er ›der Richtige‹ sein könnte. Dann dachte ich, daß es niemals jemand Besseren geben könnte als ihn, was für ein Glück ich hätte, ihn gefunden zu haben, und daß wir heiraten und ein wunderbares Leben führen würden. Gleich danach kam mir der deprimierende Gedanke, daß er mich verlassen würde, daß er mich im Grunde gar nicht möge und daß er eine andere Freundin habe, von der er mir nichts erzähle. All dies innerhalb einer Stunde!

Wenn wir dann zusammen ausgingen, war ich innerlich schon ganz desperat. In meinem Kopf hatte ich die ganze Beziehung bereits bis zu ihrem fürchterlichen Ende durchgespielt – bevor sie auch nur begonnen hatte. Da ich ›wußte‹, er würde mich verlassen, habe ich mich, glaube ich, solange er da war, ziemlich klammernd verhalten. Kein Wunder, daß sie alle die Flucht ergriffen haben!«

Becky lernte schließlich, nicht mehr so rasch vorzupreschen und damit ihren Partnern den Raum zu lassen, ihrerseits auf sie zuzugehen. Sie mußte sich bremsen und in die Gegenwart zurückholen, damit sie sich mit klarem Blick das anschauen konnte, was von Moment zu Moment geschah, statt künftige Ereignisse mit düsteren Phantasien zu überziehen.

Aufgrund unserer kulturellen Konditionierung neigen Frauen eher dazu, sich vor Verlassenwerden zu fürchten, während Männer häufig Angst vor Vereinnahmung haben. Frauen und Männer lassen sich in ihren Beziehungen oft polarisieren und erschaffen sich ihre eigenen Versionen dieses überdrehten Skripts von Verfolgerin und Verfolgtem.

Dieses Skript muß jedoch nicht geschlechtsspezifisch sein. Männer und Frauen können beide Rollen spielen und tun das auch. Sobald der Verfolger lernt, sich zurückzunehmen, kommt es tatsächlich oft vor, daß sich der Distanzierer vorwärtsbewegt, um den vorhandenen Raum auszufüllen. Distanzierer sollten ihren Partnern die Gewißheit geben, daß sie nicht beabsichtigen, sie zu verlassen. Paartherapie kann hilfreich sein, um zu lernen, dieses Grundmuster zu durchbrechen.

Ihre Beziehungsmuster

Ein Beziehungsdiagramm und ein Familiengenogramm können zur Klärung Ihrer Beziehungsmuster beitragen. Dies sind Mittel, die Ihnen helfen können, jene Verleugnung aufzubrechen, die Ihre Beziehungsgeschichte in ein Dunkel hüllt. Wenn Sie beginnen, in Ihrer sexuellen Beziehungsgeschichte und Ihrem Familienstammbaum Trends und Grundmuster zu identifizieren, werden Sie lernen, was Sie in einem Programm zur sexuellen Gesundung tun können.

Das Beziehungsdiagramm wird Ihnen ein Bild davon geben,

wer Sie in einer Beziehung sind. Wenn Sie dieses Diagramm fertiggestellt haben, werden Sie die Geschichte Ihrer sexuellen Beziehungen erkennen können – die Wiederholung von Merkmalen und Verhaltensmustern, die bei Ihren Eltern begonnen haben und sich in Ihrem Erwachsenenleben fortsetzen.

Das Zeichnen eines Beziehungsdiagramms ist ein anschauliches Mittel, um über die Muster in Ihren Beziehungen Klarheit zu gewinnen. Es ist schwierig, in der Verleugnung in bezug auf Ihre sexuellen Beziehungsmuster zu verharren, wenn Sie in der Tabelle immer wieder auf bestimmte Worte und Wendungen stoßen. Durch das Studium der Tabelle können Sie Anhaltspunkte dafür gewinnen, was Sie zu Ihrer sexuellen Wiederfindung tun sollten. Sie werden erkennen, wie Sie sich in Beziehungen verhalten und welche Arten von Partnern Sie wählen. Bestimmte Motive, Gefühle und Eigenschaften werden mit Sicherheit als Muster hervortreten. Wenn Sie über die Tendenzen nachdenken, die bei Ihnen vorzuherrschen scheinen, werden Sie zu einem tieferen Verständnis über sich selbst gelangen.

Das Beziehungsdiagramm

Abbildung 4 ist eine leere Beziehungstabelle. Das Ausfüllen dieser Tabelle kann schmerzhaft sein. Wenn Sie die Muster Ihrer Vergangenheit Revue passieren lassen, wird Ihnen vielleicht überdeutlich bewußt werden, was Sie in Ihren Beziehungen nicht bekommen haben. Sie werden vielleicht auch auf sexuelle Verhaltensweisen stoßen, auf die Sie sich eingelassen haben, ohne sie wirklich zu genießen. Oder Sie werden auf Arten von Aufmerksamkeit kommen, die Sie sich wünschten und die Sie nicht erhielten. Es ist wichtig, sich selbst einzugestehen, daß das Ausfüllen des Diagramms ein wichtiger Schritt hin zur Aufrichtigkeit in bezug auf Ihre sexuelle Vergangenheit ist. Loben Sie sich selbst für Ihre Bereitschaft, diesen Schritt zu tun. Ebenso wie im Falle der sexuellen bzw. chemischen Lebenskurven können Sie die Tabelle gleich in diesem Buch ausfüllen, oder Sie können sie kopieren und nötigenfalls auf einem größeren Stück

Papier weitere Kästchen anfügen. Auch diesmal gilt wieder: Machen Sie die Übung – lesen Sie nicht bloß darüber! Um von dieser Übung zu profitieren, müssen Sie die Kästchen ehrlich ausfüllen, nachdem Sie über Ihre früheren Beziehungen und deren Kennzeichen gründlich nachgedacht haben. Vielleicht werden Sie das Beziehungsdiagramm im Laufe ihres Selbsterfahrungsprozesses mehrmals ausfüllen wollen. In dem Maße, wie Sie Ihre Verleugnungstendenzen überwinden, werden Sie Ihre Beziehungen nach und nach immer klarer sehen. Möglicherweise gelingt es Ihnen mit der Zeit, die Merkmale zu verändern, die Sie zuvor als wichtig bzw. unverzichtbar angesehen hatten; oder Sie fangen an, bestimmte Interaktionsmuster als weitaus unfairer zu klassifizieren, als Sie gedacht hatten. Ein wiederholtes Ausfüllen dieser Tabelle wird Ihnen zu einem vollständigeren Bild Ihrer Vergangenheit verhelfen. Ihre Vergangenheit auf diese systematische Weise zu benennen ist wie gesagt der Schlüssel, der Ihre Fähigkeit zur Selbstheilung erschließt. Entscheidungen, die Sie getroffen haben, werden Ihnen klarer vor Augen treten. Vielleicht werden Sie an diesen Entscheidungen etwas ändern können.

In der obersten Reihe ist Platz für die Namen der Personen, mit denen Sie wichtige sexuelle Beziehungen hatten. Falls Sie gegenwärtig eine sexuelle Beziehung haben, schreiben Sie den Namen des/der Betreffenden in das letzte Kästchen. Ich habe Ihren Vater und Ihre Mutter bereits als Ihre beiden ersten Beziehungen angeführt. Falls Sie von anderen primären Bezugspersonen aufgezogen wurden als Ihrem Vater und Ihrer Mutter, dann setzen Sie deren Namen in die beiden ersten Kästchen. Sie können auch Großeltern bzw. Stiefeltern, Tanten oder Onkel anführen, falls diese in der Kindheit für Sie bedeutsam waren.

Kennzeichen der Person. Führen Sie die Worte an, welche den/die Betreffende in emotionaler Hinsicht am besten beschreiben. Zeichnen Sie ein anschauliches Bild der Person. Beispiele von Wörtern, die zur Personenbeschreibung dienen könnten, sind kalt, warmherzig, indirekt, präsent, distanziert, zärtlich, bösar-

	1. Mutter	2. Vater	3. Beziehungs-partner	4.	5.
Kennzeichen der Person					
Kennzeichen der Beziehung					
Drogenkonsum/ Suchtverhalten					
Sexuelle Qualitäten der Beziehung					
Sexuelle Vorlieben und Abneigungen in der Beziehung					

Abb. 4 Beziehungsdiagramm

tig, fürsorglich, sanft, loyal, unsicher, ehrlich, zuverlässig, sarkastisch oder mutig.

Kennzeichen der Beziehung. Gebrauchen Sie Worte, die nach Ihrem Empfinden am besten Ihre Beziehung mit dem/der Betreffenden beschreiben. Beispiele: fürsorglich, distanziert, amüsant, mitfühlend, hoffnungslos, herzlich, unterstützend, intensiv, unkommunikativ, langweilig, betrügerisch, wechselseitig, gleichgültig, kritisch. Greifen Sie auch auf die Worte zurück, die Sie in der oberen Reihe zur Kennzeichnung jedes Ihrer Beziehungspartner verwendet haben. Es ist wichtig, darauf zu achten, ob die Worte, mit denen Sie die Beziehung kennzeichnen, mit den Merkmalen der Person identisch sind, die Sie beschrieben haben. Wenn dies der Fall ist, dann können Sie den Beitrag Ihres Partners zu der jeweiligen Beziehung erkennen. Wo waren Sie? Was geschah mit dem Beitrag, den Sie zu der Beziehung leisteten? Wie hat sich Ihr Selbst in dieser Beziehung geäußert? Was besagt dies über Ihre Macht in der Beziehung? Falls Sie das Gefühl haben, daß Ihre Eigenschaften den Charakter der Beziehung zumindest teilweise mitbestimmten, dann ist es wichtig, diese Tatsache zur Kenntnis zu nehmen.

Konsum von Alkohol, Medikamenten oder Drogen sowie anderes Suchtverhalten. Führen Sie jeden Konsum von rezeptpflichtigen und rezeptfreien Medikamenten und Alkohol sowohl Ihrerseits als auch seitens Ihres Partners an sowie andere suchtartige und zwanghafte Verhaltensweisen, die Sie und er/sie praktizieren bzw. praktizierten. Dazu zählen:

- Alkohol
- zwanghaftes Einkaufen bzw. Ladendiebstahl
- Beruhigungsmittel bzw. Antidepressiva
- Workaholism
- Koabhängigkeit
- Appetitzügler
- zwanghaftes Fitneßtraining

- Rauchen
- Kokain
- Glücksspiel
- Anorexie/Bulimie

Sexuelle Qualitäten der Beziehung. Wählen Sie Wörter, die den sexuellen Qualitäten der Beziehung am besten gerecht werden. Versäumen Sie nicht, die Kästchen für Ihre Eltern auszufüllen. War die Beziehung unterstützend, offen, respektvoll, verführerisch, voyeuristisch oder unterdrückend? Führen Sie nicht nur die Qualitäten der Beziehung als solcher an, sondern auch Ihre Gefühle hinsichtlich der sexuellen Aspekte der Beziehung. Diese mögen subtil gewesen sein, aber falls Sie sie empfanden, tragen Sie sie ein. Was zählt, ist Ihr subjektiver Eindruck von den Dingen. Das Ziel ist, Qualitäten und Gefühle zu benennen, selbst wenn diese vage oder nur in Nuancen vorhanden sind. Bezüglich Ihrer Partnerbeziehungen könnten Sie sich fragen, ob diese wechselseitig, leidenschaftlich, einseitig, offen, nichtexistent, zwanghaft, akzeptierend, schamhaft, zärtlich, liebevoll, routinehaft, pflichtgemäß oder verwirrend waren.

Sexuelle Vorlieben und Abneigungen in der Beziehung. Gehen Sie die sexuellen Eigenheiten der Beziehung durch, die Sie soeben angeführt haben, und teilen Sie sie in zwei Kategorien auf: diejenigen, die Sie mochten, und diejenigen, die Sie ablehnten. Führen Sie auch Ihre Sympathien und Antipathien gegenüber den sexuellen Aktivitäten an, die Sie betrieben. Dazu könnte folgendes zählen: Nacktheit, Telefonsex, Massage, Lecken, gemeinsames Baden, Küssen, Umarmungen, Streicheln, Liebkosungen, Beißen, Saugen, Penetration, Oralsex, Fesseln, Verwendung von Öl, Analverkehr, Kitzeln, Sex im Freien, erotische Lektüre, Masturbation, Benutzung von Federn, Zungenküsse, Phantasien, Orgasmen, Sex in der Badewanne, Sadomasochismus, Sexvideos, gleichzeitiger Orgasmus, Benutzung von Sexspielzeug, Sex mit mehr als einer Person und Kuscheln.

Das Genogramm

Das Genogramm ist ein Diagramm der Beziehungen, die zwischen den Familienmitgliedern existieren. Es ist ein weiteres Hilfsmittel, um Ihre Beziehungsmuster zu erkunden und sich Einblicke in Ihre sexuelle und emotionale Vorgeschichte zu verschaffen. Sarahs Beziehungsgenogramm, Abbildung 5, wird Ihnen eine Vorstellung davon geben, wie Sie an die Aufzeichnung und Analyse Ihrer eigenen Familiengeschichte herangehen können. Abbildung 6 ist ein leeres Genogramm, das Sie selbst ausfüllen können.* Auch in diesem Fall können Sie den Vordruck im Buch nutzen oder Kopien davon machen.

Verfolgen Sie zunächst Ihre Familienbeziehungen so weit zurück, wie Sie können, und benutzen Sie dabei die Genogrammsymbole, die hier im Text und in den Abbildungen 5 und 6 angegeben sind. Verzeichnen Sie dann neben jedem Namen, soweit angebracht, das für diese Person zutreffende Suchtsymbol. Charakterisieren Sie schließlich, da es um eine sexuell-emotionale Geschichte geht, jede Person und jede Beziehung mit zwei bis drei Worten. Greifen Sie auf Ihr Beziehungsdiagramm für Anregungen zurück.

Sarahs Genogramm

Sarahs Großeltern mütterlicherseits, Bjorn und Magda, hatten ein starres, bedrückendes Familienleben geschaffen. Sarah wußte nichts über ihre persönliche Beziehung, meinte aber, sie seien in dieser Hinsicht genauso verklemmt gewesen wie im Umgang mit ihren Kindern.

Sarahs Vater, Doug, hatte nie etwas über seine Eltern erzählt. Sein Vater, Ralph, war vor Sarahs Geburt gestorben, und seine Mutter hatte Doug nie erwähnt. Als Kind hatte Sarah es normal gefunden, nur ein Großelternpaar zu haben, und nie Fragen

* Weitere Informationen über das Genogramm finden Sie in Stephanie Covington und Liane Beckett, *Und immer wieder glaubst du, es ist Liebe. Wege aus der Beziehungssucht.*

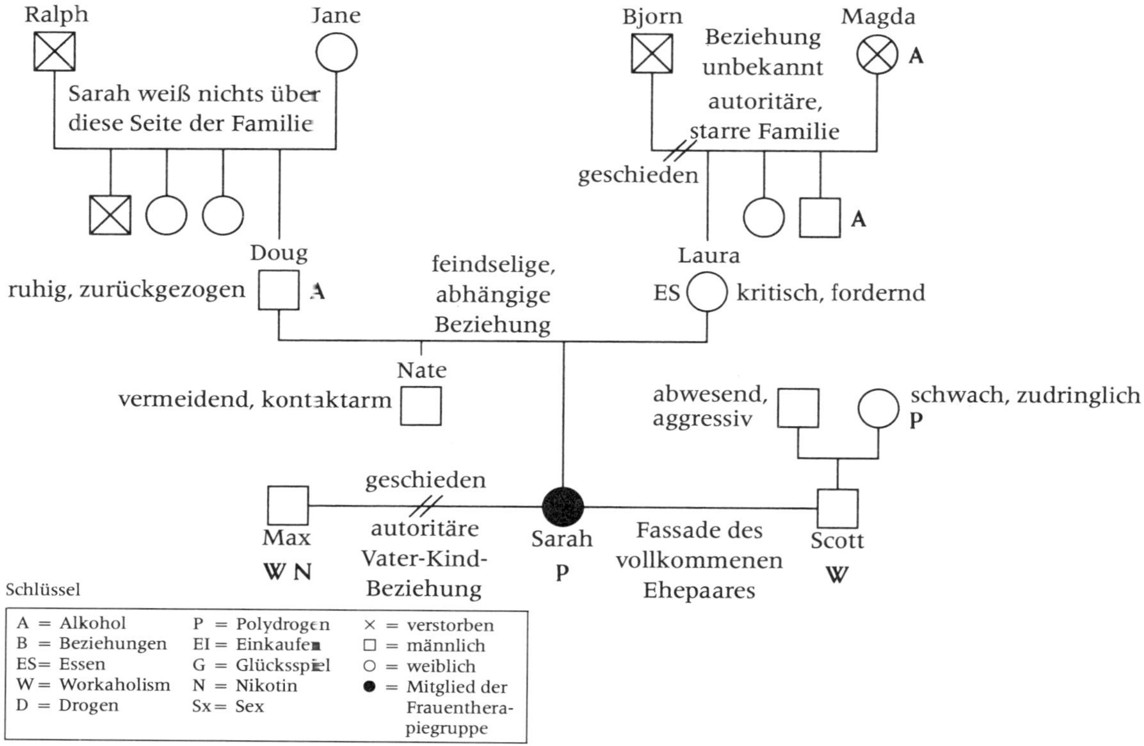

Abb. 5 Genogramm von Sarahs Familiengeschichte

bezüglich der Abwesenheit der Großmutter väterlicherseits gestellt. Jetzt begann Sarah erstmals darüber zu rätseln, was hinter dem Schweigen ihres Vaters lag.

Sarah kennzeichnete Doug als ruhig, zurückgezogen und alkoholabhängig. Als sie ihre Beziehung zu ihren eigenen zwei Ehemännern betrachtete, merkte sie zu ihrer Überraschung, daß sie sowohl Max als auch Scott mit ähnlichen Adjektiven bedacht hatte: distanziert, unverfügbar, vermeidend und kontaktschwach. Mit Max hatte sie eine autoritäre Vater-Kind-Beziehung gehabt, die eine Neuauflage des Haushalts ihrer Großeltern mütterlicherseits und dem feindseligen, abhängigen Beziehungsmuster ihrer Eltern war. Sie und Scott hatten gelernt, die Fassade des vollkommenen Paares aufrechtzuerhalten, und damit ein weiteres Charakteristikum der Ehe ihrer Eltern reproduziert: die Verleugnung.

Schließlich erkannte sie, obwohl weder sie noch ihr Mann Alkoholiker waren, daß auch sie die gleichen Suchttendenzen aufwiesen: Scott war zweifellos ein Workaholic; Max verbrachte, wie sie sich erinnerte, ebenfalls den größten Teil seiner Zeit bei der Arbeit, und er rauchte zwei Packungen Zigaretten täglich, um Spannungen und Angst abzubauen.

Sarah war über ihre Entdeckungen erschüttert. Sosehr sie sich auch bemühte, sie schien nicht vermeiden zu können, die Fehler ihrer Eltern zu wiederholen. Ihre Therapeutin erklärte ihr, daß generationsübergreifende Familienmuster wie die ihren normal seien, weil unsere Familien unsere ersten und stärksten Verhaltensvorbilder sind. Als Kinder können wir nicht unterscheiden, was »gutes« und »schlechtes« Verhalten ist; wir nehmen einfach alles in uns auf. Wenn wir keine anderen, gleich starken Modelle haben, wie beispielsweise eine einflußreiche Lehrerin, Therapeutin oder Freundin, dann werden wir wahrscheinlich fortfahren, unsere Familienmuster zu wiederholen.

Anhand von Sarahs Modell können Sie jetzt Ihr eigenes Familienprogramm entwerfen. Studieren Sie es gründlich. Fallen Ihnen irgendwelche Grundmuster auf? Achten Sie genau auf generationsübergreifende Zusammenhänge und Neuauflagen der Vergangenheit in der Gegenwart. Schenken Sie insbesondere den Leerstellen Beachtung, den Bereichen, über die Sie nichts wissen. Hinter diesen Leerstellen verbergen sich oft Familiengeheimnisse.

In der Gegenwart leben

In der Gegenwart leben bedeutet, daß Sie sich genau bewußt sind, was in Ihnen und um Sie herum im Augenblick vorgeht.

Vielleicht werden Sie einwenden: »Aber natürlich lebe ich in der Gegenwart! Wo sonst könnte man leben?« Tatsache ist jedoch, daß wir den größten Teil unserer Zeit entweder in der Vergangenheit verbringen, mit Schuldgefühlen und Sorgen über Dinge, die wir bereits getan haben, oder in der Zukunft, indem wir uns über Ereignisse Sorgen machen, sie planen oder zu beherrschen versuchen, die noch nicht geschehen sind.

Wenn wir unsere Zeit in der Vergangenheit verbringen, dann schleppen wir unsere Geschichte mit uns herum. Wir sind mit Erwartungen belastet, die auf Dingen basieren, welche uns zugestoßen sind, und wir erwarten, daß uns diese Dinge weiterhin zustoßen werden. Oder wir leben vielleicht in der Zukunft, wie Becky, und phantasieren jede neue Beziehung, bevor sie auch nur angefangen hat, zu einem deprimierenden Ende.

Gesunde Sexualität kann nur im gegenwärtigen Augenblick stattfinden, zwischen zwei Menschen, die wirklich präsent sind – füreinander und für sich selbst. Wenn Sie mit Ihrem Liebhaber ins Bett gehen und dabei daran denken, welche Arbeit Sie morgen erwartet, dann sind Sie nicht in der Gegenwart. Wenn Sie einen neuen potentiellen Partner kennenlernen, aber ihre emotionalen Erwartungen auf Ihrem verletzenden früheren Freund basieren, dann sind Sie nicht in der Gegenwart.

Die Erkenntnis, daß wir den größeren Teil unseres Lebens mit Phantasien über die Vergangenheit bzw. Zukunft zugebracht haben, kann verwirrend sein. Wir haben uns viel Zeit und Er-

Schlüssel

A = Alkohol	P = Polydrogen	× = verstorben
B = Beziehungen	EI = Einkaufen	□ = männlich
ES= Essen	G = Glücksspiel	○ = weiblich
W = Workaholism	N = Nikotin	● = Sie selbst
D = Drogen	Sx= Sex	

Abb. 6 Zeichnen Sie ein Genogramm Ihrer eigenen Familiengeschichte

fahrungen entgehen lassen. Aber wieviel Zeit Ihres Lebens Sie auch anderswo zugebracht haben, Sie können lernen, in der Gegenwart zu leben. Und Sie können sich Ihre Vergangenheit aneignen, statt sie immer wieder aufs neue zu durchleben. Wenn Sie in der Gegenwart leben, werden Sie wieder mit Ihrem wahren Selbst in Kontakt kommen, denn es lebt im Hier und Jetzt.

Ihr Beobachter-Selbst

Das beste Mittel, um in der Gegenwart leben zu lernen, ist vielleicht, Ihr Beobachter-Selbst in Ihr Bewußtsein treten zu lassen. Das Beobachter-Selbst ist jener urteilsfreie Anteil von Ihnen, der als Zeugin der Ereignisse Ihres Lebens fungiert. Es kann sich anschauen, wie Sie sich fühlen und handeln, und es weiß, daß bestimmte Handlungen und Gefühle nicht Ihr gesamtes Selbst repräsentieren. Das Beobachter-Selbst ist ein Spiegel, in dem Sie Ihre eigenen Verhaltensweisen und Handlungen, ohne zu urteilen, betrachten können.

Falls Sie viele Jahre mit Schuld- und Schamgefühlen zugebracht haben, werden Sie vielleicht nicht glauben, daß dieser Aspekt von Ihnen existiert. Aber es ist so, und Sie können ihn entwickeln.

Sein Beobachter-Selbst zu entwickeln ist etwas anderes, als sich von seinem Körper und seinen Gefühlen abzutrennen. Man tritt nicht aus sich heraus, um der Konfrontation mit sich zu entgehen. Man benutzt nicht den Abwehrmechanismus, sich selbst zu verlassen, weil es zu schmerzhaft ist, anwesend zu sein.

Vielmehr verschafft einem das Beobachter-Selbst ein ruhiges Plätzchen, von dem aus man sein eigenes Verhalten nachdenklich und nachsichtig betrachten kann.

Wenn Sie Ihrem Beobachter-Selbst gestatten, Sie täglich zu begleiten, werden Sie zum Beispiel bemerken, daß Sie zu den Zusammenkünften Ihrer Drogengruppe Ihre sexuell aufreizendsten Kleider anziehen oder daß Sie von Männern Anzüglichkeiten zu hören bekommen, wenn Sie sich in einer bestimmten Weise schminken, oder daß Sie Sex benutzen, um Macht zu bekommen, oder daß Sie mit einem Partner schlafen, der Ihre Bedürfnisse nicht wirklich befriedigt. Ihr Beobachter-Selbst beurteilt diese Handlungen nicht, sondern bringt sie Ihnen bloß zu Bewußtsein, damit Sie sich entscheiden können, ob und wie Sie daran arbeiten wollen.

Eine tägliche Inventur

Ihr Beobachter-Selbst hilft Ihnen, in der Gegenwart zu bleiben. In bezug auf Ihre Sexualität in der Gegenwart zu bleiben und darauf zu achten, was Sie tun, kann eine echte Arbeit sein; aber es ist eine Arbeit, die reiche Früchte trägt, wenn Sie die Fähigkeit erlangen, Ihr sexuelles Verhalten bewußt zu wählen, statt unbewußte Muster auszuagieren.

Eine tägliche Inventur zu machen kann Ihnen auf diesem Weg weiterhelfen. Besonders hilfreich kann es sein, täglich Eintragungen in einem Tagebuch zu machen, weil es Ihnen gestattet, Ihre Fortschritte zu verfolgen. So könnten Sie sich zum Beispiel jeden Abend vor dem Schlafengehen die folgenden Fragen stellen: Habe ich mich heute sexuell gefühlt? Wie hat sich das geäußert? Sie werden bald merken, daß es Ihnen zunehmend leichter fällt, Ihre Gefühle zu erkennen und sich auf deren Platz in Ihrem Leben zu konzentrieren.

Eine weitere Entdeckung, die Sie machen könnten, ist die Erkenntnis, daß Sie eine Kombination der Gedanken, Gefühle und Erfahrungen sind, die sich während Ihres ganzen Lebens angesammelt haben. Vielleicht werden Sie merken, daß Sie in manchen Situationen immer noch wie ein Kind oder eine Halbwüchsige reagieren. Bei Ihrer Selbstbeobachtung werden Sie vielleicht beginnen, all die unterschiedlichen Anteile Ihres Selbst zu erkennen – das innere Kind, das kritische Selbst, das beschämte Selbst, das romantische Selbst, das Werktagsselbst, das reife, erwachsene Selbst. Sie können anfangen, die Einstellungen und Überzeugungen zu hinterfragen, die die verschiedenen Aspekte Ihres Selbst beherrschen. Dann können Sie beginnen, bewußt zu wählen, welche Haltung Sie unter jeweils verschiedenen Umständen einnehmen wollen.

Partnerwahl erfordert, Entscheidungen zu treffen. Den Einfluß unserer früheren Beziehungen zu verstehen ist der erste Schritt. Zu erkennen, wie und wo sie uns weiterhin beeinflussen, ist der zweite. Die Erkenntnis, daß wir die Möglichkeiten haben zu wählen, für wen wir uns in der Gegenwart und Zukunft entscheiden wollen, ist ein Bestandteil unserer Erwekkungserfahrung.

DRITTER TEIL

Die Möglichkeit der Wahl: der Gesundungsprozeß

Der Übergang von der Anfangsphase der Selbsterfahrung zum zweiten Stadium des Genesungsprozesses ist von dem Gefühl gekennzeichnet, wieder mit Ihrem inneren Selbst in Kontakt zu kommen, diesem klugen und urteilsfreien Teil Ihrer Persönlichkeit, dem Sie so lange entfremdet gewesen sind. Sobald Sie in diese zweite Phase des Genesungsprozesses eintreten, ein Stadium, das Sie für den Rest Ihres Lebens ausloten werden, gestattet Ihnen diese Verbundenheit mit Ihrem inneren Selbst, sich mit tiefer schürfenden Fragen auseinanderzusetzen, die Sie zuvor noch überfordert hätten.

Wenn Sie tiefer schürfen, wird Ihnen bewußt werden, daß Ihre Gefühle von Schuld, Scham und Verantwortung angesichts Ihres Suchtmittelmißbrauchs Ihre sexuelle Energie gelähmt und Sie ausgelaugt und handlungsunfähig, vermeidend oder zwanghaft gemacht haben; außerstande, die Formen sexuellen Erlebens zu wählen, die Ihrem Selbst entsprechen. In der zweiten Phase der Genesung werden Sie die Schuldgefühle hinter sich lassen und dazu übergehen, den Schmerz sexueller Verletzungen in der Kindheit zu heilen und Ihre Schamgefühle aufzulösen. Sobald Sie diese negativen und destruktiven Gefühle loslassen können, werden Sie das Zentrum Ihrer Kraft entdecken.

Ein Fundament von Ehrlichkeit zu legen ist ein wesentliches Element im Anfangsstadium der Selbstfindung. Wenn Sie in der zweiten Phase weiter darauf aufbauen, werden Sie an die schwierige Aufgabe herangehen können, ein Gefühl der eigenen Kraft und Vitalität wiederzugewinnen. Dies wird es Ihnen ermöglichen, sich ein gesundes, erfülltes Sexualleben zu schaffen.

8. Kapitel

Ein neues Sexualleben wählen

> Von seinem Unterdrücker darf man nicht erwarten, daß er die Bedingungen ändert. Wir, die wir uns schlecht und ungerecht behandelt fühlen, müssen einen Wandel herbeiführen, und Menschen mit Weitblick werden unsere Verbündeten werden.
>
> Jean Baker Miller

> Man kommt nicht als Frau zur Welt, man wird eine.
>
> Simone de Beauvoir, *Das andere Geschlecht*

Der Weg der sexuellen Selbstentdeckung ist ein Entwicklungsprozeß. Sie müssen die erste Wegstrecke des Entzugs durchmessen haben, um in die zweite Phase der Genesung eintreten zu können. Dennoch schafft sich jede Frau ihre eigene, individuelle Version dieses Weges und geht diese Abschnitte auf ihre eigene Weise an, indem sie je nach den Umständen innere Arbeit leistet oder äußere Maßnahmen ergreift.

Der Prozeß der sexuellen Erweckung und Gesundung nimmt die Form einer aufwärtsführenden Spirale an (siehe Abb. 7). Während Sie ein Stadium nach dem anderen durchlaufen, werden Sie immer wieder denselben Themen begegnen, aber auf höheren Stufen des Verstehens und Bearbeitens. Wo Sie anfangs die grundlegendsten Definitionen benötigten, erkennen Sie jetzt auch die Nuancen. Das Leben scheint einen immer wieder vor dieselben Fragen zu stellen. Aber wenn Sie an Ihrer Selbstfindung arbeiten, werden Sie diese Fragen mit einer neuen Tiefenschärfe und in einer ungewohnten Komplexität wahrnehmen. Fortschritt bedeutet, eine neue Stufe der Selbsterforschung zu erreichen, nicht »sich hinzubiegen« oder ein bestimmtes Problem ein für allemal loszuwerden.

Das Zwölf-Stufen-Motto »Fortschritt, nicht Vollkommenheit« beschreibt den Prozeß der sexuellen Genesung zutreffend. Ihr Ziel in der sexuellen Gesundung ist nicht, eine vollkommene Geliebte zu werden, sondern sich zunehmend die Rolle bewußtzumachen, die die Sexualität in Ihrem Leben spielt. Sie wollen Ihre Fähigkeit entwickeln, Ihre sexuellen Gefühle zu erkennen und in Einklang mit Ihnen zu handeln. Im Laufe dieses Prozesses werden Sie anfangen, sich als Mensch zu akzeptieren: Manchmal machen Sie zu, wenn Sie offen sein wollen; manchmal erheben Sie unangebrachte sexuelle Ansprüche auf die Menschen, die Sie lieben; manchmal lassen Sie sich die Gelegenheit entgehen, Ihre Zuneigung durch sexuelle Berührungen zu zeigen. Aber wenn Sie auf der Spirale zu größerem Verständnis aufsteigen, werden Sie auch anfangen zu bemerken, wann Sie für sich selbst und Ihren Partner wirklich da waren; wann Sie Ihren Körper und den Körper derer, die Sie lieben, mit Respekt und Zuneigung behandeln; wann Sie sich einfach selbst lieben, weil Sie so sind, wie Sie sind.

Die sexuelle Selbstentdeckung ist kein stilles Meer, über das Sie dahingleiten wie ein Ozeanriese. Sie werden Ihre Höhen und Tiefen erleben. Aber während des Genesungsprozesses haben Sie im Gegensatz zum Stadium der Abhängigkeit Hoffnung. Sie wissen, daß Sie ihre sexuellen Verhaltensmuster verändern können, weil Sie es bereits getan haben. Die Hoffnungslosigkeit der Sucht ist nicht länger Ihre ständige Existenzform. Und in dem Maße, wie Sie Hoffnung schöpfen, gewinnen Sie auch an Ich-Stärke.

Die Kraft der Veränderung

Frauen fällt es oft schwer – ja es macht ihnen sogar angst –, sich mit der Frage ihrer persönlichen Macht auseinanderzusetzen.

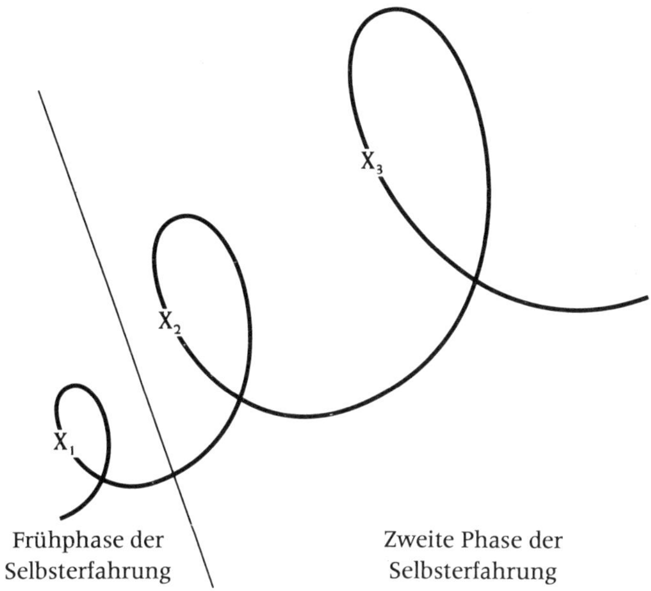

X = Aspekte des sexuellen Mißbrauchs

X_1 = Die Betroffene lernt, daß es eine Skala des sexuellen Mißbrauchs gibt, die erzwungenen Geschlechtsverkehr einschließt, aber sich nicht darauf beschränkt; sie empfindet körperliches Mißbehagen, es treten aber keine deutlichen Erinnerungen auf.

X_2 = Erinnerungen kehren zurück; körperliche Reaktionen wie Übelkeit – zusammen mit Angstzuständen – können bei der Besprechung der sexuellen Vorgeschichte auftreten.

X_3 = Die Betroffene ist imstande, sich zu ihrem sexuellen Trauma zu bekennen; frühere Erfahrungen und Gefühle können deutlicher von gegenwärtigen unterschieden werden.

Anmerkung: Dies ist ein hypothetischer Fall, ein Beispiel. Die Gefühle und Erfahrungen anderer decken sich niemals völlig mit Ihren eigenen. Wie mit Fragen des – früheren oder gegenwärtigen – sexuellen Mißbrauchs in der Selbsterfahrung umgegangen wird, variiert stark nach den individuellen Umständen und den Chancen zur Veränderung, den verfügbaren Hilfsmitteln und der Unterstützung, die der Betroffenen zur Verfügung stehen.

Abb. 7 Die Aufwärtsspirale der Genesung von sexuellem Mißbrauch

Die Gesellschaft sagt uns, daß Frauen keine Macht haben sollten; diese sei das Vorrecht der Männer. Diese gesellschaftliche Mißbilligung ermutigt Frauen nicht, nach Macht zu streben. Tatsächlich wird eine mächtige Frau oft als unweiblich, als Schlampe, Xanthippe oder mit anderen, gleichermaßen schmähenden Begriffen bezeichnet. Diese falsche Sicht basiert auf einem völligen Mißverständnis der Bedeutung persönlicher, machtvoller Kraft. Wenn wir als Frauen wirklich erstarken wollen, müssen wir zunächst versuchen, das Phänomen Macht zu verstehen.

Männer und Geld

Männer als Gruppe haben mehr Macht als Frauen, insbesondere ökonomische Macht. Sie verdienen mehr Geld, ihnen steht eine größere Palette von Berufen offen, und sie sitzen als Entscheidungsträger fest im Sattel. Die Gesellschaft mißt Macht in Kategorien wie Geld, Status, Prestige und der Fähigkeit, über Menschen und Ressourcen zu verfügen, und Frauen besitzen von all dem weniger als Männer.

Die Statistiken sprechen eine deutliche Sprache. Die Gehälter der Frauen liegen sowohl in den Vereinigten Staaten als auch in Europa immer noch 25 bis 40 Prozent unter dem Einkommen von Männern. Über 75 Prozent der Armen in den USA sind alleinstehende Frauen und deren Kinder. Obwohl Frauen in gutbezahlten Bürojobs inzwischen stärker in Erscheinung treten, sind wir doch immer noch am stärksten in den sechs schlechtest bezahlten Berufen zusammengedrängt: im Einzelhandel, in Sekretariats-, Büro- und Hausarbeit, in der Gastronomie und im Dienstleistungsgewerbe. Männer mit High-school-Abschluß verdienen im Schnitt mehr als College-Absolventinnen.

Dieser Mangel an Wirtschaftskraft veranlaßt Frauen, in Ehen auszuharren, die sie sexuell oder emotional nicht länger befriedigen, oder bei gewalttätigen und rücksichtslosen Männern zu bleiben. Diese Frauen wissen, daß es sogar gebildeten alleinerziehenden Müttern der Mittelschicht schwerfällt, eine Betreuung der Kinder zu finanzieren, während sie arbeiten. Es liegt somit auf der Hand, daß unsere ökonomischen Optionen unsere Entscheidungen bezüglich sexueller Beziehungen in einer Weise prägen und beeinflussen, die für Männer nicht zutrifft.

Der Mut zu handeln

In unserer Gesellschaft hat Macht oft die Bedeutung von »Macht über«, z.B. die Fähigkeit, andere zu beherrschen. In der Geschichte hat sich diese Macht stets auf physische Übermacht und Gewalttätigkeit gestützt.

Als sich die Frauen in der gegenwärtigen Gesellschaft deutlicher ihres Bedürfnisses nach Stärkung bewußt wurden, haben sie sich gleichzeitig von den traditionellen Formen der Macht über andere abgewandt – Hierarchie, Autorität, Körperkraft und Gewalttätigkeit. Statt dessen haben viele Frauen nach neuen Definitionen von Macht gesucht, die ihren Wertvorstellungen besser entsprachen.

Dr. med. Jean Baker Miller zählt zu jenen, die auf eine neue und angemessene Definition von Macht Wert legen:

> Meine eigene vorläufige Definition von Macht ist die Fähigkeit, einen Wandel herbeizuführen – das heißt, irgend etwas von Punkt A nach Punkt B zu bewegen bzw. von Zustand A in Zustand B umzuwandeln. Dazu kann sogar die Bewegung der eigenen Gedanken oder Gefühle zählen; manchmal ein sehr machtvoller Akt. Es kann auch Handlungen einschließen, um auf zwischenmenschlichem Gebiet Dinge in Bewegung zu setzen oder auch in größeren Zusammenhängen wie im wirtschaftlichen, gesellschaftlichen und politischen Bereich zu handeln.*

Wenn wir Macht in männlichen Kategorien definieren – als Körperkraft und die Fähigkeit zu beherrschen –, dann fehlt sie

* Jean Baker Miller, »Women and Power«, *Work in Progress* ... 1 (Wellesley, M.A.: Stone Center Working Papers Series, 1982), 2.

uns. In unserer Fixierung auf männliche Macht haben wir uns jedoch die Realität der weiblichen Erfahrungen entgehen lassen. Wir müssen unser eigenes Leben betrachten, um zu erkennen, welche Stärken gerade uns auszeichnen. Ich stimme Dr. Millers Feststellung zu, daß »der erste Schritt [zur Ich-Stärkung] tatsächlich darin besteht, zusammenzusein und miteinander zu sprechen, Dinge miteinander zu klären und zu überprüfen und einander so weit zu unterstützen wie nur möglich; daraus entspringt Handeln für uns selbst und unsere Kinder«.

Selbsterfahrung hat mit dem Wunsch nach Veränderung zu tun. Bei der sexuellen Selbstfindung geht es um Ich-Stärkung. Beides erfordert den Entschluß, Wahlmöglichkeiten zu erkunden und namhaft zu machen, sich der eigenen Optionen bewußt zu werden. Sobald Ihre Bewußtheit zunimmt und Sie besser in der Lage sind, Ihre eigenen Bedürfnisse zu erfüllen, können Sie Ihre Fähigkeit steigern, zu agieren, statt zu reagieren. Sie stärken Ihre persönliche Macht in dem Maße, wie Sie Ihre Fähigkeit entfalten, Veränderungen herbeizuführen.

1974 veröffentlichte die Sexualforscherin Shere Hite das erste Konvolut der Reaktionen von Frauen auf einen sexuellen Fragebogen, *Sexual Honesty by Women for Women*. Zum erstenmal hatten Frauen dort die Chance zu berichten, was sie sich wünschen und was sexuell für sie funktioniert. Seit damals hat Hite zwei weitere Bücher mit Selbstbeobachtungen von Frauen veröffentlicht. Andere Frauen, darunter Lonnie Barbach und Betty Dodson, haben Workshops über Masturbation und Orgasmus abgehalten und Bücher darüber geschrieben. Betty Whipple hat als erste über den G-Punkt und die weibliche »Ejakulation« berichtet.

In größeren Städten der Vereinigten Staaten haben Frauen Läden eröffnet, in denen Sexspielzeug und Erotika angeboten werden. Tatsächlich haben Frauen angefangen, ihre eigene erotische Literatur zu schreiben, darunter der Bestseller *Ladies' Own Erotica* von der Kensingtoner Ladies Erotica Society. Frauen sind heute insgesamt bereit zu sexuell aktivem Verhalten, vermehrt bereit, für ihre sexuellen Bedürfnisse und Wünsche einzutreten und Beziehungen zu verlassen, die ihren Bedürfnissen nicht genügen.

Erlernte Hilflosigkeit

Bei der Erörterung der Frühphase der Selbsterfahrung sind wir auf die Folgen der Sozialisation für unsere sexuelle Identität eingegangen. Das Faktum als solches, daß wir über Ich-Stärkung sprechen und ihre Notwendigkeit erklären mußten, läßt erkennen, daß die Gesellschaft Frauen buchstäblich zur Hilflosigkeit erzieht. Diese erlernte Hilflosigkeit bereitet Frauen darauf vor, ein Leben mangelnden Erfolgs, unzureichender. Beschäftigung und persönlicher und sexueller Enttäuschung als das ihnen Zustehende hinzunehmen.

Als Mädchen werden wir – mehr oder weniger subtil – dafür belohnt, hilflos zu werden und hinsichtlich der Erfüllung unserer Bedürfnisse von anderen abzuhängen. Wir lernen zu erwarten, daß andere Entscheidungen treffen, uns beschützen und die Richtung bestimmen, die unser Leben einschlagen soll. In sexueller Hinsicht lernen wir, es anderen zu überlassen, wo wir bei einer Verabredung hingehen, uns einen Heiratsantrag zu machen und uns zum Orgasmus zu bringen. Dieses Verhaltensmuster ist infantilisierend, und es kann uns unfähig machen zu wissen, wie wir unsere täglichen Bedürfnisse befriedigen können. Außerdem hindert es uns daran, das Repertoire ausgewogener Reaktionen zu entwickeln, welches entsteht und bereichert wird, indem wir Entscheidungen treffen, unsere Meinung ändern und uns weigern, die Wahrheit anderer bzw. deren Stimme als unsere eigene zu akzeptieren.

Veronica ist ein Beispiel einer Frau, deren erlernte Hilflosigkeit ihr gute Dienste zu leisten schien. Die destruktive Wirkung dieser Hilflosigkeit zeigte sich erst, als sie zum erstenmal gezwungen war, allein zu leben. Veronicas Weg der Selbststärkung begann erst in der Mitte ihres Lebens. Als ihr alkoholabhängiger

Mann auszog, lebte sie allein in dem Haus weiter, das sie zuvor geteilt hatten. Die kleinen Aufgaben des täglichen Lebens, die sie immer ihrem Mann überlassen hatte, wuchsen ihr plötzlich über den Kopf. Für sich genommen war jede einzelne trivial. Aber zusammen waren sie überwältigend.

»Ich lebe jetzt zum erstenmal im Leben allein, und ich bin sicher, daß ich es schaffe. Ich arbeite in einem Labor, wo ich mit Viren zu tun habe. Ich bin sehr tüchtig in meiner Arbeit – ich muß es sein. Nun, das erste, was passiert, ist, ich habe einen Platten. *Ich* weiß nicht, wie man einen Reifen wechselt; das hat immer mein Mann getan. Ich öffnete den Kofferraum, um den Reservereifen herauszuholen, aber es war keiner da. Ich wußte, daß da irgendwo einer sein mußte, und geriet in Panik. Schließlich hielt ein junger Mann an, um mir zu helfen, und er fand ihn sofort – unter dem Auto, schön unsichtbar versteckt. Ich war zwar dankbar für seine Hilfe, aber ich fühlte mich wirklich bescheuert. Schließlich war das mein eigenes Auto!

Ein paar Wochen später mußte ich den Rasen mähen. Gut. Ich hole den Rasenmäher heraus, und dann wird mir klar, daß ich nicht weiß, wie man das verdammte Ding startet. Zieht man bloß an dieser Schnur, oder muß man zuerst einen Knopf drükken? Ich hatte wirklich Angst, daß er explodieren könnte, wenn ich etwas falsch machte. Ich stand da und glotze ihn so lang an, bis mir mein Nachbar schließlich anbot, ihn für mich zu starten.

Inzwischen zweifle ich immer mehr an meiner Kompetenz. Eines Abends gehen die Lichter aus, der Fernseher ist aus, alles ist aus. Ich schaue auf die Straße hinaus und sehe, daß bei den Nachbarn die Lichter brennen, es muß also eine Sicherung sein. Eine Sicherung! Wo ist der Sicherungskasten? Kann man einen tödlichen Stromschlag erhalten, wenn man da was anfaßt? Bei der Vorstellung ergriff mich schließlich eine solche Lähmung, daß ich zu Bett ging.

Dann wurde ich krank. Ich war so krank, daß ich nicht aufstehen konnte. Ich wollte den Arzt anrufen, aber das Telefon war in der Küche, und mein Mann war nicht da, um für mich anzurufen. Ich lag einfach da und schluchzte. Ich hatte das Gefühl, sterben zu müssen, bloß weil ich kein Telefon im Schlafzimmer hatte.

Das war die Wende. Ich hatte den Tiefpunkt erreicht. Ich vergegenwärtigte mir mein Leben. Ich machte mir klar, daß ich mich in allen Dingen auf meinen Mann verlassen hatte. Ich konnte keinen Reifen wechseln, und ich konnte mein eigenes Leben nicht retten. Man hat mich nie dazu ermutigt, Dinge selbst in die Hand zu nehmen. Warum sollte ich mir die Mühe machen, es zu lernen? Es würde immer ein Mann dasein, der sie für mich tat.

Als ich mit meinen Brüdern aufwuchs, hätte ich mit ihnen zusammen lernen können, mich im Haus nützlich zu machen, aber ich tat es nicht. Ich war ein Mädchen. Ich wurde ermutigt, Hilfe zu brauchen und darum zu bitten, als mir etwas von Natur aus Zustehendes. Es war mir einfach nie eingefallen, die Dinge selbst zu tun. Wahrscheinlich so, wie meine Brüder nicht imstande waren, Wasser zu kochen oder Wäsche zu waschen.

Und in gewisser Weise werde ich immer noch dafür belohnt, nicht zu wissen, wie man etwas macht. Es ist leichter, einen Mann um Hilfe zu bitten, als zu lernen, etwas selbst zu tun. Und es ist gesellschaftlich hundertprozentig akzeptabel. Niemand wird sich über mich lustig machen, weil ich nicht draufkomme und es selbst tue. Im Gegenteil, der Mann wird sich geschmeichelt und unentbehrlich fühlen. Er wird sich darum reißen, die Aufgabe zu lösen.«

Diese Serie von Erlebnissen veranlaßte Veronica, wirklich darüber nachzudenken, wie und wo sie ihre Hilflosigkeit erlernt hatte. Bei näherer Überlegung wurde ihr bewußt, daß sie genauso hilflos in bezug auf ihre persönlichen Finanzen und ihre Versicherung war wie in bezug auf technische Geräte. Und bei ihren sexuellen Begegnungen ging sie davon aus, daß ihre Partner mit Kondomen ausgestattet und frei von Krankheiten sein würden. Im Laufe ihrer persönlichen Entwicklung erkannte sie jedoch, daß sie nicht so weitermachen konnte. Obwohl sie eine erwachsene Frau war, mußte sie erst lernen, für sich selbst zu sorgen.

Erlernte Hilflosigkeit wird durch Mißhandlung und Mißbrauch in der Kindheit noch verschlimmert. Frauen, die als Kinder drangsaliert wurden, lernen, daß sie nicht fähig und nicht berechtigt sind, sich physisch und emotional zu schützen. Sie wachsen in dem Glauben auf, emotionales, körperliches und sexuelles Mißhandelt- und Mißbrauchtwerden sei normal, und sie gewöhnen sich an den Gedanken, nicht geschätzt, geliebt und beschützt zu werden. Die Folge ist, daß sie nur geringe Erwartungen an das Erwachsenenleben stellen.

Frauen, die auf diese Weise zum Opfer gemacht wurden, haben nur eine geringe Kenntnis davon, wie sie die Bedingungen schaffen könnten, um aus der Opferrolle herauszukommen. Sie nehmen das Leben als etwas wahr, das ihnen zustößt, und empfinden die Welt als einen angsterregenden Ort, wo sie Ereignissen ausgeliefert sind, die sich ihrer Kontrolle entziehen. In sexueller Hinsicht spielen sie diese erlernte Hilflosigkeit aus, indem sie von anderen erwarten, die Initiative zu ergreifen, ihnen einen Orgasmus zu bereiten und zu wissen, wie man sie befriedigt.

Alkohol- und medikamentenabhängige Frauen, die an Zwölf-Stufen-Gruppen teilgenommen haben, wissen, daß einer der ersten Schritte auf dem Weg zur Nüchternheit darin besteht, ihre bisherige Machtlosigkeit gegenüber den Objekten ihrer Sucht einzugestehen. Aber paradoxerweise erkennen sie gleichzeitig auch zum erstenmal ihre eigene persönliche Kraft: die Kraft, Entscheidungen zu treffen, einschließlich der Entscheidung, nicht zum Suchtverhalten zurückzukehren. Indem sie jene Bereiche loslassen, in denen sie wahrhaft machtlos sind, schaffen sie Raum für die Bereiche, in denen sie echte Macht haben. Dies gilt auch für ihre sexuelle Regeneration.

Sexuelle Regeneration bedeutet, daß Sie sich von ihrer erlernten Hilflosigkeit im Bereich der Sexualität befreien. Es bedeutet, davon abzurücken, sich selbst als Opfer zu betrachten. Sobald Sie in inneren Kontakt mit den Leiden kommen, die man Ihnen als Kind zugefügt hat, mit Ihren Schuldgefühlen wegen früheren Verhaltens, mit Ihrer Scham, so zu sein, wie Sie sind, können Sie Ihre Machtlosigkeit gegenüber den äußeren Umständen erkennen und zugeben, welche diese Situationen herbeiführten. Die Anerkennung Ihrer Machtlosigkeit – so überwältigend, schmerzhaft und schwierig das sein mag – wird Sie befreien und Ihnen ermöglichen, Ihre Kräfte zu entfalten und die Verantwortung dafür zu übernehmen, Ihr jetziges Leben so zu gestalten, wie Sie es wollen.

Theresa fand die Vorstellung sexueller Autorität komplex und verwirrend. »Ich habe mit diesem Problem seit Monaten in der Therapie gerungen. Im tiefsten Inneren fühlte ich mich irgendwie dafür verantwortlich, daß der Freund meiner Mutter über mich hergefallen ist. Vielleicht hätte ich ihn daran hindern können, oder ich hätte entschiedener ›nein‹ sagen müssen ...

Ich bilde mir gern ein, daß ich mein Leben im Griff habe. Es war einfach zu schmerzhaft, dieses Gefühl, nicht imstande gewesen zu sein, mich selbst zu beschützen. Irgendwie war es mir lieber, mich für mitverantwortlich zu halten, als zuzugeben, daß ich wirklich machtlos gegenüber seinen Handlungen war.

Allmählich habe ich angefangen mir einzugestehen, daß ich alles getan habe, um mich zu schützen, aber daß nichts gewirkt hat. Er war größer und stärker. Ich war ein Kind, und er war ein Erwachsener. Diese Erkenntnis war befreiend und hat es mir ermöglicht zu lernen, wie ich mich jetzt besser schützen kann. Solange ich dachte, ich sei für den Mißbrauch in meiner Kindheit verantwortlich, habe ich mich auch als Erwachsene zum Opfer machen lassen. Sobald ich losließ und meine damalige Machtlosigkeit akzeptierte, fing ich an, stärker zu werden. Ich hörte auf, mich wie ein Opfer zu verhalten, und fing an, die Verantwortung für mein Leben zu übernehmen – einschließlich meiner sexuellen Beziehungen.«

Als Theresa ihre kindliche Machtlosigkeit akzeptierte, gelang es ihr, sich in bezug auf ihre Vergangenheit zu verzeihen, sowohl was Ereignisse betrifft, die sie nicht hatte verhindern können, als auch in den Fällen, wo sie die Autorität nicht ausübte, die sie hatte. Ebenso wie Theresa können Sie, wenn Sie sich verzeihen, anfangen, die Verantwortung für Ihren gegenwärtigen Zustand zu übernehmen. Sie können Wiedergutmachung leisten, wo es angebracht ist, und lernen, auf Ereignisse bewußt zu reagieren. Sie können akzeptieren, daß Sie Wahlmöglichkeiten haben, selbst wenn diese beschränkt sind, und daß Sie sie ausüben können. Sie können Ihre Macht annehmen, auf Ereignisse, über die Sie keine Kontrolle haben, anders als bisher zu reagieren.

Sex als Tauschobjekt

Wenn Sie anfangen, sich wieder Ihrer persönlichen Stärke zu vergewissern, ist es wesentlich, sich anzuschauen, ob und wie Sie Ihre Sexualität dazu benutzt haben, um sich das Suchtmittel Ihrer Wahl zu beschaffen. Vielleicht haben Sie das bewußt getan, wie es Theresa mit ihrem Freund, dem Drogenhändler, machte. Oder Sie haben es unbewußt getan, etwa, indem Sie Männern gestatteten, Sie in Lokalen zu Drinks einzuladen. Oder vielleicht haben Sie Männern gestattet, Sie auszuführen und Geld für Sie auszugeben, in der Hoffnung, daß sie sich in Sie verlieben und Sie durch eine Heirat finanziell absichern würden.

Frauen, denen wirtschaftliche Macht fehlt und die durch ihre erlernte Hilflosigkeit behindert sind, greifen fast natürlicherweise auf ihre Sexualität als eine Form von Zahlungsmittel zurück. Die meisten Frauen wurden von ihren männlichen Freunden mit Drogen und Alkohol bekannt gemacht. Im Gegensatz zu Männern, die sich im allgemeinen ihre Drogen und den Alkohol von ihrem eigenen Geld kaufen (oder Geld stehlen, um Drogen zu kaufen), lassen sich viele Frauen noch lange nach ihrem Erwachsenwerden von Freunden, Liebhabern und Ehemännern mit Alkohol und Drogen versorgen.

Nachstehend einige der Methoden, wie Frauen ihre Sexualität gegen Stoff eintauschen:

- Viele Frauen gehen bloß deshalb mit Männern oder Frauen aus, weil sie wissen, daß man sie zu Parties mitnehmen wird, wo es Drogen und Alkohol gibt, oder in Restaurants, wo sie trinken können.
- Viele Frauen unterhalten Beziehungen zu Personen, die ihnen nicht viel bedeuten, um an den Stoff ihrer Wahl zu kommen.
- Manche Frauen werden Groupies von reichen oder berühmten Leuten oder von Dealern.
- Viele Frauen bleiben mit Männern verheiratet, die sie nicht wirklich lieben oder respektieren, damit sie weiterhin trinken und Drogen nehmen können und ihr Unterhalt dabei gesichert ist.
- Manche Frauen gewähren ihre sexuelle Gunst direkt gegen Geld, um sich Alkohol und Drogen zu kaufen.

All dies sind Akte der Prostitution: wenn man seine Sexualität benutzt, um sie gegen etwas anderes einzutauschen. Häufiger, als wir es zugeben wollen, tauschen wir unsere Sexualität – das einzige Tauschobjekt, das alle Frauen besitzen – gegen den Stoff unserer Wahl. Die häufigste Form von Prostitution, auf die sich medikamenten- und beziehungsabhängige Frauen einlassen, ist, um der finanziellen Sicherheit willen bei Partnern zu bleiben, die sie nicht lieben.

Nancy, eine Alkoholikerin auf Entzug, war zwölf Jahre lang mit Dan verheiratet gewesen. Sobald sie ein Jahr trocken war, ließ sie sich von Dan scheiden und bekam die Kinder, zwei Mädchen und einen Jungen, zugesprochen. Sie sehen ihr sehr ähnlich – feingliedrig, dunkelhaarig und attraktiv. Nancy ist charmant und überschwenglich, sie hat ständig ein Lächeln bereit, aber die tiefe Traurigkeit ihrer dunklen Augen zeugt von Jahren der Belastung.

»Ich habe gleich nach Abschluß meines Studiums geheiratet, teils, weil mich die Familie unter Druck setzte, teils, um mit meiner jüngeren Schwester Schritt zu halten, die im Sommer zuvor geheiratet hatte, und teils – denke ich –, weil ich niemals selbständig gewesen war. Meine Eltern hatten mein Studium einschließlich der Wohnungen finanziert, und ich wußte, daß ich mich nicht im gleichen Stil erhalten konnte, den mir meine Familie geboten hatte.

Dan, mein Mann, war ein paar Jahre älter als ich, bereits als Anwalt etabliert und gewillt, sich niederzulassen und eine Familie zu gründen. Er war genau die Art von Mann, den sich meine Familie für mich wünschte – er war genau wie sie, obere Mittelschicht bis in die Knochen. Er hatte einen guten Job, er war erfolgreich, er ging gern in gute Restaurants, er war gut gekleidet, er würde mir ein sicheres und ruhiges Haus am Stadtrand kaufen. Es schien alles vollkommen.

Was niemand wußte, war natürlich, daß ich seit meinem ersten Jahr im College stark getrunken hatte. Ich war in einer Studentinnenverbindung, und Trinken war ein gesellschaftlich völlig akzeptables Party-Verhalten. Aber ich hatte von Anfang an Blackouts gehabt. Verheiratet zu sein war in bezug auf das Trinken ideal für mich. Ich fühlte mich sicher; ich konnte zu Hause von der Cocktail-Stunde an trinken, ohne mir Sorgen zu machen, was geschehen würde. Obwohl ich auch weiterhin Blackouts hatte, dachte ich, jeder, der trinkt, vergißt Dinge.

Das eigentliche Problem war, daß ich schon einen Monat nach der Heirat wußte, daß ich einen Fehler gemacht hatte. Dan und ich paßten sexuell einfach nicht zusammen, und die Folge war, daß wir über alles stritten. Das einzige, was uns zusammenhielt, war, daß wir die gleichen Freizeitbeschäftigungen mochten.

Ich lebte also in einem Vorort von Chicago, trank zu mittag Wein und trank dann weiter von der Cocktail-Stunde bis zur Schlafenszeit. Ich wußte, daß ich unglücklich war, aber ich hätte es nicht ertragen, geschieden und eine Trinkerin zu sein. Dann wurde ich natürlich prompt ungeplant schwanger. Und mehr als einmal. Dan und ich bekamen in weniger als vier Jahren drei Kinder.

Die Tatsache, diese kleinen Kinder zu haben, um die ich mich kümmern mußte, hat es mir so gut wie unmöglich gemacht, aus der Ehe auszubrechen. Sicher, ich wußte, daß ich für meine Kinder nicht wirklich da war, speziell abends. Ich legte sie, so früh ich konnte, zu Bett und verließ mich völlig auf Dan, auf nächtliche Traumata und Bitten der Kinder zu reagieren. Ich wußte, daß ich, wenn wir geschieden wären und etwas schiefginge, nicht funktionsfähig wäre. Um sieben Uhr abends war ich bereits zu beschwipst, um mit irgendwelchen Problemen fertig zu werden. Ich hatte Angst. Ich wußte, daß ich, solange ich so trank, in einer Krise nicht auf mich zählen konnte.

Dan äußerte nie irgendeine Unzufriedenheit mit der Ehe. Ich war attraktiv, gut gekleidet, gesellschaftlich versiert, und andere Leute hielten mich für eine gute Mutter. Unsere Kinder brachten in der Schule gute Leistungen, sie waren bei den Pfadfindern und taten sich bei vielen Schulsportarten hervor. Wir führten ein geselliges Leben und gingen mit anderen Paaren segeln. Ich machte mich nach außen hin gut und war die Art von Frau, die Dan sich wünschte. Ich half ihm, die Art von Leben zu führen, das er führen wollte. Zu Hause war alles geregelt, so daß er sich mit allen Kräften auf seine Anwaltspraxis konzentrieren konnte.

Aber hinter der Fassade lief es nicht so doll. Mit unserer Beziehung ging es weiter bergab, und unsere alkoholisierten Kräche wurden wirklich gemein und bösartig. Ich wußte, daß ich nicht glücklich war und bloß bei ihm blieb, weil ich Angst hatte, daß ich ohne ihn nicht für die Kinder würde sorgen können. Ich drohte ständig, ihn zu verlassen, aber machte es kein einziges Mal wahr.

Schließlich erreichte ich meinen Tiefpunkt, rief die Anonymen Alkoholiker an und ging zu einem Treffen. Ich bekam eine Sponsorin und blieb mit einem einzigen Rückfall trocken. Aber ich wußte, daß ich aus der Ehe heraus mußte; ich war gefühlsmäßig nie wirklich drin gewesen – nicht einmal am Anfang. Ich erkärte Dan, daß man mir bei AA geraten habe, während des ersten Jahres keine einschneidenden Änderungen vorzunehmen, daß ich aber nach Ablauf des Jahres die Tür hinter mir zumachen würde. Damals wußte ich schon, daß ich es schaffen würde, allein für die Kinder zu sorgen, wenn es auch schwierig war. Ich war abends nicht mehr betrunken; ich konnte jetzt verantwortungsbewußt handeln.

Zum Glück haben mir meine Eltern geholfen, und bei der Scheidung bekam ich die Hälfte des Besitzes zugesprochen. Ich blicke jetzt zurück und erkenne, wie viele Jahre ich in einer Ehe geblieben bin, weil ich nicht aufhören konnte zu trinken. Ich frage mich, wie es Frauen ohne finanziellen Rückhalt je schaffen, fortzugehen. Ich möchte wissen, wie viele von ihnen immer noch bei Männern sind, die sie nicht lieben. Ich bin nicht stolz auf das, was ich getan habe. Ich habe Dan benutzt, und ich habe mich selbst benutzt. Er hat die richtige Art von Frau gekriegt, und ich durfte trinken, ohne mich den Folgen zu stellen. Vielleicht war es keine Prostitution im herkömmlichen Sinn, aber es war trotzdem Prostitution.«

Nancy mußte arbeiten, um ihr Leben wieder in den Griff zu kriegen. Sie mußte lernen, ihre Kinder allein großzuziehen und ihre eigenen Bedürfnisse direkt und ohne Alkohol zu erfüllen. Anfangs war sie wütend, daß sie trotz ihres Kunstgeschichtestudiums nur Angebote für Sekretärinnenstellen erhielt, aber sie gab nicht auf.

Nancy lernte in diesen Jahren, Mitgefühl für sich selbst zu empfinden. Sie hatte ihre Fähigkeit, eine »brave« Ehefrau zu sein, gegen die Freiheit eingetauscht, trinken zu können. In der Selbsterfahrung begann sie, Stolz auf ihre Fähigkeit zu entwikkeln, neue Fertigkeiten zu erwerben, und sie nahm verschiedenste Arbeiten an, um herauszufinden, was ihr wirklich Spaß machte. Allmählich söhnte sie sich mit ihrer Vergangenheit aus und lernte, sich zu verzeihen. Nach mehreren Jahren der Abstinenz nahm sie eine Stelle in einem Frauenhaus an und begann eine Ausbildung in Alkoholismusberatung.

Nancy wußte, daß es schwierig ist und angst macht, ein ehrliches Leben zu führen. Sie wußte, wie lange sie gebraucht hatte, um den Sprung zu wagen, und sie hatte besonderes Verständnis für die Frauen, die im Frauenhaus Zuflucht suchten. So viele von ihnen kehrten immer wieder zu ihren prügelnden Ehemännern zurück, aber einige davon entschieden sich dagegen. Nancys Einsicht und Ermutigung waren unerhört hilfreich, sowohl für die Frauen als auch für sie selbst. Sie kannte die Kämpfe und die Kompromisse, die durchgearbeitet werden mußten, um ehrlich zu leben.

Der Weg des Wachstums, die aufwärtsführende Spirale, ist immer ein Weg, der einem tägliche Entscheidungen abverlangt. Sich für die Entziehungskur zu entscheiden heißt, den bewußten Weg der Selbststärkung zu wählen. Das ist niemals leicht oder rasch zu erreichen. Einen Schritt nach dem anderen zu tun und anderen zu erlauben, einen bei diesen Wachstumsschritten zu unterstützen, trägt seinen eigenen Lohn in sich in einem Gefühl des Wohlbefindens und einer wachsenden Hoffnung auf weitere Entfaltung.

9. Kapitel

Persönliche Stärke wählen

> Wovor habe ich mich je gefürchtet? Zu fragen oder zu sprechen, wie es mir richtig schien, hätte Leiden oder Tod bedeuten können. Aber wir alle leiden ständig auf so viele verschiedene Weisen, und der Schmerz wird sich entweder verändern oder aufhören ... Und ich begann, eine Quelle der Stärke in mir zu entdecken, die aus dem Wissen stammt, daß ich es zwar vorziehen würde, mich nicht zu fürchten, daß es mir aber große Kraft gibt, wenn ich lerne, meine Furcht zu relativieren ... Mein Schweigen hatte mich nicht beschützt. Ihr Schweigen wird Sie nicht beschützen.
>
> Audre Lorde, *Sister Outsider*

Wir hindern uns selbst auf vielerlei Weisen daran, unsere eigene Kraft zu nutzen, aber drei davon kommen am häufigsten vor: indem wir uns für unser früheres Verhalten schuldig fühlen, indem wir für unser Mißhandelt- und unser Mißbrauchtwerden in der Kindheit die Verantwortung übernehmen und indem wir uns mit unserem Kern von Scham identifizieren. Wenn Sie sich entscheiden, in diesen Bereichen etwas zu verändern, dann machen Sie einen positiven Schritt auf dem Weg zur Selbststärkung.

Schuldgefühle überwinden

Schuldgefühle betreffen Verhaltensweisen. Wir fühlen uns schuldig, wenn wir das Gefühl haben, unsere eigenen Wertvorstellungen verletzt zu haben, wenn wir das Gefühl haben, etwas getan zu haben, das gegen all das verstößt, wofür wir uns halten bzw. wer wir nach unserer Meinung sein sollten. Schuldgefühle begleiten auch Gefühle der Reue und des Bedauerns über etwas, das wir getan haben. Am häufigsten fühlen wir uns schuldig in bezug auf etwas, von dem wir glauben, es jemandem zugefügt zu haben; Schuldgefühle betreffen also unser Verhalten gegenüber anderen und unsere Gedanken und Gefühle in bezug auf andere. Wenn wir uns schuldig fühlen, können wir nicht in der Gegenwart leben, weil wir bei etwas klebenbleiben, was wir bedauern, in der Vergangenheit getan zu haben.

Bei Frauen im Alkohol- und Drogenentzug kommt es sehr häufig vor, daß sie mit Schuldgefühlen belastet sind, die mit sexuellen Dingen zusammenhängen. Wir leben in einer Gesellschaft, die dazu neigt, die Schuld bei den Opfern und nicht bei den Aggressoren zu suchen. Da Frauen und Kinder am häufigsten zu Opfern werden, verinnerlichen wir die Schuld und fühlen uns für Erfahrungen verantwortlich, die wir nicht verursachten. Substanzabhängige Frauen tragen eine zusätzliche Last. Suchtkranke Frauen werden als verwerflicher angesehen als suchtkranke Männer, deshalb verinnerlichen sie das Stigma und fühlen sich wegen ihrer Drogenabhängigkeit ebenso schuldig wie wegen der sexuellen Vorkommnisse, die sich während dieser Zeit ereigneten.

Frauen im Selbsterfahrungsprozeß empfinden typischerweise Schuldgefühle in bezug auf die folgenden sexuellen Erfahrungen: ihren Verstoß gegen ihre eigenen sexuellen Werte; sexuelles Verhalten in Gegenwart ihrer Kinder; Vergewaltigung oder andere aggressive Akte sexuellen Mißbrauchs, die geschahen, während sie tranken oder Drogen nahmen.

Selbstvermarktung

Sobald Sie Ihre sexuellen und chemischen Lebenskurven gezeichnet und das Beziehungsdiagramm ausgefüllt haben, werden Sie imstande sein, Ihre bisherigen sexuellen Erfahrungen zutreffend zu benennen. Als Sie sich erstmals über Ihre unbewußte Beteiligung an destruktiven Verhaltensweisen klar wurden, haben Sie sich vielleicht schuldig gefühlt. Jetzt, in der zweiten Phase des Prozesses, können Sie anfangen, sich die sexuellen Verhaltensmuster zu verzeihen, in denen Sie sich verstrickt hatten, und beginnen, sich zu verändern.

Der erste Schritt zum Wandel besteht darin aufzuhören, in Schuldgefühlen zu leben. Sie müssen den Entschluß fassen, die Macht der Vergangenheit über Sie zu brechen und in der Gegenwart zu leben. Dies bedeutet, die Verantwortung für die Folgen Ihrer Handlungen zu übernehmen, selbst diejenigen, die Sie begingen, während Sie aktiv tranken oder andere Suchtmittel konsumierten. Sie werden sich zu Verhalten, das anderen schadete, und Verhalten, das Ihnen selbst schadete, bekennen müssen und sollten versuchen, es wiedergutzumachen.

So haben Sie sich vielleicht die falschen Partner gewählt oder sich auf sexuelle Kontakte eingelassen, ohne es zu wollen. Vielleicht haben Sie in alkoholisiertem Zustand Dinge getan, die Sie nüchtern nicht getan hätten, wie Jackie, die ihren Kollegen auf dem Tanzparkett vor allen andern küßte. Ihre Aufgabe ist es, sich nicht zwanghaft mit diesen Vorfällen zu beschäftigen und sich deshalb immer wieder zu prügeln, sondern sich zu verzeihen und weiterzugehen in dem Bewußtsein, daß Sie jetzt klügere Entscheidungen treffen können und dazu bereit sind.

Vielleicht empfinden Sie auch Schuldgefühle, weil Sie irgendeine Form Ihrer Sexualität – Ihre Attraktivität, Ihre Fähigkeit, eine gute Ehefrau zu sein, Ihre Bereitschaft zu Sex – gegen Alkohol, Drogen oder Geld eingetauscht haben. Im Laufe Ihres Entzuges werden Sie so wie Nancy die Verantwortung dafür übernehmen müssen, andere Wege zu Geld und persönlicher Stärke zu entwickeln. Dazu zählt, daß Sie sich die nötige Bildung und berufliche Qualifikation verschaffen, um sich und Ihre Kinder zu erhalten.

Alkoholkranke Mütter sind in einer Gesellschaft, die das Wohl der Kinder fast ausschließlich in die Hände von Frauen legt, besonders stigmatisiert. Die Begriffe, die wir mit Alkoholismus assoziieren – verantwortungslos, laut, aggressiv, promiskuitiv, unberechenbar, gewalttätig, emotional unerreichbar – sind das genaue Gegenteil der Worte, die wir mit Mutterschaft verknüpfen: verantwortungsbewußt, ruhig, zärtlich, keusch, zuverlässig, beständig und zugänglich. »Alkoholabhängige Mutter« erscheint somit fast als Widerspruch in sich.

Substanzabhängige Mütter auf Entzug müssen sich über die Auswirkungen klarwerden, die ihre Sucht auf ihre Kinder hatte. Zu Beginn des Entzuges veranlassen die Schuldgefühle, die Mütter bezüglich des Umgangs mit ihren Kindern während ihrer Alkoholabhängigkeit empfinden, sie häufig dazu, jede Auswirkung ihres Trinkens auf ihr Verhalten als Mutter zu leugnen. Ich habe Frauen sagen hören: »Meine Kinder haben durch mein Trinken nicht gelitten – sie waren zu klein, um es mitzubekommen«, »Ich habe alles getan, was eine gute Mutter tut, und habe nie in ihrer Gegenwart getrunken« und »Meine Tochter kam an erster Stelle; ich habe genauso für sie gesorgt wie jede andere Mutter.« Keine dieser Aussagen ist völlig zutreffend. Kinder leiden zwangsläufig durch die Alkoholabhängigkeit ihrer Eltern, sosehr sich diese auch bemühen mögen, »vollkommen« zu sein.

Im Laufe des Entzuges gelingt es diesen Müttern besser, das Stadium der Verleugnung hinter sich zu lassen und die Folgen ihrer Erziehungstätigkeit ehrlich anzuschauen. Selbststärkung in bezug auf die Mutterrolle bedeutet, die Schuldgefühle zu überwinden und die Verantwortung dafür zu übernehmen, was in der Vergangenheit geschehen ist und was jetzt geschieht. Frauen, die sich von ihren Schuldgefühlen nicht befreien können, überkompensieren oft im Selbsterfahrungsprozeß und streben danach, vollkommene Mütter zu sein.

Da ist nur ein Haken: Um eine vollkommene Mutter zu sein,

müssen Sie vollkommene Kinder haben. Ihre Kinder werden unter ungeheuren Druck geraten, sich gut zu benehmen und nur positive Gefühle zu haben, damit sie ein gutes Licht auf Ihre Erziehungsleistungen werfen. Es wird ihnen nicht gestattet, menschlich zu sein und ihre volle Skala von Gefühlen und Verhaltensweisen zu äußern.

Dies ist eine aussichtslose Situation, für die Frau ebenso wie für die Kinder: Die Kinder werden immer versagen, weil sie als Menschen niemals vollkommen sein können. Die Mutter, die in ihrem Versuch, vollkommen zu sein, ebenfalls scheitern muß, gerät auf eine Abwärtsspirale von Schuld und Versagen.

Um aus diesem Muster auszubrechen, müssen Sie zunächst die Art und Weise, wie Sie während Ihrer Alkohol- oder Drogenabhängigkeit Ihre Elternrolle ausgefüllt haben, akzeptieren und sich selbst vergeben. Sie müssen aufhören, sich als die »schlechte Mutter« und Ihre Kinder als hilflose Opfer anzusehen. Statt dessen müssen Sie erkennen, daß die ganze Familie durch den Alkohol- oder Drogenkonsum in Mitleidenschaft gezogen wurde und die Defizite jetzt wieder ausgeglichen werden müssen.

Sobald Sie sich verzeihen und akzeptieren, daß Ihre Vergangenheit nicht das war, was Sie jetzt wählen würden, sind Sie frei, vorwärtszugehen und die Art von Mutter zu werden, die Sie sein wollen. Sie können die Verantwortung für Ihre Handlungen in der Vergangenheit und der Gegenwart übernehmen und anfangen, die Entwicklung Ihrer Kinder zu fördern.

Die meisten alkoholkranken oder drogenabhängigen Mütter sind selbst in gestörten bzw. suchtgeschädigten Familien aufgewachsen. Deshalb hatten sie wahrscheinlich keine guten Rollenvorbilder für ihre Erziehungsaufgaben. Vielleicht sind sie nicht versiert darin, konsequent Grenzen zu setzen, ohne Handgreiflichkeiten zu strafen und zwischen den Bedürfnissen ihrer Kinder und ihren eigenen Bedürfnissen zu unterscheiden. Vielleicht wissen sie nicht genügend über die normale kindliche Entwicklung und haben unrealistische Erwartungen, was angemessenes kindliches Verhalten darstellt.

Die Kindererziehung stellt hohe Anforderungen an die Eltern, und viele Frauen, die in gestörten Familien groß wurden, fühlen sich der Aufgabe nicht gewachsen. Diese Frauen können Unterstützung und Unterweisung in Elternkursen finden, die in vielen Teilen des Landes angeboten werden. In diesen Kursen werden Techniken vermittelt, wie man konsequent Grenzen setzt, aktiv zuhört und kommuniziert, es werden Alternativen für körperliche Züchtigung und verbale Drohungen vermittelt und die Wichtigkeit einer klaren Abgrenzung zwischen Eltern und Kind veranschaulicht. Solche Lehrgänge können äußerst hilfreich sein, wenn es darum geht, Ihre Erziehungsmuster zu verändern. In der Regel werden sie entweder kostenlos oder gegen einen geringen Beitrag von Schulen, Familienberatungsstellen und Gemeindezentren angeboten.

In Ihrem Bemühen, Ihren Erziehungsaufgaben besser gerecht zu werden, arbeiten Sie vielleicht so intensiv daran, Ihre Kinder für deren frühere Vernachlässigung zu entschädigen, daß Ihre eigenen Regenerationsbedürfnisse an die zweite Stelle treten. Falls Sie eine berufstätige, alleinerziehende Mutter sind, werden Sie vielleicht feststellen, daß Sie Ihre ganze Zeit mit der Arbeit und mit Versuchen zubringen, die emotionalen und physischen Bedürfnisse Ihrer Kinder zu erfüllen. Aber eine gute Mutter ist auch eine, die für sich selbst sorgt. Indem Sie etwas für sich tun – sich körperliche Bewegung verschaffen, gut essen, genügend schlafen, Zeit allein verbringen und sich die Zeit nehmen, um mit erwachsenen Freundinnen und Freunden auszugehen –, leben Sie Ihren Kindern vor, wie man in gesunder Weise für sich sorgt.

Besonders wichtig ist, daß Sie sich zusammen mit anderen rekonvaleszenten Müttern ein Netzwerk aufbauen. Sie brauchen einen sicheren Ort, wo Sie darüber sprechen können, wie sich die Probleme des Entzuges und der Erzieherrolle miteinander vereinbaren lassen, und einen Ort, wo Sie Ihre Besorgnisse und Gefühle über Ihre Erziehungsaufgaben äußern können.

Eine verantwortliche Mutter zu sein bedeutet auch, eine gewisse Verantwortung für den Gesundungsprozeß Ihrer Kinder zu übernehmen. Falls diese bereits erwachsen sind, ist dies vielleicht nicht realistisch. Aber falls sie noch bei Ihnen zu Hause leben, sollten Sie sie über Alkoholismus aufklären und darüber, wie sich dieser auf Sie und die Familie ausgewirkt hat.

Vielleicht sollten Ihre Kinder an einer Beratungsgruppe für Kinder von Alkoholikern teilnehmen oder sich in Einzel- oder Familientherapie begeben. So sonderbar das scheinen mag, es kann Kindern schwerfallen, sich an Ihre Nüchternheit zu gewöhnen, und sie werden Ihnen vielleicht Ihre Versuche verübeln, wieder die Elternrolle zu übernehmen. Vielleicht sind sie sehr wütend darüber – aus ihrer Sicht –, von Ihnen vernachlässigt und im Stich gelassen worden zu sein, und sie brauchen vielleicht einen sicheren Ort, um diese Gefühle durchzuarbeiten.

Lassen Sie sich in Ihren örtlichen Therapieeinrichtungen für Frauen über Beratungsgruppen für Kinder informieren, deren Mütter auf Entzug sind. Falls diese Einrichtungen keine solchen Gruppen anbieten, können sie Ihnen in der Regel Beraterinnen nennen, die Erfahrung in der Arbeit mit Kindern aus alkoholgeschädigten Familien haben.

Vielleicht empfinden Sie Schuldgefühle wegen Ihres sexuellen Verhaltens während Ihrer Alkoholabhängigkeit. Ihre Kinder haben vielleicht gehört, daß man Sie mit anzüglichen Namen belegte, sie haben Sie vielleicht in betrunkenem Zustand gesehen oder ohnmächtig im Badezimmer angetroffen. Vielleicht haben sie Sie in sexuellen Szenen beobachtet oder bei Intimitäten mit einem Fremden. Vielleicht haben Sie sogar Ihre Sexualität in unangemessener Weise gegenüber Ihren Kindern ins Spiel gebracht und damit sexuelle Grenzen verletzt, oder Sie haben sich sexuell zweideutig verhalten. Falls Sie sich in bezug auf einen dieser sexuellen Zusammenhänge und Ihre Erzieherrolle schuldig fühlen, dann ist es wichtig, daß Sie und Ihre Kinder sich in Beratung begeben.

Nachdem Sie eine Weile in Entziehungstherapie waren, werden Sie vielleicht entdecken, daß eines oder mehrere Ihrer Kinder sexuell belästigt bzw. Opfer von Inzest wurden. Ein sehr hoher Prozentsatz von sexuell mißbrauchten Kindern stammt aus chemieabhängigen Familien, und es ist extrem wichtig, diese Möglichkeit Ihren Kindern gegenüber nicht zu leugnen.

Falls Sie Anzeichen eines sexuellen Mißbrauchs Ihrer Kinder entdecken, müssen Sie den Täter identifizieren und sicherstellen, daß er (oder sie) keinen Zugang zu Ihren Kindern mehr bekommt. Dies kann besonders schwierig sein, falls der Betreffende ein Familienmitglied ist; aber es ist absolut notwendig, Ihren Kindern die Gewißheit zu geben, daß Sie sie schützen werden und daß Sie ihre Bedürfnisse an die erste Stelle setzen. Obwohl Sie außerstande waren, sie zu schützen, solange Sie getrunken haben, können Sie sie jetzt vor Schaden bewahren. Sie müssen aktiv für sie eintreten, damit Sie einen gemeinsamen Heilungsprozeß in Gang setzen können.

Lassen Sie sich von Ihren Schuldgefühlen in bezug auf den sexuellen Mißbrauch Ihres Kindes nicht lähmen. Untersuchungen haben gezeigt, daß sich Kinder viel schneller von sexuellem Mißbrauch erholen, wenn sie die Chance bekommen, zu dem Täter in irgendeiner Form »nein« zu sagen. Zu dem »Neinsagen« kann die Erstattung eines Berichts an das Jugendamt, den Kinderschutzbund oder eine ähnliche Einrichtung zählen. Es kann auch bedeuten, den Täter direkt zur Rede zu stellen. Es kann bedeuten, weitere Besuche in der Wohnung eines Familienmitglieds abzulehnen. Vor allem zählt dazu, sich um spezielle Betreuung bzw. Therapie für Opfer sexuellen Mißbrauchs und deren Familien zu bemühen.

Die Auseinandersetzung mit dem sexuellen Mißbrauch Ihrer Kinder kann verschüttete Erinnerungen an Ihr eigenes Mißbrauchtwerden als Kind wecken. Sie werden Ihre Gefühle gegenüber Ihrer eigenen Vergangenheit durcharbeiten müssen, wenn Sie sich mit Ihrer Schuld in Zusammenhang mit dem Mißbrauch Ihrer Kinder auseinandersetzen.

Eine Heilung ist fast immer möglich. Wenn man Kindern eine sichere Gelegenheit bietet, die Wahrheit über ihre Erlebnisse zu erzählen, und wenn wir bereit sind zu lernen, unsere Elternrolle in verantwortungsvollerer Weise auszuüben, dann können Familien wieder gesunden. Ebenso wie es viele verschiedene Formen von Vernachlässigung, Mißbrauch und Mißhandlung gibt, gibt es auch unterschiedliche Wege zur Genesung. Therapie- und sogenannte Prozeßgruppen können dazu beitragen, die Ketten zu zerreißen, die Ihre Familie an die Vergangenheit fesseln.

Vergewaltigung: Das schuldlose Opfer

Vergewaltigung ist eine stets vorhandene Gefahr im Leben von Frauen. Die meisten Frauen sind sich dessen nur zu bewußt, und das schränkt unsere täglichen Handlungsspielräume in gewissem Grad ein. Wir alle sind besorgt um unsere körperliche Sicherheit, wir alle kennen Orte, wo wir nicht allein hingehen, Zeiten, zu denen wir das Haus nicht verlassen, und Situationen, die wir zu vermeiden trachten. Jede von uns ist ständig in einer Weise wachsam, wie kein Mann es zu sein braucht. Einfach weil wir Frauen sind, laufen wir Gefahr, Opfer von Körperverletzungen und sexuellen Übergriffen zu werden. Wenige Frauen können sich so vollständig schützen, daß sie ihre geschlechtsspezifischen Risiken leugnen bzw. völlig ignorieren könnten.

Vergewaltigung ist kein Sexualverbrechen. Es ist ein Verbrechen der Gewalttätigkeit, des Machtexzesses und der Aggression. Das Instrument der Körperverletzung ist jedoch sexueller Art – der Penis. In Gefängnissen, wo Frauen kein Bestandteil der Machthierarchie sind, vergewaltigen Männer einander als Form des Herrschafts- und Besitzanspruchs und der Terrorisierung. Das funktioniert bei anderen Männern, und es funktioniert bei Frauen: Wir haben panische Angst vor dem, was uns zustoßen könnte, und wir gehen gefährlichen Situationen aus dem Weg.

Früher hat man angenommen, daß die meisten Frauen von Unbekannten vergewaltigt würden, Männern, die aus dem Gebüsch springen. Inzwischen wissen wir, daß 75 Prozent der betroffenen Frauen ihren Vergewaltiger kennen, daß sogenanntes *date rape*, die Vergewaltigung bei einem Rendezvous, häufig vorkommt und daß Vergewaltigung in der Ehe an der Tagesordnung ist. Frauen werden von Arbeitskollegen, Bekannten, Freunden, Männern, mit denen sie sich bloß einmal verabreden, Liebhabern, Exliebhabern, Ehemännern und Exehemännern vergewaltigt.

Bis in die zweite Hälfte der siebziger Jahre war es in den Vereinigten Staaten kein Verbrechen, wenn ein Ehemann seine Frau zum Geschlechtsverkehr zwang. (Auch heute noch ist es in nur 11 der 50 Bundesstaaten strafbar!) Die Ausübung der »ehelichen Pflichten« wurde, ungeachtet der Wünsche der Frau, als Recht des Mannes angesehen. Die Heirat brachte also das Recht auf erzwungenen Koitus mit sich. Noch in einer Untersuchung von 1988 meinten in den USA 87 Prozent der Schüler und 79 Prozent der Schülerinnen des siebten bis neunten Schuljahres, daß gegen Vergewaltigung bei einem Ehepaar nichts einzuwenden sei.

Date rape wurde erst in jüngster Zeit zutreffend als Vergewaltigung benannt. Etwa 30 Prozent der Studienanfängerinnen berichteten 1990 über Versuche, den Geschlechtsverkehr mit ihnen zu erzwingen, und 60 Prozent der College-Studenten erklärten, sie würden »unter den richtigen Umständen« versuchen, ihre Partnerin zum Genitalverkehr zu nötigen. In der obenerwähnten Studie erklärten es 24 Prozent der befragten Schüler der siebten bis neunten Klasse und 16 Prozent der Schülerinnen für akzeptabel, daß ein Mann eine Frau zu Sex nötigt, wenn er Geld für sie ausgegeben hat.

Alle sechs Minuten wird in den Vereinigten Staaten eine weitere Frau vergewaltigt; und 44 Prozent aller Frauen berichten, im Laufe ihres Lebens einer vollzogenen oder versuchten Vergewaltigung zum Opfer gefallen zu sein. Bei Frauen in Entziehungstherapie ist die Wahrscheinlichkeit, daß sie vergewaltigt wurden, sogar noch größer als bei nicht substanzabhängigen Frauen. Fast 60 Prozent der Alkoholikerinnen geben an, vergewaltigt worden zu sein. Falls Sie in der Kindheit ein Opfer von Inzest oder einer anderen Form von sexuellem Mißbrauch waren, ist das Risiko, vergewaltigt zu werden, noch größer.

Die Gesellschaft neigt dazu, dem Opfer die Schuld an dem

Verbrechen zuzuschieben, und dies gilt um so mehr für alkoholkranke Vergewaltigungsopfer. Allen Frauen wird die Botschaft vermittelt, daß sie »es selbst provozierten«, indem sie sich aufreizend kleideten, sich verführerisch benahmen oder sich zur falschen Zeit am falschen Ort aufhielten. Diese Botschaft gilt noch ausdrücklicher für die Frau, die getrunken hatte.

Die Gesellschaft als ganze schiebt die Schuld an der sexuellen Aggression der Männer der betrunkenen Frau zu. Falls Sie in alkoholisiertem Zustand vergewaltigt wurden, beschuldigen Sie sich selbst wahrscheinlich noch mehr, als wenn Sie nüchtern gewesen wären. Es ist wichtig, sich vor Augen zu halten, daß es keinen Umstand gibt, der Vergewaltigung rechtfertigt. Nichts an Ihnen – wie Sie angezogen waren, oder was Sie »zu tun versäumten, um es zu verhindern« – kann eine Vergewaltigung entschuldigen. Vergewaltigung ist ein Ausdruck von Macht – der aggressiven, skrupellosen Macht eines haßerfüllten Mannes. Der Vergewaltiger trägt die Verantwortung für einen Akt sexueller Gewalttätigkeit gegenüber seinem Opfer; die Frau hat diesen Akt nicht zu verantworten.

Sexuellen Mißbrauch heilen

Ihre Sexualität existiert nicht isoliert von Ihrem übrigen Selbst. Sie ist ein Ausdruck Ihrer emotionalen, physischen und geistig-spirituellen Persönlichkeit. Ihre Gefühle in bezug auf Ihre sexuelle Vergangenheit haben deshalb eine mächtige Wirkung auf Sie.

Die Gefühle von sexueller Schuld, Scham und Selbstekel, die Sie vielleicht mit Alkohol, Drogen oder anderen Süchten zugedeckt haben, kommen während des Entzugs möglicherweise an die Oberfläche und beginnen, sich auf Ihr gegenwärtiges Sexualleben auszuwirken. Das schwerste dieser Traumen ist sexueller Mißbrauch in der Kindheit.

Sexueller Mißbrauch in der Kindheit beschränkt sich nicht auf bestimmte körperliche Zudringlichkeiten wie Betatschen und Penetration. Es handelt sich um eine Skala von Übergriffen, die von der Verletzung Ihrer Intimsphäre, Kommentaren über Ihren Körper, Geküßtwerden in einer Weise, die Ihnen unangenehm war, Anfassen im Schambereich bis hin zur Aufforderung zu Sex, den sie nicht wollten, reicht. Die Skala erstreckt sich von psychologischem Inzest über verdeckten bis zu offenem Inzest. Diese Skala ist in Abbildung 8 dargestellt.

Möglicherweise hat man sich auf vielerlei Arten an Ihnen vergangen, die Sie zunächst nicht als sexuellen Mißbrauch identifizierten. Dennoch können diese Vorfälle Ihre gegenwärtigen sexuellen Gefühle und Erlebnisse stark färben. Vier verbreitete Formen ungesunder Sexualität sind in alkoholgeschädigten und sonstwie gestörten Familien häufig anzutreffen:

1. Die Sexualität wird vollkommen verdrängt. Die Familienmitglieder zeigen einander wenig oder gar keine Zuneigung und berühren einander selten, und die Schweigeregel wird strikt durchgesetzt.
2. Sexualität wird nur dann ausgelebt, wenn der betreffende Elternteil betrunken oder in anderer Hinsicht berauscht ist. Dann kann er/sie sich lüstern, unangemessen anzüglich oder hemmungslos zärtlich verhalten.
3. Die Sexualität geht sowohl mit Alkoholkonsum als auch mit Gewalttätigkeit einher. Die einzigen Anlässe, bei denen ein Kind sexuelles Verhalten bei seinen Eltern sieht, ist nach einer Auseinandersetzung oder einem Streit.
4. Die Sexualität äußert sich übermäßig offen. Alles ist übersexualisiert, und die Kinder wachsen in einem erotisch aufgeheizten Milieu auf.

Schauen wir uns diese Muster näher an.

Psychischer Inzest	Verdeckter Inzest	Offener Inzest
1. Verwischung der Trennlinien zwischen den Generationen	1. Versehentliche Berührung	1. Zungenküsse
2. Geschlossenes System	2. Voyeurismus	2. Exhibitionismus
3. Vereinnahmung/Distanzierung	3. Körperliche Züchtigung in nacktem Zustand	3. Betatschen
4. Einweihung des Kindes in unpassende Geheimnisse	4. Sexuell gefärbte Umarmungen	4. Fellatio
5. Mißachtung des Bedürfnisses nach Privatheit	5. Verspottung des in der Entwicklung befindlichen Körpers	5. Cunnilingus
6. Emotionaler Mißbrauch	6. Laszive Lektüre/Konsum von Videos zusammen mit dem Kind	6. Penetration

Abb. 8 Die Inzestskala*

* Nach Sue Evans und Susan Schaefer, »Incest and Chemically Dependent Women: Treatment Implications«, in Eli Coleman, Hrst., *Chemical Dependency and Intimacy Dysfunctions*, New York: Haworth Press, 1988), 150.

Verdrängte Sexualität

In einer frostigen und kontaktschwachen Familie fehlen Zärtlichkeit und Sexualität. Keiner der Eltern braucht aktiv zu trinken oder sonstige Drogen zu nehmen, damit diese Atmosphäre existiert. In substanzabhängigen Familien herrscht dieser Zustand vor, weil einer der beiden Eltern so auf die Droge seiner Wahl fixiert ist, daß ihm weder Energie noch Interesse für Sex übrigbleibt. Wenn der Vater Alkoholiker ist, hat er vielleicht die Erektionsfähigkeit verloren. Ist die Mutter Alkoholikerin, so schwindet vielleicht ihr sexuelles Verlangen, sie wird ungenügend feucht oder kann nicht zum Orgasmus kommen. In beiden Fällen ist der andere Elternteil wahrscheinlich zutiefst verstimmt, aggressiv und entbehrt Zärtlichkeit und Vertrauen. Eltern, die sich in diese Dynamik verstrickt haben, bieten keine guten Rollenvorbilder liebevoller, sexuell aktiver Erwachsener.

Kinder in dieser Situation wachsen oft ohne sexuelle Aufklärung durch die Familie auf. Sie lernen alles, was sie über Sex wissen, durch die Schule und ihre Altersgenossen. Da sie wenige positive Bilder von Sexualität haben, können sie sich zu Erwachsenen entwickeln, die eines von zwei Extremen manifestieren: (1) Mangel an sexueller Erlebnisbereitschaft, das heißt, sie werden kalt, distanziert, furchtsam oder asexuell, oder (2) sexuelle Rebellion, die zu gefährlichen sexuellen Begegnungen führt.

Sexualität und Betrunkenheit

Wenn ein Elternteil nur nach Alkoholgenuß sexuell aktiv wird, dann ist Sex nicht länger der Ausdruck einer liebevollen, respektvollen Beziehung. Sex scheint dann ein Bündel »schlechter« Impulse zu sein, die nur der Alkohol freisetzen kann, und das mit katastrophalen Folgen.

Die Kinder können ihre Eltern nackt antreffen, wenn diese alkoholisiert sind. Die Eltern können bei weit geöffneten Schlafzimmertüren miteinander verkehren; oder sie bringen Partner mit nach Hause und verhalten sich – als verführerisches Vorspiel zum Akt selbst – vor den Kindern sexuell aggressiv. Das Sexualleben wird dann zu einer Reihe demütigender, beschämender Vorfälle.

Sexualität und Gewalt

In Familien, in denen die Sexualität mit Gewalt verknüpft ist, bilden Alkohol und andere Drogen häufig, wenn auch nicht immer, einen Bestandteil der Gleichung. Die Eltern streiten vielleicht während des Trinkens über ihr sexuelles Verhalten. Sie benehmen sich sexuell aggressiv oder verführerisch, werden abgewiesen und explodieren dann in verbaler oder physischer Gewalttätigkeit. Sie trinken, streiten und werden dann sexuell aktiv.

In jedem Fall beginnen die Kinder, Gewalttätigkeit mit Sexualität zu assoziieren. Als Erwachsene haben diese Kinder dann oft eine solche Angst vor sexueller Aktivität, daß sie sie um jeden Preis vermeiden, oder sie repetieren die Familienmuster und verstricken sich in gewalttätige sexuelle Episoden.

Hypersexualität

In der hypersexuellen Familie existieren keine angemessenen sexuellen Grenzen. Es herrscht eine laszive Atmosphäre, und alles dreht sich um Körperlichkeit und Sex.

So findet die Mutter vielleicht nichts dabei, in ihrer Unterwäsche an die Tür zu gehen; die Eltern platzen gewohnheitsmäßig herein, wenn ihre Teenager unter der Dusche stehen; der Vater macht regelmäßig anzügliche Bemerkungen über den heranreifenden Körper seiner halbwüchsigen Tochter; die Eltern stellen zudringliche Fragen über das Liebesleben ihrer halbwüchsigen Sprößlinge.

In solchen Familien wachsen die Kinder ohne Grenzen auf. Alles ist jederzeit erlaubt. Mutter und Tochter schlafen vielleicht sogar an aufeinanderfolgenden Abenden mit demselben Mann. Erwachsenen, die in hypersexuellen Familien aufwuchsen, fällt es in allen Bereichen ihres Lebens sehr schwer, Grenzen zu ziehen.

Die schockierenden Statistiken

Ungesunde sexuelle Verhältnisse in gestörten Familien führen oft zu Inzest – zu sexuellen Berührungen seitens eines Familienmitglieds oder einer Elternfigur, der Vertrauen entgegengebracht wird. Töchter aus Alkoholikerfamilien sind besonders gefährdet, schon vor der Pubertät Inzesterfahrungen zu machen.

Das geschärfte Bewußtsein für Inzest und sexuellen Mißbrauch in der Kindheit ist weitgehend ein Resultat der Frauenbewegung. Als Frauen Anfang der siebziger Jahre in Bewußtseinsbildungsgruppen miteinander sprachen, stellte sich heraus, daß sexuelle Übergriffe ein zentrales Problem darstellten. Es wurde klar, daß die Bedürfnisse der Frauen nach Schutz vor Sexualdelikten keine Beachtung fanden. In den USA fand die erste Vergewaltigungskonferenz 1971 statt, und danach wurden in allen Teilen des Landes Tausende von Vergewaltigungskrisenzentren von Frauen ins Leben gerufen.

Innerhalb dieses neuen Kontexts von Freiheit, offen über Sexualdelikte zu sprechen, begannen die Frauen, sich mit ihren lange verdrängten Inzestgeschichten hervorzuwagen, und es erschienen die ersten Bücher über das Thema.

1977 schloß Diana Russell die erste Befragung von Frauen über ihre Erfahrungen mit sexuellen Übergriffen ab. Sie stellt fest, daß in einer Zufallsstichprobe von 930 Frauen 38 Prozent berichteten, vor dem 18. Lebensjahr von einem Erwachsenen sexuell mißbraucht worden zu sein; 16 Prozent gaben an, daß sie vor dem 18. Lebensjahr von einem Verwandten sexuell belästigt worden waren. Diese Erhebung schockierte die Behörden und schuf erstmals ein breites Bewußtsein von Inzest und anderem sexuellem Mißbrauch von Kindern. In früheren Untersuchungen war die Häufigkeit von sexuellem Mißbrauch von Kindern bei 3 bis 5 Prozent angesetzt worden.

Unter drogenabhängigen Frauen ist der Anteil an Opfern sexueller Übergriffe noch viel höher. Meine eigene Untersuchung einer parallelisierten Stichprobe von alkoholabhängigen und suchtfreien Frauen ergab, daß von letzteren 50 Prozent in der Kindheit sexuell mißbraucht worden waren, von den Alkoholikerinnen dagegen 74 Prozent. Dabei steht fest, daß nicht alle dieser Frauen in alkoholgeschädigten Familien aufwuchsen. Mädchen haben ein hohes Risiko, sexuell mißbraucht zu werden, ob sie in Alkoholikerfamilien aufwachsen oder nicht.

Beschuldigungen und Schuldgefühle überleben

Frauen im Selbsterfahrungsprozeß gehen mit den Folgen sexuellen Mißbrauchs in der Kindheit auf verschiedene Weise um. Vielen von ihnen kommen ihre Erinnerungen an Mißbrauch erstmals wieder zu Bewußtsein, nachdem sie sich in eine Entziehungskur begeben haben. Andere haben ihre Erinnerungen vielleicht mit Alkohol und anderen Drogen betäubt, ohne sie jedoch zu vergessen.

Wie wir gesehen haben, umfaßt der Begriff *Inzest* ein Spektrum von Verhaltensweisen von unangemessener emotionaler Bindung bis zu Penetration. Inzest bringt Opfer hervor; dennoch möchte ich von diesen Frauen als *Überlebende* sprechen. Dies unterstreicht die Tatsache, daß eine Heilung möglich ist.

Welche Form von Inzest Sie auch erlebt haben mögen, Sie tragen für diese Ereignisse keine Verantwortung. Ein Kind ist *niemals* für die sexuellen Übergriffe eines Erwachsenen verantwortlich. Es ist immer die Pflicht der oder des Erwachsenen, sexuelle Grenzen zu setzen und einzuhalten.

Als Kind haben Sie das jedoch nicht gewußt, deshalb fühlen Sie sich vielleicht für die Verletzung, die Ihnen zugefügt wurde, verantwortlich. Sie meinen, Sie hätten dem Einhalt gebieten sollen oder können und es sei irgendwie alles Ihre Schuld gewesen. Ihre Schuldgefühle in bezug auf diese Übergriffe mögen noch größer sein, falls Sie sexuelle Lust dabei empfanden, die Aufmerksamkeit und Zuneigung genossen, die Sie erhielten, oder dem Täter besonders nahestanden und ihn gern hatten. Diese Reaktion ist zwar natürlich, aber die genannten Umstände machen Sie nicht verantwortlich.

In der Anfangsphase der Entziehungstherapie ist Ihr Augenmerk darauf konzentriert, die Schichten der Verleugnung gegenüber Ihrer Sucht zu erforschen, eine Identität als Person auf Entzug zu bilden und trocken bzw. clean zu bleiben. Falls Ihnen in diesem Stadium ein sexueller Mißbrauch in der Kindheit bewußt wird, ist es am besten, sich dessen Zusammenhang zu Ihrer gegenwärtigen Genesung klarzumachen, ohne sich auf eine tiefschürfende Durcharbeitung einzulassen. Sie können Bücher über den Heilungsprozeß lesen und sich auf diese Weise Einblick verschaffen, was dieser Prozeß im Hinblick auf eine gründliche Durcharbeitung in der zweiten Phase der Rekonvaleszenz für Sie bedeuten könnte.

Viele Inzestüberlebende stellen fest, daß sowohl Gruppenprozeß- als auch Einzeltherapie hilfreich für sie sind. Die Gruppenarbeit mit anderen Inzestüberlebenden ermöglicht Ihnen, andere Frauen kennenzulernen und sich mit jenen zu identifizieren, die ähnliche Erfahrungen durchgemacht haben. Sie werden in viel tieferen Schichten spüren, daß Sie nicht allein sind, daß Sie nicht verrückt sind und daß Ihre Reaktionen und Gefühle von anderen geteilt werden.

Inzestgruppen sollten von versierten, anerkannten Therapeutinnen geleitet werden – dies ist in der Regel gegeben –, die über reichlich Erfahrung in der Arbeit mit mißbrauchten Frauen verfügen. Die Gruppentherapien dauern zwischen zwölf und zwanzig Wochen (obwohl nicht alle zeitlich begrenzt sind) und bestehen aus fünf bis acht Frauen. Es ist aufbauend, sich mit anderen Frauen zusammenzuschließen, die ähnliche Erfahrungen gemacht haben. Die Befreiung aus Isolation, Geheimhaltung und Scham kann erlösend wirken.

Einzeltherapie ist besonders günstig, um Ihre gegenwärtige Beziehung zu Ihrer Familie zu verstehen, um die Folgen zu untersuchen, die der Inzest auf Ihre jetzigen Beziehungen hat, und um die Veränderungen in Ihrem Leben vorzunehmen, an denen Ihre Inzesterfahrungen Sie bisher gehindert haben. Langfristige Einzeltherapie kann auch die Eltern-Kind-Beziehung in einer gesunden Weise neu aufbauen und ein Korrektiv zu Ihrer verletzenden Vergangenheit darstellen.

In der Einzeltherapie ist es absolut unerläßlich, daß die Therapeutin bzw. der Therapeut angemessene Grenzen zieht und aufrechterhält. Falls Sie aus irgendeinem Grund das Gefühl haben, daß der Therapeut Grenzen verletzt und unangebrachte Intimität schafft, sei es auch nur in der geringsten Weise, dann beenden Sie Ihre Arbeit bei ihm oder bei ihr und suchen Sie sich jemand anders. Vergewaltigungskrisenzentren und Therapieprogramme für Frauen können Ihnen in der Regel Therapeutinnen empfehlen, die Erfahrung in der Arbeit mit Inzestüberlebenden haben und darauf achten, Grenzen zu wahren.

In der zweiten Phase des Entzugs haben Sie Gelegenheit, sich mit früheren Erfahrungen auseinanderzusetzen, die Ihrer eigenen Erweckung und Entfaltung im Wege stehen. Wenn Ihre Inzesterlebnisse nicht in Ihren Heilungsprozeß einbezogen werden, dann können sie zur Quelle unbeherrschbarer Emotionen werden, die Ihre Genesung bedrohen. Obwohl es großen Mut erfordert, die Verleugnung in bezug auf Mißbrauchserlebnisse Schicht um Schicht abzutragen, um sich dem Schmerz zu stellen und ihn zu heilen, ohne zu chemischen Substanzen zu greifen, die den Schmerz betäuben, wird sich die Mühe immer lohnen. Die Entwicklungsmöglichkeiten, die sich Ihnen durch eine solche Heilung eröffnen, sind phänomenal. Vielleicht werden Sie zum erstenmal in Ihrem Leben gesunde, liebevolle Beziehungen aufbauen, aus denen Sie ebensoviel Kraft schöpfen können, wie Sie in diese investieren.

Inzestüberlebende tendieren oft zu einem von zwei extremen sexuellen Lebensstilen. Sie können sich sexuell isolieren, zurückziehen und Kontakte vermeiden, mithin ein asexuelles Leben führen; oder Sie können in einer selbstzerstörerischen Weise sexuell aktiv werden.

Inzestüberlebende lernen schon in frühem Alter erwachsene Formen von sexuellem Kontakt kennen und erfahren wenig über sexuell angemessenes Verhalten. Während ihres Heranwachsens sexualisieren sie oft ihre Kontakte mit Erwachsenen und Autoritätsfiguren, was zu weiterer Ausbeutung führt. Frauen, die von einem Familienmitglied sexuell mißbraucht wurden, werden später häufig Opfer sexueller Ausbeutung durch eine andere Autoritätsperson, oder sie fallen einer Vergewaltigung zum Opfer. Viele Inzestüberlebende berichten, daß sie sich als Teenager unsicher in bezug auf das angemessene sexuelle Entgegenkommen fühlten, wenn sie sich mit Männern verabredeten, so daß sie bald im Ruf eines »Flittchens« standen.

Wie wir früher gesehen haben, ist mangelndes sexuelles Verlangen neben einer Vielzahl anderer Schwierigkeiten in bezug auf die sexuelle Ansprechbarkeit ein häufiges Problem von Inzestüberlebenden. Viele Frauen werden an einem bestimmten Punkt ihres sexuellen Erregungszyklus gefühllos; andere koppeln sich von ihrem Körper ab und sind außerstande, etwas zu empfinden; wieder andere erleben Flashbacks oder plötzliche Bilder der Mißbrauchssituation. All diese Erlebnisse stören das sexuelle Lustempfinden und können Sex zu einem angstauslösenden und schmerzhaften Vorgang machen.

Die körperlichen Folgen von Inzest sind ebenfalls oft gravierend: mangelnde Gleitfähigkeit, Unfähigkeit, zum Orgasmus zu kommen, Schmerzen beim Koitus und Scheidenkrämpfe. Auf diese Weise drückt der Körper aus, daß Sex gefährlich ist. Die Erinnerungen Ihres Körpers an den Inzest können stärker sein als Ihre emotionalen Wünsche und es Ihnen unmöglich machen, sich auf Sex einzulassen.

Inzestüberlebende haben gelernt, die sexuellen Bedürfnisse eines anderen über ihre eigenen zu stellen. Sie lernten, daß ihre eigenen Bedürfnisse nicht wichtig waren und daß sie sexuell aktiv sein mußten, um sich die Liebe eines anderen zu sichern. Als Erwachsene legen die meisten Überlebenden den größeren Wert auf die Befriedigung ihrer Partner und bleiben ohne Kontakt zu ihren eigenen Bedürfnissen und Wünschen. Nicht selten identifizieren Überlebende ihr eigenes Vergnügen mit dem Vergnügen, das sie ihrem Partner bereiten. Um Lust zu empfinden, müssen wir uns jedoch beim Liebesspiel in erster Linie auf unser eigenes Erleben konzentrieren.

Inzestüberlebende wurden durch die negativen sexuellen Erfahrungen ihrer Kindheit konditioniert, Sex mit Hilflosigkeit, Ekel, Schmerz, Wut, Kontrollverlust, Scham, Schuld und Haß zu assoziieren. Deshalb ist es für die Betroffene oft äußerst schwierig, erwachsene Sexualität wirklich lustvoll zu erleben und sich dabei selbst zu vergessen. Vielleicht ist es ihr fast unmöglich, sich während des Liebesakts positiven Gefühlen hinzugeben, da die gegenwärtigen positiven Gefühle durch negative Gefühle aus der Vergangenheit blockiert sind.

Die sexuellen Probleme, die aus dem Inzest resultieren, verschwinden nicht von selbst. Heilung ist jedoch möglich, und Inzestüberlebende können positive Veränderungen in ihrem Sexualleben herbeiführen. Die Überlebenden können aus den alten, selbstsabotierenden Verhaltensmustern herausfinden, die unbefriedigende sexuelle Erfahrungen verstärken, und lernen, diesen Bereich ihres Lebens befriedigender zu gestalten.

Jede von uns hat Rechte in bezug auf ihre Sexualität. Wendy Maltz und Beverly Holman haben in ihrem Buch *Incest and Sexuality* aufgrund der Empfehlungen von Überlebenden eine sexuelle *»Bill of Rights«* aufgestellt, die ein guter Ausgangspunkt für das Erlernen neuer Fertigkeiten und Verhaltensweisen ist. In meinen Workshops fordere ich die Teilnehmerinnen oft auf, ihr eigenes »sexuelles Grundgesetz« zu entwickeln, und ich möchte Ihnen dasselbe nahelegen. Zu Ihren Rechten könnte das Recht zählen, ja zu sagen, das Recht, nein zu sagen, das Recht, sich sicher zu fühlen, das Recht auf Safe Sex, das Recht zu experimentieren, das Recht, Ihren Sexualpartner zu wählen, das Recht, über Sex zu sprechen, und das Recht, Grenzen zu ziehen.

Gehen Sie Ihre Liste sexueller Rechte durch, und kreuzen Sie jedes an, das gegenwärtig kein integraler Bestandteil Ihres Sexuallebens ist. Fragen Sie sich, warum Sie nicht das Gefühl haben, dieses Recht zu besitzen. Erforschen Sie, warum Sie sich fürchten, dieses Recht in Anspruch zu nehmen. Stellen Sie sich vor, dieses Recht zu haben, und schauen Sie, was Sie tun müßten, um es sich zu verschaffen.

Die zweite Phase der Selbsterfahrung ist ein guter Zeitpunkt, um in Einzel- oder Gruppentherapie an Inzestproblemen zu arbeiten. Wenn Sie Ihr Inzesttrauma überwinden wollen, müssen Sie Ihren Genesungsprozeß so in Gang halten, daß Sie Ihre sexuelle Wahlfreiheit künftig bewußt und verantwortungsvoll ausüben können.

Die Therapie ist ein sicherer Ort, an dem Sie Ihre Erinnerungen an das, was Ihnen tatsächlich zugestoßen ist, aus der Verdrängung zurückholen und sich die Tatsachen zu eigen machen können. In der Therapie werden Sie Gelegenheit haben, mit Ihrem Verleugnen und Verschweigen zu brechen und zu lernen, Ihre Geschichte zu erzählen. Dies kann Ihnen helfen, mit Ihren Selbstbeschuldigungen Schluß zu machen und zu akzeptieren, daß der Mißbrauch nicht Ihre Schuld war.

Sie werden wahrscheinlich erfüllt sein von den aufgestauten Gefühlen, die das Mißbrauchtwerden hervorruft – Gefühle von Schuld und Scham, Schmerz und Demütigung, Empörung und Zorn. Vielleicht werden Sie sich sogar von ihnen übermannt fühlen. Aber es ist wichtig, sie zu äußern und sie durchzuarbeiten. In dem Maße, wie Sie den Verlust Ihrer Kindheit beklagen und betrauern, werden Sie lernen, Ihrem eigenen Kind gegenüber, das in Ihnen weiterlebt, die Rolle besserer Eltern zu übernehmen. Schließlich werden Sie lernen, das Problem zu lösen und die Verantwortung für den Aufbau neuer und gesünderer sexueller Beziehungsmuster zu übernehmen.

Selbst wenn der Inzest Ihre Fähigkeit, sexuelle Lust zu erleben, nachhaltig beeinträchtigt hat, haben Sie eine ebenso große Chance, sich zu heilen. Als Überlebende haben Sie gelernt, die traumatisierendste Situation zu verkraften, die in der Kindheit möglich ist. Als Erwachsene können Sie mit Zeit, Energie und Geduld auch von dieser Erfahrung genesen. Die Regenerierung Ihrer Sexualität nach einer traumatisierenden Vergangenheit ist möglich. Sie haben das Recht auf eine positive, gesunde Sexualität.

Die Scham überwinden

Scham ist das Gefühl: »Mit mir stimmt etwas nicht, mit mir als Person. Das werde ich nie ändern können, so bin ich einfach«. Scham versetzt uns somit in eine aussichtslose Situation. Wir haben das Gefühl, bis ins innerste Mark verdorben zu sein. Dieses Gefühl ist so entsetzlich, so belastend, daß wir unsere Scham verheimlichen. Wir wollen nicht, daß irgend jemand weiß, wie schlecht wir sind.

So massiv und unabänderlich diese Scham auch erscheinen mag, es ist möglich, sie schließlich aufzulösen. Einer der ersten Schritte auf dem Weg dazu ist, Ihre Geheimnisse mit anderen zu teilen, in Ihre Vergangenheit zu schauen, all die schmerzlichen Umstände zu erforschen und sie ans Licht zu bringen.

Quellen der Scham

Frauen schöpfen aus vielen Quellen der Scham. In unserer Gesellschaft werden Männer höher bewertet als Frauen; allein schon eine Frau zu sein kann deshalb erste Schamgefühle auslösen. Das »rationale« Denken der Männer wird über das kreisförmigere, komplexere, intuitive Denken der Frauen gestellt, das man als »irrational« bezeichnet. Der sehnigere, muskulösere, schmalhüftige Männerkörper wird höher bewertet als die runderen, weicheren Formen der Frauen, deshalb sehen die

Topmodelle aus wie zwölfjährige Knaben mit flacher Brust, schmalen Hüften und ohne Bauch.

Die Tendenz der Männer zu emotionaler Zurückhaltung und Distanz, die ein Teil ihrer eigenen Sozialisation ist, wird als Unabhängigkeit bezeichnet und als die Norm geschätzt. In Wirklichkeit ist Unabhängigkeit gar keine menschliche Realität: Wir sind alle voneinander abhängig.

Falls Ihre Hautfarbe nicht weiß ist, sie nicht der Mittelschicht angehören, nicht erfolgreich oder nicht heterosexuell sind, dann werden Sie sich mit einer weiteren Dimension von Scham herumzuschlagen haben. Dunkelhäutige Kinder nehmen all diese beschämenden Erlebnisse in sich auf und haben unter ihrem beengenden und beschränkenden Einfluß zu leiden. Audre Lorde beschreibt in *Sister Outsider* eine solche beschämende Kindheitsbegegnung:

> In der U-Bahn nach Harlem. Ich klammere mich an den Ärmel meiner Mutter, ihre Arme sind voll weihnachtlicher Einkaufstüten. Der feuchte Geruch von Winterkleidern, der Zug ruckt und schleudert. Meine Mutter erblickt einen halben freien Sitz und drückt meinen kleinen, in einem Schnee-Overall steckenden Körper darauf nieder. Links von mir ein zeitunglesender Mann. Rechts von mir eine Frau mit einem Pelzhut, die mich anstarrt. Ihr Mund zuckt, während sie starrt, und dann senkt sie den Blick und zieht meinen mit sich. Ihre in einem Lederhandschuh steckende Hand zupft an der Stelle, wo mein neuer blauer Overall und ihr eleganter Pelzmantel aneinanderstoßen. Mit einem Ruck zieht sie ihren Mantel näher an sich heran. Ich schaue. Ich sehe das schreckliche Ding nicht, das sie offenbar auf dem Sitz zwischen uns erblickt – wahrscheinlich ein Kakerlak. Aber sie hat mir ihren Horror vermittelt. Es muß etwas sehr Schlimmes sein, nach der Art und Weise zu schließen, wie sie schaut, deshalb ziehe ich meinen Anzug auch von der Stelle weg, näher an mich heran. Als ich aufblicke, starrt mich die Frau immer noch mit geblähten Nasenflügeln und weit aufgerissenen Augen an. Und plötzlich begreife ich, daß da nichts auf dem Sitz zwischen uns herumkrabbelt, sondern daß sie nicht will, daß mich ihr Mantel berührt.

Arme Frauen empfangen ähnliche Botschaften. »Meine Mutter hatte zu kämpfen, um uns durchzubringen«, erzählt eine Frau. »Als Putzfrau in Privathäusern verdiente sie vier Dollar fünfzig die Stunde, und sie machte das Beste daraus. Aber wir sind in der Überzeugung aufgewachsen, daß mit ihr und mit uns etwas nicht stimmte, weil wir nicht reich waren.«

Frauen, die sich in ihrer Jugend emotional und erotisch zu anderen Frauen hingezogen fühlen, spüren intuitiv, daß sie ihre Neigung in dieser Gesellschaft verborgen halten müssen. Lesbierinnen wissen ohne die geringste Diskussion, daß sie ihre Gefühle geheimhalten müssen, weil es einfach nicht akzeptabel ist, wie sie sind – genaugenommen, wer sie sind.

Frauen, die in gestörten Familien aufwuchsen, wurden von ihren Eltern gezwungen, sich zu schämen, sowohl absichtlich, als Form von Unterdrückung, als auch unabsichtlich aufgrund von deren eigener schamerfüllter Kindheit. Solche Eltern geben ihrer Tochter nicht die Gewißheit, daß sie okay ist, auch wenn sie sich einmal danebenbenimmt. Statt dessen wird das Kind selbst zum Versager gestempelt. Wir alle als Frauen – als substanzabhängige Frauen, mißhandelte und mißbrauchte Frauen, Frauen aus gestörten Familien, dunkelhäutige Frauen, arme Frauen, lesbische Frauen – haben also Demütigung, Spott, Abwertung, Verlassenwerden oder einfach Selbsthaß erlebt. Wir haben zu empfinden gelernt, daß wir mit einem unwiderruflichen Makel behaftet sind, etwas, das nicht gebessert, nicht repariert werden kann. Und auf dieses Fundament von Scham haben wir unsere Identität gebaut.

Diese Scham hat sich in unserer Seele verselbständigt, und wir tragen diese Gefühle mit uns herum, wo immer wir hingehen. Diese beschämenden Gefühle können durch innere oder äußere Erlebnisse wachgerufen werden.

In der Selbsterfahrung geht es darum, Kräfte zu gewinnen, die eigene Stärke zu spüren und zu handeln. Die eigenen Schamgefühle zu überwinden ist eine Grundvoraussetzung, um zu erstarken.

Scham lähmt Sie und beraubt Sie Ihrer Kraft. Sie fühlen sich ohne Energie, ohne Hoffnung, ohne Bewußtsein der Möglichkeit, sich zu bewegen. Und diese Scham wird zu einem Teufelskreis. Je beschämter Sie sich fühlen, desto mehr sind Sie Ihrer Initiative beraubt. Sie gehen nicht mehr soviel in die Welt hinaus, und deshalb machen Sie weniger positive, bestätigende Erfahrungen.

Sich die Quelle der Scham in Ihrem Leben gründlich und kritisch anzuschauen ist der erste Schritt zu größerer Selbstsicherheit. Bestimmt werden Sie feststellen, daß Sie über viele Dinge keine Kontrolle haben. Zu den Quellen von Scham zählen in unserer Gesellschaft rassische und ethnische Zugehörigkeit, kulturelle Orientierung, Erziehung und Bildung, Einkommen und sexuelle Präferenz. Doch dies ist bloß ein Teil des Variantenreichtums, der dem Leben seine unerhörte Komplexität verleiht. Wenn Sie in Fühlung mit Ihrem klugen inneren Selbst sind, werden Sie wissen, daß keine Scham – oder Glorie – damit verbunden ist. Man ist einfach, wer man ist, das sind die Fakten.

Sich von seinen beschämenden Erlebnissen nicht mehr beeinflussen zu lassen ist ein langfristiger Prozeß. Es gibt keine schnelle Heilung und keine prompte Lösung. Eine Therapie kann Ihnen dabei helfen, einen gesünderen Umgang mit dem Leben zu lernen, statt aus Schamgefühlen heraus zu handeln; aber eine solche Änderung zu erreichen braucht Zeit.

Während dieses Prozesses der Lösung Ihres Körpers von Scham werden Sie sich mit einigen der subtileren Aspekte Ihres Verhaltens auseinandersetzen müssen. Dabei werden Sie vielleicht erneut tiefe Schamgefühle durchleben, die Sie bisher gewöhnlich durch zwanghaftes Verhalten einschließlich Alkohol- und Drogenmißbrauch unter Kontrolle hielten. Während Sie an diesen Gefühlen arbeiten und neue Verhaltensmuster erlernen, werden Sie sich vielleicht äußerst verletzbar fühlen. Dies ist eine Zeit in Ihrem Leben, in der Sie viel Unterstützung brauchen werden, sowohl seitens Ihrer Therapeutin als auch Ihrer erweiterten Familie und Ihrer Freundinnen und Freunde.

Sie können anfangen, sich eine gesündere Existenzweise aufzubauen, indem Sie sich ein Bewußtsein persönlicher sexueller Würde verschaffen, das Ihnen die Kraft gibt, Ihre Sexualität für Ihre eigene Person zu nutzen, ohne andere zu verletzen oder zu nötigen, und für Ihr sexuelles Selbst und Ihre Genesung verantwortlich zu werden. Die Arbeit an den Problemen, die Sie daran hinderten, stark und verantwortlich zu sein – erlernte Hilflosigkeit, Schuldgefühle, sexueller Mißbrauch und Scham –, wird es Ihnen ermöglichen, Intimität mit sich selbst und mit den Menschen, die Sie lieben, zu erleben.

Sarah und Danielle ringen auf ihre eigene Weise darum, zu Kräften zu kommen und die Verantwortung für sich selbst zu übernehmen. Sarah arbeitet hart daran, mehr über sich selbst, ihre Bedürfnisse und ihre Motivationen zu lernen, aber sie ist immer noch weit davon entfernt, sich für persönliche Stärke zu entscheiden. Zwar erkennt sie ihre Tablettenabhängigkeit, sieht und versteht ihre Verstrickung mit ihrer Mutter und ist sich bewußt, daß sie in ihren zwei Ehen Neuauflagen der Dynamik ihrer eigenen gestörten Herkunftsfamilie geschaffen hat. Dennoch kommt sie nicht weiter; sie tritt auf der Stelle.

Sarah kommt nicht vom Fleck, weil sie von Furcht gelähmt ist. Sie fürchtet sich, Risiken einzugehen, fürchtet sich vor Veränderungen, fürchtet sich, anderen zu mißfallen und zu riskieren, verlassen zu werden. Ihre Furcht hindert sie daran zu begreifen, daß sie Wahlmöglichkeiten hat. Sie betrachtet jede Änderung als Verlust, ohne sich klarzumachen, daß manche Veränderungen zwar Verluste bedeuten können, aber dennoch nicht negativ sein müssen. Sie wagt den Sprung nicht von ihrem eigenen Plätzchen voll Angst auf einen Weg der Veränderungen und des Unbekannten. Sarah fehlt noch der Mut, im Angesicht der Furcht zu handeln, statt darauf zu warten, daß die Furcht verschwindet. Die Furcht wird man oft nicht los. Worauf es ankommt, ist zu erkennen, daß sie einen nicht daran hindern muß, Entscheidungen zu treffen und zu handeln.

Sarah hörte und verinnerlichte die Botschaft ihrer Familie, die besagte: »Wenn du vor etwas Angst hast, dann tue es nicht. Negative Gefühle müssen vermieden werden.« Diese Botschaft übt nach wie vor einen gewaltigen Einfluß auf sie aus, trotz des echten Fortschritts, den sie gemacht hat. Sie neigt immer noch dazu, bekannten Schmerz dem unbekannten Neuen vorzuziehen.

Sarah kommt auch von ihrer allzu kritischen Haltung gegenüber Scott nicht los und gibt ihm die Schuld an ihren Beziehungsproblemen. Sie projiziert die Ursache ihrer Misere völlig auf ihn und sieht sich selbst als schuldlos, fast ein Opfer an. Da sich Scott weigert, an einer Ehetherapie teilzunehmen, spricht sie sich von der Verantwortung dafür los, daß auch sie zu den Problemen beitragen könnte. Dieser Verzicht auf persönliche Kraft – auch die Art und Weise, wie Sarah vorging, zeugt von selbstgerechtem Zorn und mangelnder Konzentration – ist Sarahs größter Hemmschuh. Sie wird in ihrer Rehabilitation nur Fortschritte machen, wenn sie sich trotz ihrer Furcht vorwärtsbewegt und darauf vertraut, daß ihr Schwung sie trägt. Das ist ein Akt des Glaubens.

Danielle beginnt, von ihrem Bestreben, »alles zu kriegen«, abzulassen und zu begreifen, daß Geld, Kleider, äußere Erscheinung und Besitztümer nicht die ultimativen Kennzeichen von Glück und Erfolg sind. Als sie heranwuchs, waren ihre Rollenvorbilder die Frauen in den Illustrierten. Jetzt hat Danielle erkannt, daß dies nicht die besten Leitfiguren sind – sie erscheinen ihr zweidimensional, unrealistisch und hohl. In dem Maße, wie sie von ihrer Fixierung auf Äußerlichkeiten abrückt, wagt sie sich nach innen vor, um die ihr unbekannte, innere Danielle zu suchen und kennenzulernen.

Es ist wichtig für Danielle gewesen, in einer Gruppe mit verschiedensten Frauentypen zusammenzutreffen, denen sie sich in der Vergangenheit entfremdet fühlte. Im Laufe der Monate hat sie begonnen, die Machtlosigkeit und Opferrolle mancher dieser Frauen zu erkennen, aber statt mit Selbstgerechtigkeit zu reagieren, hat sie Mitgefühl für ihre Leiden und Kämpfe empfunden. Sie kann sich einfühlen, wenn sie eine als Kind mißbrauchte Frau über ihre Furcht und Angst sprechen hört oder wenn eine Lesbierin von dem Schmerz berichtet, den es ihr bereitete, eine Liebesbeziehung vor ihren Angehörigen und Kolleginnen verborgen zu halten.

Da ihre Eltern ihren Unterhalt als Wanderarbeiter verdienten, hat Danielle ein geschärftes gesellschaftliches Bewußtsein und unterstützt die Gruppenmitglieder in ihren individuellen Auseinandersetzungen; dennoch identifiziert sie sich persönlich nicht mit deren Machtlosigkeit. Sie sinniert: »Ich bin keine Schwarze und keine Lesbe und als Kind nicht mißbraucht worden; es war nie ein Problem für mich, meinen Körper anzufassen; und meine Mutter hat nie versucht, mich zu unterdrücken und zu beherrschen wie Sarahs Mutter.« Aber auch ihr fehlt die Freiheit der Wahl. Diese Erkenntnis wird für sie deshalb noch schwieriger, weil Danielle so vollkommen erscheint. Sie hat sich das Frauenideal unserer Gesellschaft zu eigen gemacht, ein Ideal, das einem Gefühlsleben nicht förderlich ist. Betroffen erkennt sie, daß sie bis zu einem gewissen Grad zu der zweidimensionalen Frau geworden ist, die sie so bewundert hatte: aus Plastik, synthetisch, konfektioniert, eine Ware.

Wenn sie die Ereignisse ihres Lebens Revue passieren läßt, wird ihr klar, daß Sex mit so vielen Männern ihr letztlich wenig gegeben hat. Sie hatte die Rolle einer vergnügungssüchtigen, ungebundenen jungen Frau ausagiert. Aber sie war abgetrennt von ihren Gefühlen; sie reagierte in Wirklichkeit auf die Botschaften der Gesellschaft wie eine Marionette, die sich bewegt, wenn bestimmte Fäden gezogen werden. Ihr Verhalten war nicht Ausdruck inneren Wünschens, sondern der Erwartungen anderer, die sie zu einem Repertoire zusammengebastelt hatte. Ihr Leben bestand aus Anpassung an ein gesellschaftliches Bild dessen, was sie sein sollte. Mit wie vielen Männern sie auch schlief, wie oft sie auch zum Orgasmus kam und wie versiert sie sich als Partnerin auch empfand, ihre innere Sehnsucht blieb unbefriedigt.

Allmählich begriff Danielle, daß sie den Alkohol dazu benutzt hatte, um sich als Mitglied ihrer Altersgenossinnen zu fühlen und ihre Pflicht als Frau zu erfüllen. Es half ihr zu erkennen, daß der Alkohol sie von ihrem inneren Selbst trennte, indem er ihre Gefühle dämpfte und betäubte, und daß er sie vom Schmerz der Sehnsucht abschnitt. Sie dachte, der Alkohol räume irgendwie die Probleme aus dem Weg, die ihr ihre Gefühle verursachten. Jetzt weiß sie, daß Alkohol ihr Dilemma nur verschlimmerte. Ihr Trinken schränkte die Wahlmöglichkeiten ein, die sie hatte, und beraubte sie der Fähigkeit zu wissen, was sie Situationen oder Menschen gegenüber empfand.

Mit dieser neuen Bewußtheit erkennt Danielle die Dimensionen ihres Konflikts und die Kraft ihres Entschlusses, sich zu ändern. Persönliche Kraft zu gewinnen bedeutet zu erkennen, was uns von außen aufgenötigt wurde, und zu verstehen, daß wir Optionen haben und die Fähigkeit, Änderungen herbeizuführen. Es gibt Optionen, die das Selbst erweitern, genauso wie es andere gibt, für die das nicht zutrifft.

Danielles computerorientierter Verstand übersetzt dies in eine Gleichung: Wahlmöglichkeit = Macht = Expansion = Integration. Danielle hat einen Anfang gefunden, eine Möglichkeit, ihre emotionale Seite zu entwickeln und ihr Innenleben mit ihrem äußeren Leben zu vereinen. Sie findet es echt spannend, die neue, dreidimensionale Danielle kennenzulernen, eine Frau mit vielen Optionen und ruhiger Kraft. Sie gibt sich nicht länger damit zufrieden, auf ihre Selbstverwirklichung zu warten; sie befindet sich in einem aktiven Entwicklungsprozeß.

VIERTER TEIL

Erwachen zur Intimität

Echte Intimität zu erleben ist einer der hoffnungsvollsten und beglückendsten Aspekte des Menschseins. Aber ich komme immer wieder auf die Notwendigkeit von Vertrauen zurück, die Art von Vertrauen zwischen Individuen, die Gleichheit, Gegenseitigkeit und ein Geben und Nehmen hervorbringt. Intimität ist nur zwischen Gleichrangigen möglich. Diese Dynamik zwischen uns und anderen zu entwickeln ist eine lebenslange Aufgabe.

Reif zu werden für Intimität und die eigene Sexualität zu erwecken hängen eng miteinander zusammen. Beides sind Dimensionen des Genesungsprozesses. In der Selbsterfahrung beginnen wir zu verstehen, wonach wir uns gesehnt haben, was wir in unserem Leben wirklich wollen. Sie gibt uns die Chance, Wandel herbeizuführen und Sexualität und Spiritualität in unsere intimen Beziehungen zu integrieren. Diese nächste Stufe der Erweckung stellt eine aufregende Herausforderung für uns alle dar, wieweit wir auf diesem Weg auch gekommen sein mögen.

10. Kapitel

Selbstintimität entdecken

Wenn man sich selbst fremd ist, dann ist man auch anderen entfremdet. Wenn man mit sich selbst nicht in Kontakt ist, dann kann man auch zu anderen nicht in Fühlung treten. Wie oft habe ich in einer großen Stadt, wenn ich meinen Freunden die Hand schüttelte, die Wildnis empfunden, die sich zwischen uns erstreckte. Beide wanderten wir durch sterile Wüsten und hatten die Quellen verloren, die uns tränken – oder sie vertrocknet gefunden. Nur wenn man mit seiner eigenen Mitte verbunden ist, ist man mit anderen verbunden, beginne ich zu entdecken. Und was mich betrifft, so kann ich meine Mitte, die innere Quelle, am besten durch Einsamkeit wiederfinden ... Einsamkeit allein ist nicht die Lösung dafür; sie ist nur ein Schritt in Richtung darauf hin, ein mechanisches Hilfsmittel wie das für Frauen geforderte »eigene Zimmer«, bevor sie ihren Platz in der Welt einnehmen konnten. Das Problem besteht nicht ausschließlich darin, ein eigenes Zimmer für sich zu finden und die Zeit zum Alleinsein, so schwierig und nötig dies ist. Das Problem ist eher, wie man die Seele inmitten ihrer Erregungszustände zur Ruhe bringen kann. Das Problem ist faktisch, wie man der Seele Kraft gibt.

Anne Morrow Lindbergh, *Gift from the Sea*

Was ist Intimität?

Warum haben wir so wenig Verständnis dafür, was es bedeutet, intim zu sein? Ich denke, das ist so, weil es in dieser Kultur ein so riesiges Tabu dagegen gibt, uns selbst zu erkennen. Die meisten von uns haben weitaus mehr Zeit damit zugebracht, über die Erfordernisse ihres Jobs nachzudenken, als auszuloten, wer sie sind. Als Kinder wurden wir gewarnt, nicht »egoistisch zu sein und nur an uns zu denken«, was sich gewöhnlich auf unsere Versuche bezog, uns selbst und unsere Motive zu verstehen. Aber sobald wir den Versuch unternehmen, echte Intimität in unserem Leben herzustellen, wird klar, daß wir, solange wir uns selbst nicht kennen – solange wir nicht mit uns selbst intim sind –, unfähig sein werden, mit anderen intim zu sein.

Das nachhaltigste Vorbild von Intimität, das wir in uns tragen, ist die Beziehung unserer Eltern. Für die überwältigende Mehrzahl aller Frauen im Selbsterfahrungsprozeß ist dies bestenfalls ein jämmerliches Vorbild. Die meisten von uns haben so wenig echte Erfahrung mit Intimität, daß ihnen schon das Wort rätselhaft erscheint bzw. Furcht und Mißtrauen auslöst. Ich möchte Ihnen drei Definitionen vorstellen, von denen ich glaube, daß Sie Ihnen ein Gefühl dafür vermitteln könnten, worüber wir in diesem Kapitel reden wollen:

- Intimität bedeutet, daß sich das, was innerlich geschieht, mit dem deckt, was äußerlich zu sehen ist.
- Intimität ist die spontane Äußerung von Gefühlen in einer Atmosphäre ohne oder fast ohne persönliche Bedrohung.
- Intimität ist, wenn ich dir etwas über mich mitteile.

Diese Definitionen mögen sich von dem unterscheiden, was Sie sich unter Intimität vorgestellt haben. *Intimität* ist ein abgenutztes Wort in unserer Gesellschaft. Manchmal benutzen wir es als Umschreibung. Wir sagen: »Ich habe eine intime Beziehung mit Soundso«, was die Gesellschaft versteht als: »Wir schlafen miteinander.« Aber es ist nicht dasselbe. Nicht annähernd.

Wir leben in einer Gesellschaft, die Liebe, Sex und Intimität miteinander verwechselt und durcheinanderbringt. Wenn wir uns auf die Suche nach dem einen machen, bekommen wir oft das andere. Wenn Sie Intimität suchen, landen Sie vielleicht in einer sexuellen Begegnung; die Tatsache, daß sie sexuell ist, macht sie nicht intim. Im Gegenteil, man kann mit jemand sehr intim sein, mit dem man nie ins Bett geht.

Frauen auf Entzug haben auch mit den schädlichen Folgen ihres Abgleitens in die Sucht zu kämpfen. Sucht verhindert Intimität; sie zerstört sogar die Möglichkeit von Intimität. Eine Beziehung mit Suchtcharakter zu was oder wem auch immer ist eine Beziehung, die aus der Balance ist. Das Objekt der Sucht – Alkohol, Drogen, Essen, eine Person – wird zum Brennpunkt des Lebens einer Frau. Im Grunde wird es zum einzigen Liebesobjekt – zu demjenigen, das die Süchtige liebt, dem sie vertraut und das ihr wichtig ist. Selbst wenn das Liebesobjekt ein Mensch ist, wie im Falle von Koabhängigkeit oder sexueller Hörigkeit, macht die Objektivierung (im Sinne von »zum Objekt machen«) der betreffenden Person Intimität unmöglich.

Stimmungsverändernde Substanzen wie Alkohol und andere Drogen bewirken auch eine Veränderung der Art und Weise, wie wir Gefühle erleben. Der Mißbrauch chemischer Substanzen schränkt unsere Fähigkeit ein, intim zu sein, weil Intimität mit Gefühlen zu tun hat. Sucht unterbricht den Prozeß der Intimität. Sie beeinträchtigt die Fähigkeit, eine tiefe Verbundenheit mit anderen zu erleben; unsere Wahrnehmungen werden verzerrt, unser Verhalten wird defensiv, unsere Gefühle werden verfälscht.

Intimität ist komplex. Es gibt verschiedene Arten, sie zu erleben und auszudrücken. Emotionale Intimität bedeutet, mit jemandem unsere Gefühle zu teilen; geistige Intimität bedeutet, unsere Gedanken zu teilen; physische Intimität bedeutet, unseren Körper zu teilen. Physische Intimität geht nicht immer mit emotionaler Intimität einher. Man kann eine zutiefst intime emotionale Verbundenheit mit jemandem haben, den man nie umarmt hat.

Mit sich selbst intim zu sein bedeutet nicht, narzißtisch zu sein und endlos um sich selbst und seine eigenen Wünsche und Bedürfnisse zu kreisen. Es bedeutet nicht, sich unter Ausschluß anderer auf sich selbst zu konzentrieren. Es bedeutet einfach zu wissen, wer man ist, mit seinen Gefühlen in Kontakt zu sein, wenn sie auftreten, und zu wissen, warum man auf Ereignisse und Situationen so reagiert, wie man es tut.

Das läuft auf den uralten philosophischen Appell hinaus: »Erkenne dich selbst.« Selbsterkenntnis beginnt damit, die eigenen Gefühle zu kennen, und schürft dann schrittweise tiefer, wenn wir lernen, unsere Seele, unseren Geist und unser sexuelles Selbst zu erkennen. Dieser innere Weg ist oft schwierig, aber letzten Endes äußerst lohnend. In dem Maße, wie Sie sich auf verschiedenen Ebenen kennenlernen, werden Sie entdecken, was für ein wunderbar komplexes Geschöpf Sie wirklich sind.

Erkennen Sie Ihre Gefühle

Gefühle sind Gefühle. Sie sind genauso in Ordnung, wie sie sind. Sie brauchen sie nicht zu beurteilen oder zu leugnen oder danach zu handeln; es genügt, sie zu spüren und zu beobachten.

Substanzabhängige Frauen sind es in der Regel gewohnt, Gefühle auszuagieren, ohne sich ihrer wirklich bewußt zu sein, und dieses Ausagieren hat oft eine zwanghafte Qualität. Aber wenn Sie sich gestatten, Ihre Gefühle einfach zu empfinden, sei es Traurigkeit, Wut, Freude oder Verlust, dann werden Sie das Bedürfnis verlieren, zwanghaft danach zu handeln. Einfach bei Ihren Gefühlen zu sein, sie wahrzunehmen und ihnen zu gestatten, in Ihnen zu existieren, kann es Ihnen ermöglichen, sich frei zu entscheiden, wie Sie sie ausdrücken wollen.

Möglicherweise haben Sie Ihre Gefühle zu einem Gefühlszustand komprimiert – Wut, Kränkung, Furcht oder Angst –, und dieser Zustand ist vielleicht zu Ihrer dauernden Existenzform geworden. Vielleicht haben Sie Ihre Fähigkeit verloren, ein breites Spektrum von Gefühlen zu empfinden oder zwischen Gefühlen zu unterscheiden. Fragen Sie sich, welches Gefühl bei Ihnen vorherrscht. Sind Sie wütend oder verletzt? Enttäuscht, vielleicht frustriert? Sind Sie furchtsam, oder leben Sie stets in der

Erwartung? Zu Ihren Gefühlen könnten Gereiztheit, Entzücken, Bedrückung, Abscheu, Kummer, Befriedigung, Furcht, Intoleranz, Aufregung und so weiter zählen.

Es gibt buchstäblich Hunderte von Wörtern, die die vielen verschiedenen Gefühle und Gefühlsnuancen beschreiben. Claudia Black stellt in *Mir kann das nicht passieren* eine Liste verschiedener Gefühle auf, die wir alle haben, und fordert die Leserinnen auf, nach einem Punktesystem zu bewerten, wieweit deren Äußerung in der eigenen Herkunftsfamilie gestattet war. Falls Sie Mühe haben, Ihre Gefühle zu identifizieren, ist dies ein guter Ansatzpunkt.

Bei vielen Frauen liegen unter den heutigen Gefühlen lebenslang aufgestaute, nie geäußerte Gefühle begraben. Vielleicht haben Sie Ihre Gefühle aus Furcht verdrängt, von ihnen überwältigt und von ihrer Intensität und Heftigkeit verschlungen zu werden. Das ist nicht ungewöhnlich; Kinder aus gestörten Familien empfangen sowohl direkte als auch indirekte Botschaften, Gefühle nicht zu identifizieren und zu äußern. In der Therapie eröffnet sich jedoch ein unmittelbarer Zugang zu den Gefühlen. Ohne die dämpfende Wirkung der Sucht können ungeäußerte Gefühle an die Oberfläche drängen. Es ist wichtig zu wissen, daß Ihnen Ihr inneres Selbst gar nicht gestatten wird, mehr zu fühlen, als Sie ertragen können. Eine sichere Umgebung zu schaffen, in der Sie Ihre Gefühle bearbeiten können, und auf die Weisheit Ihrer Psyche zu vertrauen, kann Ihnen helfen, der Furcht vor Überwältigung standzuhalten. Lassen Sie sich von Ihren Gefühlen überspülen wie der Strand von den Wellen. Ebenso wie Wellen werden sie an- und abschwellen und Sie in Ihre ruhige Mitte zurückkehren lassen. Auf Ihre Mitte können Sie Anspruch erheben wie auf einen Hafen, in den Sie immer zurückkehren können. Sie ist die Quelle der Weisheit, der Kraft und des Friedens. Sie ist das Selbst.

Es ist unerhört wertvoll, mit alten Gefühlen in Kontakt zu kommen, um sie zerstreuen zu können. Sobald Sie alten Gefühlen gestattet haben, sich aufzulösen, hat das, was Sie empfinden, mit heute zu tun. Der einzige Weg, um wirklich in der Gegenwart zu leben, besteht darin, die Vergangenheit zuerst zu fühlen und sie dann loszulassen.

Erkennen Sie Ihren Körper

Wenn Sie von Ihrem Körper abgetrennt und ihm entfremdet sind, fehlt Ihnen eine wertvolle Quelle der Selbsterkenntnis und Selbsteinsicht. Ihr Körper ist ein Fundus an Wissen über Sie selbst. Wie und was Ihr Körper empfindet, kann Ihnen eine Menge darüber sagen, was mit Ihnen los ist. Oft finden Gefühle, die Sie nicht ausleben, durch Ihren Körper Ausdruck. Kopf-, Bauch- und Rückenschmerzen, Muskelverspannung, erhöhter Blutdruck und Atemstörungen – all dies können Signale sein, daß bestimmte Gefühle Ihrer Aufmerksamkeit bedürfen.

Da wir unsere Sexualität mit unserem Körper ausdrücken, ist die Kenntnis unseres Körpers Voraussetzung einer vollständigen Kenntnis dessen, wer wir als ausdrucksfähige Geschlechtswesen sind. In der Anfangsphase der Therapie lernen Sie, wie wichtig es ist, Ihren Körper und Ihre Genitalien zu bejahen, und es entwickelt sich allmählich eine Bewußtheit Ihrer eigenen sexuellen Reaktionen im Unterschied zu jenen eines Partners. In der zweiten Phase der Therapie beginnen Sie, die Bedürfnisse Ihres Körpers zu den Bedürfnissen anderer in Beziehung zu setzen. Jetzt können Sie auf Ihrer Kenntnis Ihres eigenen Körpers und dessen Reaktionen aufbauen und beginnen, Bereiche Ihrer Sexualität zu erforschen, die vielleicht bisher noch unerschlossen waren. Möglicherweise finden Sie Vergnügen an nichtsexuellen Aktivitäten wie Tanzen und Fitneßtraining, die bewirken, daß sich Ihr Körper wohl fühlt, und die es Ihnen ermöglichen, das Leben in Ihrem Körper mehr zu genießen. Vielleicht erweitern Sie jetzt Ihre Fähigkeit, andere und sich selbst mit größerem Abwechslungsreichtum zu berühren und in Ihren sexuellen Reaktionen und Verhaltensweisen flexibler zu werden.

Die Vorstellung, daß der Körper und die Emotionen eng miteinander verbunden sind, ist nicht neu, aber heute sind wir uns der subtilen Interaktion zwischen beidem noch deutlicher bewußt. Ob Sie sich glücklich, traurig, furchtsam, lebenssprühend, erschöpft, frustriert, aggressiv oder versöhnlich fühlen: Ihr Körper enthält dieses Gefühl. Ihre ungeäußerten Gefühle bleiben in Ihrem Körper, bis Sie sie ausdrücken. Wenn Sie an chronischen Kopfschmerzen, Rückenschmerzen, Bauchschmerzen, Muskelverspannung oder anderen, ähnlichen Beschwerden leiden, tragen Sie aller Wahrscheinlichkeit nach Gefühle mit sich herum, die angemessen ausgedrückt werden wollen. Werden diese Emotionen lang genug zurückgehalten, so kann dies tatsächlich Krankheiten und körperlichen Verfall auslösen.

Häufig wissen Frauen nicht, was sie fühlen. Unserem Körper liebevolle Aufmerksamkeit zu schenken ist ein wichtiger Weg, um diese Gefühle zu identifizieren. Veronica zum Beispiel, die nach Sex mit ihrem alkoholabhängigen Mann jedesmal betrunken einschlief, ohne zum Orgasmus gekommen zu sein, erkannte später, daß die Kopfschmerzen, mit denen sie immer aufwachte, nicht nur vom Alkohol herrührten, sondern auch von der sexuellen Spannung, die sie aufgestaut und nicht entladen hatte. Oft ist Schmerz das einzige Mittel, mit dem uns unser Körper signalisieren kann, daß etwas nicht in Ordnung ist.

Körperarbeit – Rolfing, Posturale Integration, Massage, Akupressur und andere Techniken – ist eine hochwirksame Methode, um verdrängte Kindheitserinnerungen und Gefühle wiederzuerwecken, und eröffnet uns einen weiteren Zugang zu unserer Vergangenheit. Kraftvolle, lustbetonte körperliche Aktivitäten wie Tanz oder langsame, konzentrierte physische Übungen wie Stretching oder Yoga können ebenfalls Emotionen in überraschender Weise freisetzen. Eine Frau erzählt: »Sooft ich eine bestimmte Yogastellung einnahm, fühlte ich mich sehr, sehr traurig und begann zu weinen. Bis zum heutigen Tag weiß ich nicht, warum diese Stellung diese Reaktion hervorrief, aber sie diente dazu, diese Traurigkeit auszulösen und mich darauf aufmerksam zu machen, so daß ich daran arbeiten konnte.«

Vielleicht werden Sie entdecken, daß Sie manchmal den Atem anhalten, ohne sich dessen bewußt zu sein. Daraus können Hyperventilation, Schwindelanfälle, Brust- oder Kopfschmerzen resultieren. Vielleicht tun Sie das als Reaktion auf Ängste, die entweder in der Vergangenheit oder der Zukunft wurzeln. Je mehr Sie lernen, in der Gegenwart zu leben, desto deutlicher werden Sie sich Ihrer Atmungsrhythmen bewußt werden. Wenn Sie sich ängstlich oder depressiv fühlen, dann ist es ein gutes Mittel, um sich in die Gegenwart zurückzuholen, wenn Sie sich die Zeit nehmen, ruhig und langsam zu atmen.

Zu lernen, in der Gegenwart zu bleiben, erfordert Übung und Aufmerksamkeit, aber es lohnt sich. Je mehr Sie sich darum bemühen, desto besser wird es Ihnen gelingen. Anfangs werden Sie vielleicht nur für ein oder zwei Sekunden präsent sein können, dann für ein oder zwei Minuten. Dann wird Ihnen vielleicht plötzlich bewußt, daß Sie sich mehrere Stunden lang in einem Traum von der Vergangenheit oder Zukunft verloren haben. Dies ist die Morgenröte einer neuen Selbstbewußtheit.

Wenn Sie beginnen, in dieser Weise für den Augenblick zu erwachen, dann sind Sie auf Ihrem Weg zur Erweckung Ihrer Sexualität schon ein gutes Stück vorangekommen. Die innere Arbeit, die Sie geleistet haben, kann sich in Ihren Aktionen und Interaktionen manifestieren. Sie beginnen, sich in den Schritten, die Sie machen, präsent zu fühlen. Jetzt, da sich Ihre innere und äußere Reise vereinen, nehmen Sie die Wahlfreiheit in Anspruch, welche die zweite Phase der Genesung kennzeichnet.

Erkennen Sie Ihren Geist

Die westliche Kultur hat traditionellerweise das Denken für eine männliche Spezialität gehalten, und die weiblichen Denkprozesse sind in der Geschichte stets abgewertet und niedriger eingestuft worden. Unzählige Philosophen haben die Frauen nachdrücklich als irrational und zu ausdauerndem, konzentriertem Denken unfähig erklärt.

Man kann das Denken der Frauen zwar als anders, aber nicht als geringer als das der Männer bezeichnen. Jahrhundertelang hat sich das Denken der Frauen in eine andere Richtung entwikkelt. Frauen neigen dazu, in komplexen, kreisförmigen Mustern und nicht linear zu denken. Unser Problemlösen bezieht viele Variablen ein und verfolgt andere Ziele. Unsere moralischen Urteile sind gewöhnlich weniger regelgebunden und stärker situationsbezogen. Unsere sogenannte weibliche Intuition ist ein Ausdruck unserer unbewußten Empathie und emotionalen Verbundenheit.

Da unser Verstand sowohl von der Gesellschaft als auch von unseren gestörten Familien abgewertet wurde, haben viele Frauen weder erforscht, wie sie denken, noch, was sie denken. Sich mit dem eigenen Denken vertraut zu machen – wie Ihr Verstand funktioniert, was einen Denkprozeß auslöst, wie Sie Probleme lösen, was Sie daran hindert, über ein Thema klar nachzudenken – kann sehr spannend sein. Einfach sich die Erlaubnis zu geben, seine intellektuellen Fähigkeiten zu erkunden, kann eine neue Erfahrung darstellen.

Alkohol und andere Drogen machen es sehr schwierig, klar zu denken. Je mehr Sie sich aus Ihrer Substanzabhängigkeit befreien, desto klarer werden Sie denken können. Mit fortschreitender Genesung wird es Ihnen leichterfallen, sich zu konzentrieren, und Sie werden weniger vergeßlich und in Ihren eigenen Gedanken präsenter sein.

Die Wiedergewinnung des eigenen Denkvermögens kann eine der befriedigendsten Erfahrungen der Nüchternheit sein. Vielleicht werden Sie merken, daß Sie sich neuen intellektuellen Herausforderungen stellen, sich weiterbilden oder neue Qualifikationen erwerben – und das alles, weil Sie jetzt Ihren Verstand und seine Möglichkeiten zu schätzen wissen.

In dem Maße, wie Sie sich wieder Ihres Denkens bemächtigen, wird es Ihnen auch gelingen, Ihre Gedanken über Sex zu klären. Sie werden zu erkennen beginnen, wie sich Ihre geistige Einstellung zu Sex auf Ihre Wahlentscheidungen im Bereich des Geschlechtslebens auswirkt. Sie werden beobachten, wann Sie sich in bezug auf mögliche sexuelle Begegnungen Phantasien überlassen. Sarah erzählte ihrer Gruppe: »Gestern abend hatte ich wirklich Lust auf Sex. Aber ich sagte mir: ›Ich bin sicher, daß Scott nicht in der Stimmung dazu ist, warum soll ich es also versuchen?‹ Und dann wurde mir plötzlich klar, daß sich die ganze Situation bloß in meinem eigenen Kopf abspielte. In Wirklichkeit hatte ich keine Ahnung, wie sich Scott gerade fühlte.« Ebenso wie Sarah werden Sie sich in der zweiten Phase der Therapie Ihrer sexuellen Gedanken und deren Auswirkung auf Ihre Handlungen immer deutlicher bewußt werden.

Erkennen Sie Ihre Spiritualität

Ein fundamentaler Bestandteil der Selbsterkenntnis ist, sein spirituelles Selbst kennenzulernen, jenen Teil von sich auszuloten, der Sie mit dem Universum verbindet. Ob Sie diesen spirituellen Aspekt als Gott oder Göttin, höhere Macht oder reinen Geist ansehen, ist etwas, was Sie für sich selbst entscheiden. Wichtig ist, daß Sie mit dieser Sehnsucht und Suche nach transzendentaler Verbundenheit intim vertraut werden. Sie ist eine mächtige Energiequelle und die Quelle Ihrer Lebenskraft. Sie fungiert auch als eine Art Empfänger für jene verbindenden Energien, die ein anderer Mensch, zu dem Sie eine Beziehung haben, auf Sie richtet.

Frauen finden ihre spirituelle Verbundenheit auf unterschiedlichste Weise. Vielleicht finden Sie die Ihre in der Natur, in der Meditation oder im Gebet. Vielleicht nehmen Sie sich Zeit für besinnliche Lektüre oder Schweigen. Welche Form auch immer Ihre spirituelle Suche annimmt, es ist wesentlich, daß Sie Ihr Bedürfnis nach spiritueller Nahrung respektieren.

Es mag schwierig sein, Ihre spirituellen Bedürfnisse in einer Gesellschaft zu respektieren, die so auf das Materielle und Äußerliche fixiert erscheint. Seine Spiritualität zu erkennen heißt nicht einfach zu wissen, was man glaubt; dazu gehört auch, seine spirituellen Sehnsüchte zu erkennen und ihre Berechtigung anzuerkennen, indem Sie sich trotz Ihres beschäftigten Lebens die Zeit nehmen, diese Bedürfnisse zu erfüllen. In dem Maße, wie Sie nach Ganzheit, nach Harmonie und nach Verbundenheit mit etwas Größerem als Ihrem Ich streben, werden Sie lernen zu erkennen, wer Sie sind, und besser zu verstehen, was es bedeutet, ein Mensch zu sein und die göttliche Kraft zu verkörpern.

Mimis spielerische, heilende Beziehung zu Sheila ging schließlich zu Ende. Die zwei Frauen hatten unterschiedliche Prioritäten: Mimi war an einer langfristigen, engagierten Beziehung interessiert, während Sheila sehr davon in Anspruch genommen wurde, ihre Kinder aus einer heterosexuellen Ehe großzuziehen und ihre Karriere voranzubringen. Sie einigten sich, nach Beendigung ihrer intimen Beziehung eine Weile keinen Kontakt zu suchen, um ihr Verhältnis auf eine neue Basis stellen zu können. Später waren sie imstande, wieder in Verbindung zu treten und eine verläßliche Freundschaft aufzubauen.

Ein paar Monate später lernte Mimi bei einer gemeinsamen Freundin die Bildhauerin Lynn kennen. Trotz ihrer unterschiedlichen Berufe und Interessen schienen sie auf einer tiefen Ebene miteinander in Fühlung zu kommen, und allmählich entwickelte sich eine intime Beziehung zwischen ihnen.

Mimi hat es geschafft, die besten Aspekte ihrer Identität gegenüber Sheila in ihre neue Beziehung zu Lynn einzubringen. Mimi hatte sich Sorgen gemacht, daß sie die spielerischen, sehr lustvollen Elemente ihrer Sexualität Sheila verdankte; aber zu ihrer Freude merkte sie, daß sie lang schlummernde Anteile von sich selbst in dieser Beziehung erweckt hatte.

Im Laufe ihrer Jahre mit Lynn hat Mimi das An- und Abschwellen sexuellen Verlangens erlebt, das in langfristigen Beziehungen normal ist. Aber ihr Grundstock an Vertrauen, ein konstantes Element in ihrer Beziehung, hat es den zwei Frauen ermöglicht, die Fähigkeit zu entwickeln, ihre Verbundenheit zu erweitern, die sie beide schätzen und über die sie immer wieder staunen – und beide erleben gleichzeitig eine Expansion ihres Selbst. Beide beschreiben dies als eine wachstumsfördernde Beziehung.

Ihr Gefühl von Sicherheit gestattet ihnen, zu experimentieren und ihr sexuelles Selbst zu erforschen. Mimi und Lynn fühlen sich jetzt nicht nur miteinander, sondern auch mit anderen und mit dem Kosmos stärker verbunden. Gemeinsam haben sie gelernt, daß die Sexualität tatsächlich nicht etwas von der Spiritualität Getrenntes ist. Der Drang, sich mit einem anderen Geschöpf zu vereinigen und sexuell zu verschmelzen, hängt eng mit dem Verlangen zusammen, mit allem Seienden eins zu werden.

Ekstase, die wir in der Regel mit physischer Lust verknüpfen, wurde in der Antike als ein Einswerden mit dem Göttlichen, wahrhaft als Himmel auf Erden, angesehen. In der zweiten Phase der Selbsterfahrung werden Sie lernen, den sexuellen Anteil von sich als einen unersetzlichen und integralen Aspekt der Heiligkeit Ihres Seins zu ehren.

Erkennen Sie Ihre Sexualität

In der zweiten Phase der Therapie werden Sie eine sexuelle Identität bilden oder festigen, die Ihren inneren und äußeren Weg miteinander vereinigt. Ihre Identität sollte in Einklang mit Ihrem inneren Selbst und dessen Bedürfnissen stehen, und Sie sollten sie in der äußeren Welt als authentisch empfinden. Die Erschaffung dieser sexuellen Identität ist ein komplexer und allmählicher Prozeß. Wenn sich Ihre Bedürfnisse im Laufe der Zeit verändern, dann wird Ihre sexuelle Identität diesen Wandel reflektieren. Es kann sein, daß Sie sich in bezug auf die Arten von sexuellem Verhalten ändern, die Ihnen zusagen, und die Arten von Menschen, zu denen Sie sich hingezogen fühlen, und vielleicht stellen Sie sogar fest, daß Sie von einem anderen Geschlecht angezogen werden.

Obwohl uns unsere Gesellschaft sozialisiert, ausschließlich heterosexuell zu sein, ist die sexuelle Identität nicht fixiert. Sie ist fließend und existiert entlang eines Kontinuums von ausschließlich hetero- bis ausschließlich homosexuell. Dies zu verstehen wird Ihnen die Freiheit verschaffen, Ihre sexuelle Identität zu erforschen, ohne sich nach einer starren Definition zu klassifizieren, die vielleicht nicht mit Ihren Erfahrungen und Gefühlen übereinstimmt.

Kinseys Skala sexueller Identität

Die frühesten Forschungsarbeiten über die tatsächlichen sexuellen Erfahrungen der Amerikaner und Amerikanerinnen wurden in den vierziger Jahren von Alfred Kinsey und seinen Mitarbeitern durchgeführt. Kinsey entwickelte eine Sieben-Punkte-Skala zur Erfassung des Spektrums von Sexualität, welche die von ihm Befragten erlebten. Er tat dies nach persönlichen Interviews mit etwa 10000 Personen über ihre sexuellen Phantasien, Erlebnisse und Verhaltensweisen. Dann ordnete er diese der folgenden Skala zu:

0 = ausschließlich heterosexuelles Verhalten
1 = primär heterosexuell, aber Episoden von homosexuellem Verhalten
2 = primär heterosexuell, aber mehr als gelegentliches homosexuelles Verhalten
3 = gleiche Anteile von heterosexuellem und homosexuellem Verhalten (bisexuell)
4 = primär homosexuell, aber mehr als gelegentliches heterosexuelles Verhalten
5 = primär homosexuell, aber Episoden von heterosexuellem Verhalten
6 = ausschließlich homosexuelles Verhalten

Kinsey stellte fest, daß die meisten Menschen auf die Kategorien 1 bis 5 der Skala entfallen und daß sie in verschiedenen

Abschnitten ihres Lebens verschiedenen Kategorien zuzuordnen sind. Die meisten Menschen schienen mit der Fähigkeit geboren zu sein, erotisch auf beide Geschlechter zu reagieren. Viele Menschen in den Vereinigten Staaten empfanden Kinseys Resultate als skandalös, aber seine Forschungsergebnisse erwiesen sich als unbestreitbar.

Kinsey und seine Kollegen machten bei ihrer Arbeit noch andere interessante Entdeckungen. Zum Beispiel stellten sie fest, daß 80 Prozent aller Männer als Erwachsene irgendwelche sexuellen Erfahrungen mit anderen Männern gehabt hatten. Obwohl die Wahrscheinlichkeit sexueller Erfahrungen mit anderen Frauen bei erwachsenen Frauen geringer war, gaben mehr als die Hälfte einige Erfahrungen an. Frauen hatten andererseits mit größerer Wahrscheinlichkeit enge emotionale Bindungen an andere Frauen als Männer untereinander.

Die Erklärung für diese Unterschiede scheint in unserer sexuellen Sozialisation zu liegen. Es ist oft viel schwieriger für Männer, eine tiefe emotionale Bindung untereinander zu entwickeln, als sexuelle Kontakte zueinander zu haben. Männer, die es akzeptabel finden, mit männlichen Strichern sexuell zu verkehren, würden niemals einen anderen Mann küssen oder mit einem anderen Mann weinen. Gegen eine tiefe Verbundenheit von Frauen untereinander besteht jedoch kaum ein Tabu. Freundinnen fühlen sich einander oft emotional näher als ihren Ehemännern, ohne sexuelle Kontakte in Erwägung zu ziehen.

Ihr Platz auf der Skala

Niemand weiß im Grunde, wie sich eine bestimmte sexuelle Identität entwickelt. Die einzigen gesicherten Fakten sind, daß alle sexuellen Identitäten normal sind, daß sie entlang eines Kontinuums angeordnet sind und daß sie sich im Lauf der Zeit ändern und entwickeln können.

Sie können die folgenden vier Faktoren zur Bestimmung Ihres speziellen Platzes auf dieser Skala zu einem bestimmten Zeitpunkt heranziehen. Ich empfehle Ihnen, diese Fragen dreimal zu beantworten: einmal für die Zeit, als Sie aktiv Alkohol oder andere Drogen benutzten; einmal für heute und einmal für Ihre ideale Zukunft – wo Sie gerne hinwollen. Diese drei Reihen von Antworten werden Ihnen eine Vorstellung davon geben, wie sich Ihre sexuelle Identität entwickelt hat und in welche Richtung Sie sich künftig bewegen wollen. Beginnen Sie mit Ihrer heutigen Verfassung.

1. *Phantasien:* Wen betreffen Ihre Phantasien? Schließen Ihre Phantasien sowohl Männer als auch Frauen ein? Phantasieren Sie über bestimmte Akte mit Männern oder Frauen? Falls Sie Phantasien nur über jeweils ein Geschlecht haben, dann sind Sie einem der beiden Enden der Skala zuzuordnen.

2. *Erotik:* Was empfinden Sie als erotisch? Finden Sie Frauenkörper erotisch? Finden Sie Männerkörper erotisch? Finden Sie bestimmte Kennzeichen von Männern oder Frauen erotisch? Sind die Bilder der Wäschewerbung in Frauenzeitschriften für Sie erotisch? Empfinden Sie die Werbefotos für Männerslips als erotisch? Was erregt Sie an Männern und Frauen? Markieren Sie Ihren Platz auf der Skala irgendwo zwischen null und sechs.

3. *Emotionale Bindungen:* Wo liegen Ihre stärksten emotionalen Bindungen? Sind Sie gleichermaßen an Männer und Frauen gebunden? Wählen Sie einen Platz auf der Skala, der genau Ihren emotionalen Bindungen entspricht.

4. *Sexuelles Verhalten:* Was ist Ihre sexuelle Erfahrung? Sind Sie sowohl mit Männern als auch mit Frauen sexuell aktiv? Mit wem sind Sie bisher sexuell aktiv gewesen? Wählen Sie eine Zahl von null bis sechs, die der Vielfalt Ihrer sexuellen Erlebnisse entspricht.

Addieren Sie die Zahlen, die Sie für jeden dieser vier Faktoren gewählt haben, und teilen Sie sie durch vier. Die resultierende

Zahl wird Ihnen sagen, welche Stelle Sie tendenziell auf Kinseys Skala sexueller Identität einnehmen. Da die meisten Menschen irgendwo zwischen eins und fünf liegen, ist nur ein kleiner Prozentsatz der Menschen in bezug auf alle vier genannten Faktoren ausschließlich hetero- oder homosexuell.

Beantworten Sie die Fragen nun noch einmal. Versuchen Sie diesmal, sich Ihrer Erlebnisse zu erinnern, während Sie tranken oder andere Drogen konsumierten, und schauen Sie, wie sich Ihre sexuelle Identität im Zuge der Selbsterfahrung verschoben hat. Beantworten Sie die Fragen jetzt erneut mit Blick auf die Zukunft.

Als Danielle diese Übung machte, merkte sie zu ihrer Überraschung, daß sie Phantasien über Frauen hatte. Sie hatte sich immer für ausschließlich heterosexuell gehalten und hatte sogar Mitleid für Frauen empfunden, die einen, wie ihr schien, schwierigen lesbischen Lebensstil pflegten; aber als sie ihre Antworten auf diese Fragen überprüfte, wurde ihr klar, daß sie Frauen automatisch aus ihrer sexuellen Aktivität ausgeschlossen hatte. Sie beschloß, künftig ihren sexuellen Wünschen größere Aufmerksamkeit zu schenken und offener für neue erotische Erfahrungen und emotionale Beziehungen zu sein.

Sich selbst akzeptieren

In meiner Untersuchung von Alkoholikerinnen auf Entzug fragte ich sie nach ihrer sexuellen Identität, bevor das Trinken zu einem Problem wurde, während ihres aktiven Alkoholismus und während der folgenden Abstinenz. Bevor ihr Trinken zu einem Problem wurde, waren nach eigenen Angaben 74 Prozent heterosexuell, 20 Prozent bisexuell und 6 Prozent lesbisch gewesen. Während ihres aktiven Trinkens bezeichneten sich 57 Prozent als heterosexuell, 37 Prozent als bisexuell und 6 Prozent als lesbisch. Nach dem Entzug gaben 66 Prozent an, heterosexuell, 17 Prozent, bisexuell, und 17 Prozent, lesbisch zu leben.

Aus diesen Eigenangaben geht hervor, daß sich viele Frauen unterschiedliche sexuelle Beziehungen gestatten, wenn sie trinken. Offenbar gibt ihnen das Trinken die Freiheit, ihre erotische Neigung zu Frauen zu erproben.

Nach dem Entzug begannen manche Frauen, die sich als bisexuell bezeichnet hatten, sich als heterosexuell zu identifizieren, aber die meisten fingen an, sich als Lesben zu identifizieren. Der große Wert, der in der Anfangsphase der Therapie auf Ehrlichkeit gelegt wird, veranlaßt uns oft, genau anzuschauen, wer wir sind und mit wem wir sexuell zusammensein wollen, und manche Frauen erkennen dadurch, daß sie ihrem bisexuellen Verhalten während des Trinkens eher gerecht werden können, indem sie eine lesbische Identität annehmen.

Selbsterfahrung bedeutet, akzeptieren zu lernen, wer Sie in jedem Bereich des Lebens sind: emotional, körperlich, spirituell und geistig. Dieses Sich-selbst-Annehmen ist besonders schwierig im Bereich der Sexualität, aber man kann es schaffen. Genesung bedeutet auch, Verleugnungen zu durchbrechen, ob es sich um die Leugnung Ihrer Gefühle für Frauen handelt oder um die Leugnung Ihres Selbsthasses, weil Sie diese Gefühle haben. Um zu lernen, in nüchternem Zustand sexuell aktiv zu sein und dabei Probleme sexueller Identität und Selbstakzeptanz durchzuarbeiten, bedarf es einer unterstützenden Umgebung und eines Netzwerks anderer Frauen, die sich mit ähnlichen Problemen auseinandersetzen.

11. Kapitel

Intimität mit anderen schaffen

In eine Richtung tief zu lieben macht uns liebevoller in alle anderen.

Madame Swetchine

Die Liebe zwischen zwei Menschen kann nur in der Annäherung zweier Einsamkeiten bestehen, die einander erkennen, schützen und trösten.

Han Suyin

Unsere innere sexuelle Landschaft zu entdecken und in Besitz zu nehmen ist erst der Beginn unseres Weges zur Intimität. Wo auch immer Ihr Platz auf der sexuellen Identitätsskala ist, Sie werden verschiedenste Herausforderungen und Stadien durchzuarbeiten haben, um ein erfülltes Sexualleben zu erreichen. Diesen Weg Schritt für Schritt zu gehen wird den Prozeß der Selbsterfahrung leichter zu bewältigen und befriedigender machen. Je mehr Sie in jeder neuen Phase lernen und wachsen, desto leichter wird Ihnen der nächste Schritt fallen.

Intime Freundschaften aufbauen

Frauen stellen oft fest, daß sie sich zum Schaden ihrer Freundschaften auf ihre sexuellen Beziehungen konzentrieren. Dies gilt speziell für Frauen in der sexuellen Selbstfindung, die eine gesteigerte Bewußtheit für sexuelle Fragen haben. In der Freundschaft – einer engen Beziehung ohne Sex – können wir

Intimität ohne den komplizierenden Faktor der Sexualität erleben. Die Eigenschaften, die wir in der Freundschaft entwickeln und vertiefen, sind dieselben, die unsere sexuellen Beziehungen mit Sinn erfüllen.

Mit anderen Frauen befreundet zu sein birgt zahlreiche Freuden. In der ganzen Menschheitsgeschichte haben sich Frauen gegenseitig unterstützt. Ob beim Wäschewaschen am Fluß oder in Nähstunden zu Wohltätigkeitszwecken, in Schriftstellerinnen- und Künstlerinnen-Vereinigungen oder Unternehmerinnen-Verbänden: Frauen sind im Laufe ihres Lebens immer zusammengekommen, um einander zu unterstützen und Kraft zu geben. Als Ernährerinnen und Betreuerinnen von Männern und Kindern konnten wir Anerkennung, Informationen, Verständnis und Gesellschaft nur beieinander finden.

Sich die Zeit zu nehmen, um unsere Freundschaften zu pflegen und zu erhalten, ist nicht leicht, aber sie sind wesentlich als Quelle der Kraft und des Wohlbefindens. Eine Freundin zu haben, die Sie über längere Zeit hinweg gekannt und unterstützt hat, gleichgültig, wie häufig oder selten Sie einander sahen, schärft Ihr Bewußtsein für die Realität Ihrer Erfahrungen, die Kontinuität Ihres Lebens, Ihren Wert und Ihre Präsenz im Leben einer anderen.

Gleichheit, Gegenseitigkeit und Austausch

Wahre Intimität basiert auf Wechselseitigkeit und Gleichrangigkeit. Gleichrangigkeit bedeutet, daß keine der beiden Freundinnen mehr Macht hat als die andere. Der Gegensatz von Überordnung und Unterordnung, der so viele unserer Beziehungen kennzeichnet, hat keinen Platz in einer echten Freundschaft.

Wenn es einer Beziehung an Gleichheit gebricht, dann hat die eine Person mehr Macht als die andere. In der Regel bringt die machtlose Partnerin mehr über die dominante in Erfahrung als umgekehrt, weil sie mehr wissen muß, um zu überleben. In unserer Gesellschaft wissen die Armen mehr über die Mittelschicht, die ihrerseits die Reichen studiert; Schwarze wissen mehr über Weiße, und Frauen wissen mehr über Männer. Um wirklich intim zu sein, müssen Freundinnen soziale Unausgewogenheiten, die zwischen ihnen zu bestehen scheinen, durcharbeiten.

Der Mangel an sozialer Gleichrangigkeit zwischen Männern und Frauen macht Freundschaften oft schwierig. Dennoch streben viele Frauen danach, intime Freundschaften aufzubauen, die keinen Sex einschließen. Je mehr Frauen und Männer aus ihren traditionellen Rollen ausbrechen, desto mehr stellen sie fest, daß sie einander viel zu geben und voneinander zu empfangen haben. Freundschaften mit Männern zu schließen kann zu einer neuen und herausfordernden Erfahrung werden.

In wechselseitigen Beziehungen erleben wir Austausch – ein gegenseitiges Interesse, zu geben und zu nehmen. Beide haben wir den Wunsch, die Beziehung zu erschaffen und zu erhalten. Es besteht eine beidseitige Absicht in bezug auf die Freundschaft zwischen uns. Wir beide finden die Freundschaft wichtig und legen in ähnlicher Weise Wert auf sie. In einer ausgewogenen Freundschaft äußern wir ähnliche Grade von Verletzbarkeit und Fähigkeit zu vertrauen. Wir bringen beide Energie auf, um zusammenzusein, einander zuzuhören und zu unterstützen. Zwischen den Beiträgen, die wir beide leisten, um die Beziehung zu erhalten, existiert kein merkliches Ungleichgewicht und keine auffallende Diskrepanz.

In einer engen Freundschaft dienen wir als Spiegel füreinander. Wenn ich dich etwas tun sehe, kann ich mich, ohne zu urteilen, fragen: »Tue ich das auch? Ist da irgendein Teil von mir, der die Fähigkeit hat, das zu tun?« Wir werden einfühlsamer, wenn wir uns im anderen gespiegelt sehen. Andererseits lernen wir auch aus den Reaktionen, die unser eigenes Verhalten hervorruft, etwas über uns selbst. Wir fragen uns: »Was in mir hat diese Art von Verhalten bei der oder dem anderen ausgelöst?« Eine intime Freundin bzw. ein Freund kann Ihnen helfen zu erkennen, wann eine Reaktion nicht durch eine Handlung Ihrerseits provoziert wurde, sondern etwas ganz anderem, von Ihnen Unabhängigem, galt. Dieselbe Freundin könnte Ihnen auch helfen zu verstehen, daß etwas, was Sie gesagt oder getan haben – und was Ihnen als harmlos erschien –, eine ungeheure Wirkung hatte. Die Spiegelung einer intimen Freundschaft gestattet uns, uns selbst besser kennenzulernen.

In der Freundschaft können Sie sich erlauben, gesehen und gehört zu werden und eine andere Person wirklich zu sehen und zu hören. Sie können sich erlauben, von jemand anderem beeinflußt zu werden und sie oder ihn zu beeinflussen. Sie sind gewillt, sich nach jemandem zu richten und einem anderen als Richtschnur zu dienen. In einer intimen Freundschaft integrieren Sie das Wechselspiel zwischen Ihrer Innen- und Außenwelt. Sie können Ihr inneres Selbst – Gedanken, Gefühle, Wünsche und Bedürfnisse – mit denjenigen teilen, die Ihnen nahestehen, mit Ihrer Außenwelt. Auf diese Weise treffen Innen- und Außenwelt aufeinander und bilden ein Ganzes, was eine wesentliche Erfahrung auf dem Weg Ihrer Genesung ist.

Vielleicht werden Sie feststellen, daß es Ihnen schwerfällt, intime Freundschaften mit anderen Frauen zu schließen. Man hat uns gelehrt, miteinander um Männer zu konkurrieren, einander aufgrund unseres Aussehens und unserer Kleidung zu beurteilen und unsere Kinder und deren Leistungen miteinander zu vergleichen. Aber seit dem Beginn der Frauenbewegung haben wir mehr und mehr erkannt, daß wir einander benötigen. Wir brauchen in dieser Welt nicht isoliert von anderen Frauen zu leben und uns auf unsere Familie als unsere einzige Unterstützung zu fixieren.

Die Belohnungen von Freundschaften, die über die Zeit hinweg Bestand haben, sind groß. Unsere Freundinnen/Freunde sehen, wie wir uns verändern und wachsen, und sie können uns ein Verständnis bieten, das nur durch jahrelange Intimität zustande kommt. Treue Freundinnen/Freunde haben uns durch unzählige Höhen und Tiefen begleitet und sind uns in Familienkonflikten, beruflichen Veränderungen und Jahren des Aufziehens von Kindern beigestanden. Sie können uns eine Beständigkeit der Intimität in einer Zeit bieten, da sexuelle Beziehungen schwierig aufrechtzuerhalten sein mögen.

In jeder speziellen Freundschaft wird es Ebbe und Flut im Verlauf der Intimität geben, Zeiten im Leben beider, in denen man sich nähersteht, und Zeiten größerer Distanz. Dennoch kann Ihnen das Verbundenbleiben mit Freundinnen und Freunden über Raum und Zeit hinweg jene starken und dauerhaften Bande der Intimität schenken, die Ihnen auch in den schwierigsten Prüfungen Halt geben.

Sexuelle Intimität schaffen

Die Intimität einer sexuellen Beziehung ist nicht anders als die Intimität in der Freundschaft, aber sie schließt eine wichtige zusätzliche Dimension ein: den sexuellen Ausdruck Ihres erotischen Potentials. Guter Sex reicht jedoch für eine dauerhafte Intimität nicht aus. Sosehr Sie auch glauben, verliebt zu sein – eine Liebesbeziehung setzt, wie alle Freundschaften, Gleichheit, Gegenseitigkeit und Austausch voraus, um Bestand zu haben.

In einer intimen Beziehung zu sein ist, wie in der Geborgenheit eines Heims zu sein, dessen Wände sich ausdehnen, um Ihrem Wachstum Raum zu geben. Innerhalb dieser Beziehung sind Sie frei, Ihre Verletzbarkeit zu äußern, zu erleben, wirklich gesehen und gehört zu werden und sowohl im Verstehen wie in der Reaktion einfühlsam zu werden. Sie und Ihr Partner oder Ihre Partnerin dienen einander als Spiegel, der die Stimmungen und Gedanken und Handlungen beider reflektiert. Eine intime Beziehung kann Sie befähigen, sich selbst auf völlig neue Weise zu sehen.

Intimität findet in tiefen Schichten statt. Sie lassen eine andere Person an einen speziellen Platz ein, gestatten das Sehen und Erkennen. Mit jemandem intim zu werden, mit dem Sie Sex haben, kann eine beängstigende Erfahrung sein; und mit jemand Sex zu haben, mit dem Sie intim sind, kann genauso furchterregend sein.

Die Verletzbarkeit und Offenheit der Beziehung kann als zutiefst bedrohlich erlebt werden. Sie können sich unsicher fühlen und mit Rückzug reagieren oder mit dem Errichten von Barrieren zwischen sich und Ihrem Sexualpartner. Vielleicht distanzieren Sie sich auch sexuell und objektivieren Ihre sexuellen Handlungen, indem Sie Sex als eine bloße Aktivität betrachten statt als ein tiefes Teilen Ihres innersten Selbst. Oder Sie erlauben sich vielleicht eine intime Nähe während des Liebesakts, hüten sich aber vor Verletzlichkeit in Ihrem täglichen Leben.

Möglicherweise ist Ihnen zwar ein bestimmtes Maß an Intimität in Ihren sexuellen Beziehungen genehm, aber Sie geraten in Panik, wenn diese Beziehung zu wachsen und sich zu vertiefen beginnt. Dies geschieht oft, wenn die Intimität sexueller Beziehungen frühe Kindheitswunden berührt. Vielleicht beginnen Sie zu reagieren, indem Sie destruktive Familienmuster Ihrer frühen Kindheit wiederholen; vielleicht beginnen Sie die Beziehung zu sabotieren oder sie auf eine Zerreißprobe zu stellen. Vielleicht agieren Sie Ihre Furcht vor Intimität aus und übermitteln durch empörendes Verhalten die Botschaft: »Ich weiß nicht, wie man vertraut – wie ich dir oder mir oder uns vertrauen soll.«

Falls Sie als Kind sexuell mißbraucht wurden, dann wird es Ihnen vielleicht besonders schwer fallen, in sexuellen Beziehungen Intimität aufrechtzuerhalten. Sie werden sich Zeit lassen müssen, um die Fähigkeit, zu vertrauen und Nähe zuzulassen, wiederzuerlangen, die noch in Ihnen lebt.

Von Alkoholikern wird allgemein gesagt, daß sie besondere Probleme haben, Intimität zu äußern. Aber bei Alkoholikerinnen ist die Furcht vor Intimität faktisch eine wohlbegründete Furcht vor emotionalem, physischem und sexuellem Mißbrauch. Wir wissen, daß Frauen und Mädchen aus Alkoholikermilieus in der größten Gefahr sind, von denjenigen, mit denen sie intim sind – ihren Freunden, Liebhabern und Angehörigen –, mißhandelt und mißbraucht zu werden. Es ist nur natürlich, daß sich Alkoholikerinnen vor Intimität fürchten; die meisten sind in Situationen aufgewachsen, in denen ihre Grenzen gerade durch diejenigen verletzt wurden, die »Ich liebe dich« zu ihnen sagten.

Joyce war Mitte Vierzig, als sie zu mir in Therapie kam. Ebenso wie ihr Mann Howard hatte sie bereits zwei Jahre Entziehungstherapie aufgrund von Alkoholismus hinter sich. Die beiden waren seit zwanzig Jahren verheiratet und hatten zwei Söhne im Alter von siebzehn und neunzehn. In den letzten zehn Jahren ihrer Ehe hatten Joyce und Howard nicht mehr miteinander geschlafen.

Als ich Joyce kennenlernte, wirkte sie bedrückt. Sie war adrett gekleidet, aber ihre Schultern hingen herab, und selbst ihr Haar wirkte stumpf. Doch sie war bereit zu reden, und ihre Geschichte sprudelte nur so aus ihr heraus. »Mein Mann hat ein Erektionsproblem, wir haben seit zehn Jahren nicht mehr miteinander geschlafen, ich bin in Selbsterfahrungstherapie, und ich lebe mein Leben wirklich vollauf. Aber dieser Teil fehlt, und ich weiß nicht, ob ich verheiratet bleibe will, wenn es feststeht, daß wir nie wieder miteinander schlafen werden.« Sie rührten sich nicht mehr an; sie waren entfernte Freunde, die zwar im gleichen Haus wohnten, aber einander nie wirklich begegneten.

Ich fragte mich, wie ich dieser Frau helfen konnte, wenn sich ihr Mann weigerte, an der Therapie teilzunehmen. Offenkundig war Howards Selbstwertgefühl nach zehn Jahren zu angeknackst, als daß er sich in eine Situation der Verletzbarkeit hätte begeben können. Selbst wenn seine Erektionsstörung nicht organisch bedingt war, würden seine Versagensangst und seine Befürchtungen nach einer so langen Zeit genügend Probleme machen. Ich kam zu dem Schluß, daß wir nicht sexuelle Leistung anpeilen sollten, sondern den Aufbau von Vertrauen. Ich würde das sexuelle Problem als ein Beziehungsproblem behandeln und versuchen, diesem Paar zu helfen, ein Gefühl von Nähe und Intimität zu entwickeln.

Ich begann mit der Ermittlung von Joyces Sexualgeschichte einschließlich der Einstellung ihrer Familie zur Sexualität, ihren Kindheitserfahrungen und ihren Erlebnissen als Erwachsene. In Abständen sollte sie Howard erzählen, was in der Therapie passierte. Er empfand ihre Versuche, seine Sexualgeschichte zu rekonstruieren, als zudringlich. Er war sehr abweisend in bezug auf seine eigenen sexuellen Erfahrungen und fühlte sich durch die Therapie seiner Frau stark bedroht und eingeschüchtert. Oft wertete er sie mit dem Spruch ab: »Unser Sexualleben geht niemanden etwas an.« Er war kein aktiver und bereitwilliger Teilnehmer an diesem Prozeß; Joyce mußte die Vorgeschichte ihres Mannes aus dem, was er ihr im Lauf der Zeit erzählt hatte, zusammenstückeln.

Schließlich forderte ich sie auf, all die sinnlichen Erfahrungen aufzulisten, die sie mit ihrem Mann erleben wollte. Dann führte sie sie in der Reihenfolge an, die am leichtesten zu erbitten sein würden. Jede Aktivität sollte eingegrenzt bleiben: Sie durften nie darüber hinausgehen. Wenn er ihr zum Beispiel den Rücken massierte, dann sollte er auch wirklich nur ihren Rücken berühren. Außerdem sollte sie nur positive Reaktionen äußern.

Dann war es Zeit, die Liste an Howard auszuprobieren. Sie begann mit dem Leichtesten und bat ihn um eine Rückenmassage. Seine spontane Reaktion darauf war: »Das ist lächerlich, was ist da so Besonderes daran?« Joyce antwortete: »Das ist etwas, was ich mir wirklich wünsche.« Also massierte er ihren Rücken, sie sagte, das sei sehr angenehm, und er grummelte bloß.

In der nächsten Woche ließ sie sich wieder von ihm den Rükken massieren, aber diesmal mit Massageöl. Als sie ihm diesmal sagte, wie angenehm das sei, antwortete er: »Das ist auch wirklich besser.« Ich war ermutigt. Dies war der erste Anhaltspunkt, den ich hatte, daß Howard zu Gefühlen oder körperlichen Empfindungen fähig war, und daß er ihr eingestehen konnte, daß es sich irgendwie besser anfühlte, ihren Körper mit Öl zu massieren. Howard empfand also etwas, und was er empfand, war leichter zugänglich, als ich ursprünglich gedacht hatte.

Mehrere Wochen später nahm sie mit ihm ein Duschbad. Das dauerte zwar nur eine Minute, aber sie taten es. Dann stiegen sie zusammen in die Wanne, und schließlich genossen sie ein Schaumbad mit Musik und Kerzen. Während des ganzen Prozesses hatte Howard nie eine Erektion. Aber als sie die Liste der Aktivitäten durchmachten, begann etwas Wichtigeres zu geschehen: Sie merkten, daß sie, unabhängig von den Übungen, spontane Augenblicke der Verbundenheit erlebten. Manchmal streckte er beim Fernsehen die Hand nach der ihren aus und hielt sie fest. Wenn sie zu Bett gingen, kuschelte er sich nahe an sie heran. Wenn sie sich morgens verabschiedeten, hatten die Umarmung und der Kuß eine andere Qualität. Joyce fing an, sich gegenüber Howard anders zu fühlen, mehr Verbundenheit zu empfinden. Manchmal war sie sehr gerührt über seine spontanen Äußerungen von Zuneigung. Die Qualität ihrer Beziehung hatte angefangen, sich zu bessern.

Obwohl es bei ihren Aktivitäten auf den ersten Blick um Äußerlichkeiten ging, arbeiteten sie in Wirklichkeit an einem inneren Wandel. Joyce erkannte, daß sie nicht nur den körperlichen Kontakt vermißt hatte, sondern eine Art von Nähe und Intimität. Und diese kehrte jetzt in ihre Beziehung zurück.

Der letzte Punkt auf ihrer Liste war oraler Sex. Joyce hatte, bevor sie Howard heiratete, mit einem Liebhaber Oralverkehr praktiziert, aber Howard und sie hatten ihn nie zuammen probiert. Zu Joyces Überraschung war Howard der Vorstellung nicht abgeneigt, ja fand sie sogar ein bißchen aufregend. Joyce kam zum Orgasmus, und Howard war überglücklich. Es machte ihm riesiges Vergnügen, ihr Vergnügen zu bereiten. Die Folge war, daß sich für ihn wirklich etwas veränderte. Es war ein gewaltiger Augenblick. Irgendwie hatte dieser Mann, der seit zehn Jahren nicht mehr sexuell aktiv gewesen war, seiner Frau einen großen Genuß verschafft, und dieses Erlebnis berührte ihn tief.

Bald danach beendete Joyce ihre Therapie. Howard ergriff regelmäßig die Initiative zu physischem Kontakt mit ihr, und sie war dankbar für die Veränderungen in ihrer Beziehung. Etwa sechs Monate später rief sie mich an. Sie lachte. »Du wirst nicht glauben, was geschehen ist. Howard hat mich eben angerufen und sagte, er sei auf dem Nachhauseweg, und er habe seine eigene Liste von Dingen gemacht, die er mit mir erleben wolle!«

Bis zum heutigen Tag weiß ich nicht, ob Howard und Joyce je wieder zum Genitalverkehr zurückgefunden haben. Die Heterosexualität ist sehr stark auf sexuelle Leistung fixiert, die im

Genitalverkehr gipfelt, doch dieses Paar war imstande, wieder miteinander in Kontakt zu kommen und ohne diesen eine befriedigende Beziehung zu haben.

Das Risiko sexueller Intimität

In einer sexuellen Beziehung intim sein zu lernen kann einige Zeit dauern. Es erfordert mit Sicherheit, daß Sie Risiken eingehen, und zwangsläufig werden Sie dabei Fehler machen. In dem Maße, wie Sie lernen, befriedigende Beziehungen zu entwikkeln, werden Sie vielleicht erleben, daß Sie mit einem Sexualpartner intim werden, der nicht zu einer ausgewogenen, gegenseitigen, auf Austausch basierenden Beziehung zu Ihnen bereit ist. Vielleicht schenken Sie Menschen Ihr Vertrauen, die Sie schließlich enttäuschen. Diese Mißgriffe werden weniger niederschmetternd sein, wenn Sie ein starkes, fundiertes Gefühl der Intimität mit sich selbst und mit unterstützenden Freunden entwickelt haben.

Gelegentlich eine schlechte Wahl zu treffen braucht Sie nicht davon abzuhalten, es erneut zu versuchen und aus der Erfahrung zu lernen. Sie brauchen wegen einiger Mißgriffe kein Gefühl des Versagens zu verinnerlichen, und Sie brauchen sich nicht einzureden, daß Sie einfach nicht intim sein können. In *The Courage to Heal* haben Ellen Bass und Laura Davis einen Katalog von Fragen entwickelt, der Frauen bei der Entscheidung helfen soll, ob ihre sexuellen Beziehungen die Möglichkeit der Intimität enthalten. Stellen Sie sich die folgenden Fragen in bezug auf Ihren Sexualpartner, bevor Sie die Risiken eingehen, die echte Intimität mit sich bringt:

- Respektiere ich diesen Menschen?
- Respektiert mich dieser Mensch?
- Ist das eine Person, mit der ich kommunizieren kann?
- Arbeiten wir Konflikte gut durch?
- Sind wir beide kompromißbereit?

- Ist da ein Geben und Nehmen?
- Kann ich ehrlich sein?
- Kann ich meine wahren Gefühle zeigen?
- Übernehmen wir beide die Verantwortung für die Erfolge und Probleme der Beziehung?
- Könnte ich mit diesem Menschen über die Auswirkungen sprechen, die sexueller Mißbrauch im Kindesalter auf unsere Beziehung hat?
- Ist in dieser Beziehung Raum für mich, um zu wachsen und mich zu verändern?
- Kann ich meine eigenen Ziele in dieser Beziehung erreichen?
- Unterstützt mich dieser Mensch bei der Art von Veränderungen, die ich anstrebe?
- Ist dieser Mensch bereit, mir zu helfen?

Wenn Sie diese Fragen bejahen können und zu dem Schluß kommen, daß Ihr gegenwärtiger Sexualpartner jemand ist, mit dem Sie gern intimer werden würden, dann sollten Sie sich bewußtmachen, daß dies ein Prozeß ist, der einige Zeit erfordert. Falls Sie nur wenig Erfahrung mit echter Intimität hatten, werden Sie vielleicht dazu neigen, sich vorschnell in intime sexuelle Beziehungen zu stürzen, werden vielleicht Koabhängigkeit mit Intimität verwechseln oder es vermeiden, mit derselben Person sowohl intim als auch sexuell aktiv zu sein.

Um allmählich eine intime sexuelle Beziehung zu entwikkeln, müssen Sie lernen, kalkulierte Risiken einzugehen. Das bedeutet, ein sexuelles oder emotionales Risiko auf sich zu nehmen, das damit in Einklang steht, wie sehr Sie sich dadurch in diesem Stadium der Beziehung verletzbar fühlen. Beginnen Sie mit kleinen Risiken, die keine enormen Konsequenzen haben, falls sie ins Auge gehen. Sollten Sie jedoch damit Erfolg haben, können Sie zu größeren Risiken übergehen. Dabei sollten Sie die Beziehung und was mit Ihnen passiert einer ständigen Neueinschätzung unterziehen. Und vergewissern Sie sich immer wieder, daß Sie ehrlich zu sich selbst sind, sowohl in emotionaler wie in sexueller Hinsicht.

Sie werden wissen, daß etwas schiefläuft, wenn Sie anfangen, Ihre Gefühle einschließlich Ihrer sexuellen Empfindungen vor Ihrem Partner zu verbergen. Es ist wichtig, imstande zu sein, seine Gefühle zu äußern und seinem Partner vertrauen zu können, daß er sie respektieren und nicht verunglimpfen wird. Fragen Sie sich, ob Sie die Beziehung immer noch als ausgeglichen, gegenseitig und auf Geben und Nehmen basierend empfinden; ob Sie und Ihr Partner in gleichem Maße geben und empfangen oder ob die Beziehung in irgendeinem Bereich aus der Balance geraten ist.

Schauen Sie sich Ihr Maß an Vertrauen an. Nimmt es zu? Oder vergrößern Sie die Distanz, und ziehen Sie sich zurück? Wenn sich die Beziehung weiterhin entwickelt und vertieft, dann können Sie größere Risiken eingehen, die eine erhöhte Verletzbarkeit mit sich bringen. Wenn Sie so verfahren, werden Sie eine bewußte Beziehung gestalten statt einer, die von unerfüllten Kindheitsbedürfnissen angetrieben ist.

Die soziale Herausforderung von Intimität

Es erfordert einen großen Einsatz, Intimität mit sich und mit anderen zu schaffen, und da ist die zusätzliche Herausforderung, dies innerhalb einer Gesellschaft zu tun, die kein Umfeld bietet, das der Intimität förderlich ist. Niemand kann lange die realen Lebenszusammenhänge ignorieren, in denen wir alle leben und arbeiten und Beziehungen gestalten müssen.

Heterosexuelle Beziehungen

Obwohl unsere Kultur die Heterosexualität fördert, haben Frauen, die sich als primär heterosexuell verstehen, oft Beziehungsprobleme mit Männern. Dies hängt zum großen Teil unmittelbar mit den Unterschieden in der Sozialisation von Männern und Frauen zusammen. Männer werden dazu erzogen, nur ein schmales Spektrum von Gefühlen zu äußern. »Ein Mann sein« bedeutet, daß man keine Gefühle von Verwirrung, Schwäche, Furcht, Verletzbarkeit, Zärtlichkeit, Mitgefühl und Sinnlichkeit äußert. Tut man es doch, dann wird man als Heranwachsender als Waschlappen verspottet und aus der Clique verstoßen.

Deshalb entwickeln die meisten Männer starke Verleugnungssysteme, die es ihnen gestatten, gewisse Gefühle abzublocken – genau diejenigen, die Frauen jetzt bei einem Mann vermissen. Die Eigenschaften, die sie gelernt haben zu verkörpern – Aggressivität, Konkurrenzneigung, Unabhängigkeit, Selbstbeherrschung und Entschlossenheit –, sind nur von begrenztem Wert für das Knüpfen und Aufrechterhalten intimer Beziehungen. Je deutlicher wir uns der Grenzen unserer eigenen Sozialisation bewußt werden, desto problematischer und unbefriedigender werden Beziehungen zu Männern. Eine meiner Klientinnen, die kürzlich Witwe wurde, konstatierte bei sich widersprüchliche Gefühle. Obwohl sie um den Verlust ihres Mannes trauerte, empfand sie auch eine gewisse Erleichterung. »Alle machten Bemerkungen darüber, wie gut wir miteinander auskamen. Wir haben nie gestritten. Aber der Grund, warum wir uns so gut vertrugen, war, daß ich immer tat, was er wollte, wie es sich für das brave kleine Frauchen geziemt. Jetzt habe ich das Gefühl, eine Chance zu haben, mich selbst wiederzufinden.«

Frauen in heterosexuellen Partnerschaften kommen oft mit der Klage über die Unfähigkeit ihrer Partner zur Intimität in die Therapie. Dies ist oft eine Folge von Geschlechtsunterschieden. Männer scheinen sich am wohlsten bei sogenannter »Seite-an-Seite«-Intimität zu fühlen, etwa mit Kollegen bei der Arbeit, und bei »Rücken-an-Rücken«-Intimität wie in Team-Sportarten. Aber Frauen sind auf der Suche nach einer Intimität, bei der man sich Aug in Auge konfrontiert. Dabei fühlen wir uns am wohlsten. Es mag nötig sein, daß sich beide Partner bewußtmachen, daß es Spielarten von Intimität gibt, und daß sie jene Variante miteinander zu teilen versuchen, bei der sich beide Partner am wohlsten fühlen.

Da es den meisten Männern schwerfällt, über ihre Gefühle zu

sprechen, delegieren sie den emotionalen Aspekt einer Beziehung an die Frauen. Aber Frauen fühlen sich oft betrogen, wenn sie diese Beziehungsarbeit allein leisten und dem Partner eine Intimität bieten, die sie von ihm nicht erhalten. Männer haben wenig Erfahrung darin, sich zu offenbaren oder sinnlich zu sein, ohne sexuell zu sein. Frauen müssen ihren Partnern oft erst beibringen, wie man auf einer tiefen Gefühlsebene etwas von sich mitteilt. Für Sarah und Scott stellt dies nach wie vor ein Problem dar.

Die Sozialisation der Männer im Bereich des explizit sexuellen Verhaltens ruft eine andere Art von Problem hervor. Männer werden dazu erzogen, die sexuelle Initiative zu ergreifen, aggressiv zu sein, Schritte zu unternehmen und Ablehnung zu riskieren. Sie arbeiten hart daran zu lernen, sexuelle Leistungen zu erbringen, und sie fühlen sich dafür verantwortlich, daß es zum Sex kommt. Dieser zielorientierte Drang zu Ejakulation und Orgasmus und der damit einhergehende Mangel an Aufmerksamkeit für das »Vorspiel« macht die Frauen oft wütend und frustriert.

Sobald Sie Ihre Fähigkeit verbessern, um das zu bitten, was Sie sich in sexueller Hinsicht wünschen, werden Sie vielleicht feststellen, daß sich Männer von Ihrer erhöhten Selbstsicherheit abgestoßen fühlen. Einem Mann kann es schwererfallen, in der Gegenwart einer sexuell zielstrebigen Frau eine Erektion zu bekommen; vielleicht schafft er es auch nicht, passiv zu sein und sich von einer Frau lieben zu lassen. Viele Männer haben große Schwierigkeiten, sich zu gestatten, zu empfangen und empfänglich zu sein. Vielleicht werden Sie merken, daß – genauso wie Sie darum ringen, sich zu verändern und sexuell zu entfalten – Männer ebenso große Probleme haben, sich selbst zu wandeln.

Männer haben jedoch oft das Gefühl, daß es nicht ihr freier Wille war, sich zu verändern, sondern daß die Änderung ihnen von den Frauen, mit denen sie zusammen sind, aufgezwungen wird. Manchmal reagieren sie darauf mit Panik, da sie sich nicht vorstellen können, daß sie die Dinge anders anpacken könnten; manchmal reagieren sie mit Abwehr, Feindseligkeit oder Aggressionen, da sie das Gefühl haben, dafür bestraft zu werden, daß sie genau das tun, was früher von ihnen erwartet wurde.

Es wird auch immer schwieriger für Frauen, Männer kennenzulernen, Männer zu finden, mit denen sie sexuell aktiv sein wollen, und dauerhafte, befriedigende, intime sexuelle Beziehungen zu ihnen aufzubauen. Nachdem wir so hart daran gearbeitet haben, aus unserem eigenen unauthentischen Sexualverhalten auszubrechen, um zu erleben, wer wir wirklich sind, wollen wir nicht mehr zum Ausfüllen einer sexuellen Rolle zurückkehren. Dennoch wird es mit zunehmendem Alter immer schwieriger, einen nicht in der Tradition verharrenden Mann zu finden.

Für Frauen in Rehabilitation von Alkohol und anderen Drogen kann es noch schwieriger sein, eine intime Beziehung herzustellen, weil sie mit Nichttrinkern zusammensein wollen. In Selbsthilfegruppen ist in der Regel ein größerer Prozentsatz von Männern und Frauen verheiratet – Frauen harren häufig bei ihren alkoholkranken Männern aus, während Männer dazu tendieren, ihre alkoholgeschädigten Frauen zu verlassen. Bars kommen als Orte der Geselligkeit nicht mehr in Frage; und auf Parties herrschen sowohl der Alkohol als auch Ehepaare vor.

Alternativen zur Ehe sind immer noch nicht hinreichend definiert bzw. gesellschaftlich völlig akzeptiert. Wir leben in einer Periode des Übergangs, was erfolgreiche Formen von Beziehungen betrifft. All dies hinterläßt bei heterosexuellen Frauen das Gefühl, hinsichtlich der Beziehungen, die sie sich wünschen, nichts Verläßliches zu haben, woran sie sich halten können. In diesem speziellen Augenblick der Geschichte lassen Frauen die traditionellen Geschlechtsrollen hinter sich. Diese Suche nach einer größeren Vielfalt sexuellen Verhaltens ist für das traditionelle heterosexuelle Beziehungsmodell mit Schwierigkeiten beladen.

Im Laufe ihrer therapeutischen Arbeit an sich selbst hat Theresa angefangen zu erkennen, daß Jeff nicht vollkommen ist. Sie möchte, daß er kommunikativer wird, daß er seine Gefühle mit ihr teilt, aber er sträubt sich dagegen. Er ist zwar froh, daß Theresa nicht mehr substanzabhängig ist, aber die Veränderungen in ihrer Beziehung empfindet er als etwas verwirrend.

Obwohl Jeff Theresa liebt und während einiger sehr schwieriger Jahre des Drogenkonsums und des beginnenden Entzugs bei ihr geblieben ist, war ihre frühere emotionale Unerreichbarkeit und die Tatsache, daß sie wenige Ansprüche an ihn stellte, unbewußt genau das, was er wollte. Das Chaos ihres Lebens im Gegensatz zu seiner Verläßlichkeit und Stabilität gab ihm das Gefühl von Macht und Kontrolle. Mit zunehmender Genesung wünscht sie sich jedoch einen flexibleren, spontaneren und großzügigeren Partner.

Theresa fängt an, sich als eigenständige sexuelle Person zu erkennen, und hat als solche eigene sexuelle Bedürfnisse und Wünsche. Sie möchte in den Arm genommen und gestreichelt werden; sie möchte Zärtlichkeit ohne Sex. Sie wünscht sich auch, daß Jeff auf ihren sexuellen Lustgewinn Rücksicht nimmt, ohne so sehr an seinen eigenen zu denken. Sie fängt an, ihn als egoistisch und zurückhaltend zu erleben. Theresa beginnt sich auch an Jeffs zunehmender Benutzung von Pornos, wobei er masturbiert, zu stören, und sie empfindet Angst und Wut, wenn sie sieht, wie Frauen in Männermagazinen gewöhnlich dargestellt werden. Die Unterordnung von Frauen und die Gewalt gegen sie ist ihr unerträglich: Sie empfindet sie als Neuauflage ihrer Kindheit. Theresa und Jeff haben harte Arbeit vor sich, jetzt, da ihre Beziehung in ein neues Stadium eintritt.

Lesbische Beziehungen

Falls Sie sich als primär lesbisch verstehen, werden Sie sich mit einer ganz anderen Problematik auseinandersetzen müssen. Lesbierinnen beklagen sich nicht in erster Linie über einen Mangel an Kommunikation und Zärtlichkeit oder über Leistungsdruck in ihren Beziehungen. Die größten Probleme scheinen daraus zu resultieren, daß sie in einer Kultur leben, die der lesbischen Identität keinen Rückhalt bietet.

Die ungeheure Voreingenommenheit unserer Gesellschaft zugunsten von Heterosexualität und die damit korrespondierende Ablehnung einer homosexuellen Identität sind ein Faktum. Trotzdem bezeichnen sich mindestens 10 Prozent aller erwachsenen Frauen als lesbisch, und über 50 Prozent geben an, als Erwachsene homoerotische Erlebnisse gehabt zu haben.

Alkoholikerinnen berichten über ein breiteres Spektrum sexueller Erfahrungen und eine größere Vielfalt von Sexualpartnern und -partnerinnen als nicht alkoholabhängige Frauen. In der Anfangsphase der Selbsterfahrung beginnen sich viele Frauen Fragen nach ihrer sexuellen Identität zu stellen; sie gehen an diese Fragen mit derselben Sozialisation heran wie alle übrigen Mitglieder unserer Gesellschaft, das heißt mit einer negativen Einstellung gegenüber einer lesbischen Identität.

Viele Frauen haben Alkohol und andere Drogen dazu benutzt, zwischen ihrem sexuellen Verhalten bzw. Verlangen und ihrer Selbstakzeptanz zu vermitteln. Ohne die betäubende Wirkung chemischer Substanzen sind Frauen im Aufarbeitungsprozeß unmittelbar mit ihrer Sexualgeschichte und ihren gegenwärtigen sexuellen Wünschen konfrontiert. Diese Konfrontation kann schmerzhaft und schwierig sein. Manche Frauen haben Alkohol und Drogen vielleicht dazu benutzt, ihre Gefühle gegenüber Frauen zu narkotisieren; andere haben sich zu sexuellen Kontakten mit Männern möglicherweise nur herbeilassen können, wenn sie high oder betrunken waren und sich auf diese Weise über ihren Mangel an Verlangen nach Männern hinwegtäuschen konnten.

In einer Therapiegruppe für »Anfängerinnen« sprach Bernice über ihr sexuelles Hingezogensein zu Frauen. Obwohl sie seit der Oberschule wußte, daß sie sich eine erotische Beziehung zu einer Frau wünschte, hatte sie diese Gefühle bisher noch nicht in Handlungen umgesetzt. Sie hatte das Trinken dazu benutzt, um sich »normal«, das heißt heterosexuell, zu fühlen und um weiterhin mit Männern ausgehen zu können.

»Ich wußte schon in der Oberschule, daß ich mich zu Frauen

hingezogen fühlte. Ich wollte immer mit anderen Mädchen zusammensein. Ich fand Männer langweilig; sie haben einfach nicht mein Interesse gefesselt. In der 11. Klasse wußte ich, daß ich in meine beste Freundin, Sherry, verliebt war. Ich fand sie vollkommen, schön und intelligent, und wir teilten fast alles miteinander. Ich war so nahe dran, es ihr zu sagen, aber ich bremste mich immer wieder. Ich wußte, daß sie Jungen wirklich mochte, und das letzte, was ich wollte, war, von ihr abgelehnt zu werden. Ich wußte, daß ich sie auch als Freundin verlieren würde, wenn ich es ihr sagte.

Ich wollte mit ihr zusammensein, deshalb fing ich an, mich mit jungen Männern zu verabreden. Aber ich mußte mich unter Alkohol setzen, um es fertigzubringen. Meinen ersten sexuellen Kontakt hatte ich während eines Blackouts. Ich wußte nur deshalb, was geschehen war, weil am nächsten Morgen mein Höschen verschwunden war und meine Jeans voll Blut waren. Das machte ich jahrelang so – ich ging mit Männern aus, ließ mich vollaufen, um mit ihnen zu schlafen, und verbrachte meine ganze übrige Zeit mit Frauen.«

Manche Frauen, wie Mimi, benutzen Alkohol und Drogen, um ihre Furcht und Verwirrung angesichts ihres Verlangens nach Frauen zu überwinden und diese negativen Gefühle hinter sich lassen zu können, um mit anderen Frauen sexuell aktiv zu sein. Mimi erinnert sich an ihr letztes Studienjahr im College:

»Ich bin in Frauenbars gegangen und da herumgestanden und habe mich umgesehen. Und ich habe getrunken ... und getrunken ... und getrunken. Eines Abends war ich ziemlich beschwipst, als mich eine Frau zum Tanzen aufforderte. Sobald ich auf dem Tanzparkett war und mich zu der Musik bewegte, spürte ich, wie angetörnt ich war. Ich landete mit einer Frau im Bett, die ich erst an diesem Abend kennengelernt hatte. Von da an trank ich regelmäßig, um in Stimmung zu kommen, und dann schaffte ich es, sexuell aktiv zu sein, manchmal mit völlig Fremden. Sobald ich trank, verschwanden die Gedanken daran, was meine Mutter davon halten würde, wie von selbst.«

Ob Sie eine Frau sind, die darum ringt, eine befriedigende Beziehung zu einem Mann herzustellen, oder eine Lesbe, die sich eine befriedigende Beziehung zu einer Frau schaffen möchte: Sie benötigen einen sicheren Ort, an dem Sie Ihre sexuellen Gefühle und Bedürfnisse erforschen können. Einzeltherapie und Gruppen für Frauen, die sich mit ihrer Sexualität auseinandersetzen, sind während dieser Zeit oft besonders hilfreich. Angehörige und Freundinnen können uns diesen Raum selten bieten, weil sie gewöhnlich an einem bestimmten Ergebnis interessiert sind.

Bisexualität kann manchmal die schwierigste Identität von allen sein. Bisexuellen Frauen fehlt oft die Unterstützung der Lesbenszene. Aufgrund ihrer Entscheidung, sich nicht ausschließlich mit Frauen einzulassen, gelten sie vielleicht nicht als vertrauenswürdig. Und dem heterosexuellen Lager fällt es manchmal auch schwer, mit bisexuellen Frauen umzugehen, die als aus der Art geschlagen und ambivalent in bezug auf ihre sexuelle Identität gelten.

Falls Sie heterosexuell sind, werden Sie vielleicht einer Gruppe angehören, die sexuelles Verhalten nur im Rahmen einer traditionellen, langfristigen, engagierten Bindung wie einer Ehe unterstützt. Eine heterosexuelle Frau, die sexuell aktiv ist, ohne eine traditionelle Beziehung zu haben, benötigt die Unterstützung ihrer Altersgenossinnen und Bezugsgruppen, um unterschiedliche sexuelle Optionen als gesund anzusehen.

Falls Sie lesbisch sind, gehören Sie vielleicht einer AA-Gruppe, einer Prozeßgruppe oder einer Nachsorgegruppe an, die Ihre homosexuelle Erfahrung als ein Problem ansieht, das durch Ihr Trinken zustande kam, oder als eine Phase, die Sie hinter sich lassen werden. Falls dem so ist, werden Sie sich eine andere Gruppe suchen müssen, die aufgeschlossener bezüglich der Vielfalt normaler sexueller Identitäten ist. In der Aufarbeitungsphase identifizieren sich manche Frauen vielleicht als heterosexuell, obwohl sie während ihres Trinken sexuelle Erlebnisse mit

Frauen hatten. Aber das sollte nicht als die einzige gesunde Option angesehen werden. Sie können sich genausogut als lesbisch oder bisexuell identifizieren.

Die Belohnungen von Intimität sind groß, aber nicht leicht zu erlangen, wie Sie aus den Herausforderungen und Risiken ersehen können, mit denen wir uns beschäftigt haben. Aber ich habe ein immer stärkeres Gefühl der Hoffnung für Frauen, während wir alle darum ringen, uns erfülltere intime und sexuelle Beziehungen aufzubauen.

12. Kapitel

Seelische und spirituelle Intimität

Was ich an Sex so toll finde, ist, daß er nie abgeschlossen ist. Man denkt, er ist zu Ende, und dann wird dir klar, daß du nie ans Ziel kommst. Ich denke an ein Prisma ...

Anica Vesel Mander

In jeder Beziehung ... die die tiefsten Schichten berührt, [gibt es] eine Chance ... an der schicksalhaften Erfahrung der grandiosen überpersönlichen Kräfte des Lebens teilzuhaben ... Dies trifft besonders für den Sexualakt selbst zu, in dem die Persönlichkeiten der Beteiligten vorübergehend in einem Erlebnis aufgehoben sind, das sie mit allen außer den primitivsten Formen des Lebens teilen. Der Geschlechtsakt ist nicht in erster Linie das Erlebnis persönlicher Liebe, zu dem Frauen ihn zu machen suchen, sondern der Götter, und dennoch geschieht er durch die Vereinigung zweier Menschen. Die Liebe tritt vorher ein, als Vorbereitung, oder danach, als Resultat. Aber die Liebe hat sich dann verändert. Der Partner wird nicht länger als auf die vertraute, bewußte Persönlichkeit beschränkt empfunden, sondern er ist auch zum Eingangstor zu dem unendlichen Mysterium des Lebens geworden.

Eleanor Bertine, *Human Relationships*

Der Weg des sexuellen Erwachens hat uns veranlaßt, den Reichtum der weiblichen Sexualität in ihren vielfältigen Aspekten zu untersuchen: emotional, physisch, geistig und jetzt seelisch. Wir haben gesehen, daß der Geschlechtsakt nicht das höchste Ziel der Sexualität ist, sondern eine wichtige Facette eines komplexen Ausdrucks unseres gesamten Wesens. Wir haben gesehen, daß wir in der zweiten Phase der Selbstfindung lernen können, intime Beziehungen zu erleben. Die Gesamtheit dieser Beziehungen bezeichnen wir oft als Liebe.

Leidenschaftliche Liebe ist das, was uns zusammenbringt, es ist diese Sehnsucht nach der Vereinigung mit einem anderen, eine Brücke, die unsere Abgetrenntheit aufhebt, eine Sehnsucht nach Verbundenheit. Wenn Intimität und gesunde sexuelle Selbstverwirklichung in einer Beziehung miteinander verschmelzen, dann werden Sie eine tiefe Verbundenheit erleben.

Sich verlieben

Das Erlebnis des »Sich-Verliebens« kann Sie veranlassen, eine intime und sexuelle Bindung einzugehen. In einer solchen Beziehung idealisieren Sie Ihren potentiellen Partner, Sie sehen in ihm oder ihr jemanden, der bzw. die alle Ihre Bedürfnisse erfüllen kann, die Eigenschaften hat, die Sie sich wünschen, und imstande sein wird, Sie so zu lieben, wie Sie immer geliebt werden wollten.

Gleichzeitig erleben Sie eine Sehnsucht, mit Ihrem oder Ihrer Geliebten zu verschmelzen, körperlich und seelisch eins zu werden. Sowohl die Idealisierung des Liebesobjekts als auch die Sehnsucht nach Verschmelzung sind für das Erlebnis des Sich-Verliebens essentiell. Diese Erlebnisse verschaffen uns die Energie, die den Grad an Intimität in der erhöhten emotionalen und sexuellen Verbundenheit hervorbringt. Durch sie fühlen wir uns energiegeladen, erregt und euphorisch – wir schweben auf Wolken.

Sobald Sie mit einer anderen Person sexuell und emotional in Kontakt gekommen sind, beginnen Sie, diesen Menschen erst wirklich kennenzulernen. Das idealisierte Bild fängt dann an zu verblassen. Das einzige Mittel, um das idealisierte Bild beibehalten zu können, ist, in der Phantasie zu bleiben oder die Fakten zu verleugnen.

Jetzt stehen Sie vor einer reiferen Entscheidung. Fragen Sie sich: »Ist dies jemand, mit dem ich eine Verbindung aufrechterhalten möchte? Ist dies jemand, mit dem ich eine Beziehung aufbauen will?« Wenn Sie das ehrlich mit ja beantworten können, dann können Sie anfangen, kalkulierte Risiken einzugehen und mit dem Aufbau jener Art von intimer Liebesbeziehung zu beginnen, die Ihnen Halt und Kraft geben wird, und dazu ist es nötig, Ihre Beziehung in evolutionärer Weise zu vertiefen.

Bei Ihrer Suche nach tiefer Verbundenheit kann es geschehen, daß Sie vom Weg abkommen und auf zwei andere Gleise geraten, die Frauen oft mit sexueller Intimität verwechseln: Liebessucht und Koabhängigkeit.

Liebessucht

Liebessüchtige Frauen haben das Gefühl, nicht ohne diese euphorischen Gefühle leben zu können, wie sie im Idealisierungsstadium auftreten. Falls Sie liebessüchtig sind, dann werden Sie dazu neigen, sich aus einer Beziehung zurückzuziehen, sobald die Idealisierung zu verblassen beginnt. Statt sich für den Aufbau einer intimen sexuellen Beziehung zu entscheiden, werden Sie sich jemand anderen suchen, in den Sie sich verlieben können, und diese neue Beziehung werden Sie ebenfalls aufgeben, sobald die anfängliche Euphorie schwindet und von der Arbeit und den Entscheidungsprozessen ersetzt wird, die eine echte Verbundenheit erfordert.

Auf der Suche nach diesen magischen Momenten werden Sie von Beziehung zu Beziehung flattern und zwanghaft nach dem Hochgefühl der Verliebtheit gieren. Bedauerlicherweise wird eine solche Suche letztlich Gefühle der Leere bei Ihnen auslösen, weil echte Intimität niemals die Chance erhält, sich zu entwickeln. Die Gefühle der Verliebtheit mögen zwar der Ansporn sein, Intimität mit Sexualität zu verknüpfen, aber sie sind nicht die Grundlage für das profunde Teilen, auf dem wirklich intime sexuelle Beziehungen basieren.

Der andere Fehler, den Frauen so häufig machen, ist, koabhängige statt bewußte Beziehungen einzugehen, weil sie in ihrem Wunsch nach Verschmelzung sich selbst verlieren. Falls Sie koabhängig sind, werden Sie Ihren Partner zu Ihrem Lebensmittelpunkt machen und Ihre Autonomie einem »Wir« opfern.

Ihre eigne Identität geht darin auf, Teil eines Paares zu sein. Wie Sie zu sich selbst stehen, wird davon abhängig, wie Ihr Partner zu Ihnen steht. Bei diesem Prozeß opfern Sie echte Intimität für ein Leben der Fürsorglichkeit, in dem Sie die Bedürfnisse eines anderen, oft unter Ausschluß Ihrer eigenen, an die erste Stelle setzen.

Die traurige Tatsache ist, daß unsere Sozialisation uns als Frauen einredet, daß Fürsorge Intimität sei. Aber wenn Sie Fürsorge zur Befriedigung Ihrer Intimitätsbedürfnisse heranziehen, dann hindern Sie sich faktisch daran, Intimität zu erzeugen. Als Fürsorgende konzentrieren Sie sich ausschließlich auf die Bedürfnisse Ihres Partners, während Ihre eigenen aufgrund der Verwechslung von »Fürsorglichkeit« mit »Verbundenheit« auf der Strecke bleiben.

In einer intimen Beziehung bittet jeder der beiden Partner um das, was er oder sie braucht. Dadurch werden sich beide ihrer eigenen Bedürfnisse sowie ihrer Verletzbarkeit beim Äußern dieser Bitten bewußt. Beide Partner teilen einander ihre inneren Vorgänge mit und lassen zu, daß sie gesehen werden. Beide gehen das Risiko ein, sowohl ein Nein als auch ein Ja als Antwort zu erhalten.

Koabhängige lesen ihrem Partner »seine Bedürfnisse von den Augen ab« und erfüllen sie automatisch, so daß der Vorgang, zu bitten und verletzbar zu werden, entfällt. Gleichzeitig ignorieren Koabhängige ihre eigenen Bedürfnisse; sie haben die Entscheidung getroffen, durch den Partner unverletzbar zu sein und nicht zu erwarten, daß er oder sie ihnen etwas gibt.

Es ist etwas Wunderbares, wenn Ihnen ein anderer Mensch sagt, was sie oder er von Ihnen will, und wenn Sie antworten können: »Ja, ich kann dir das geben.« Aber in einer koabhängigen Beziehung wird dieser Vorgang von beiden Seiten nicht zugelassen. Das Risiko der Intimität und Verletzbarkeit wird für die Sicherheit der Fürsorge geopfert. Das Resultat ist eine stagnierende Beziehung und ein Selbst, das sich von der Dynamik des Gebens und Nehmens, das echte Intimität erfordert, abgeschnitten hat.

Bewußte Liebe und Bindung

Das Erlebnis des Sich-Verliebens kann das Vorspiel zu einer spirituellen Erfahrung sein. Bei der bewußten Liebe entscheiden Sie sich, beisammen zu sein und gemeinsam eine Beziehung aufzubauen. Die freie Entscheidung ist wesentlich für die bewußte Liebe: Die Kraft und Fähigkeit zu wählen ist grundlegend für das Menschsein, und das Ausüben dieser Fähigkeit ist ein wesentlicher Bestandteil Ihrer Genesung. In der Sucht haben Sie Ihre Wahlfähigkeit eingebüßt und Einengung, Machtlosigkeit und Verlust an Freiheit erlebt. In der Genesung erleben Sie die Macht, Freiheit und Expansion, die Ihnen die Möglichkeit zu wählen verschafft.

Wenn Sie bewußte Liebe wählen, wählen Sie auch reife Abhängigkeit. Sie lassen zu, mit Ihrem Partner wirklich verbunden und von ihm abhängig zu sein, behalten aber Ihr autonomes Selbst bei. Sie wählen sich einen Partner, der Ihren Selbsterfahrungsprozeß zu schätzen weiß und der sich dafür entscheidet, sich mit Ihnen an diesem Prozeß zu beteiligen.

Die Entscheidung, zusammenzusein und eine intime sexuelle Beziehung aufzubauen, wird im allgemeinen als (innere) Bindung bezeichnet. Diese Bindung hängt nicht von der Länge der Zeit ab, die Sie zusammen sind; wir alle kennen Paare, die ohne Respekt oder Wechselseitigkeit vierzig Jahre zusammengeblieben sind. Diese innere Bindung oder Selbstverpflichtung oder dieses Engagement hat mit der freien Wahl zu tun, dazusein; intim, offen und verletzbar zu sein; sein Bestes zu tun, um für den anderen verfügbar zu sein. Eine solche Bindung gestattet Ihnen, sich sicher und geborgen zu fühlen, da Sie wissen, daß sich auch der andere dafür entschieden hat, offen, verfügbar und verletzlich zu sein.

Diese innere Bindung bringt eine Atmosphäre des Vertrauens hervor, die Verletzbarkeit ermöglicht. Der Wert gesunder, intimer sexueller Beziehungen liegt in ihrer Kraft, uns zu heilen und zu verändern. Sie geben uns Kraft und lassen uns wachsen.

Da wir in einer besonders herausfordernden Zeit des Umbruchs in bezug auf Bindung in intimen sexuellen Beziehungen leben, fühlen sich viele Frauen hilflos dem Schicksal ausgeliefert und jeder Sicherheit beraubt, welche Form von Bindung denn nun lebbar sei. So betrachten Sie Ihr berufliches Engagement vielleicht als befreiend und erregend, sehen eine mögliche Bindung an einen Partner aber als einengend an. Vielleicht sehnen Sie sich danach, wieder auf lebenslange Gelöbnisse zurückgreifen zu können, die keine Rücksicht auf Ihre sich wandelnden Bedürfnisse und Wünsche nehmen. Wenn Sie in die mittleren Jahre kommen, sehnen Sie sich vielleicht nach der Stabilität, die eine seit zwanzig Jahren bestehende Beziehung mit sich bringen kann, da Ihnen die Durchschnittsdauer der heutigen (amerikanischen) Ehe von ganzen sieben Jahren zu denken gibt. Vielleicht rechnen Sie damit, vor Ihrem Lebensende noch drei oder vier weitere intime sexuelle Beziehungen zu haben, und sehnen sich nach der Art von Verbindung, die Bestand hat, bis der Tod Sie von Ihrem Liebsten scheidet. In einer Welt, deren Werte sich so rasch wandeln, schlagen sich viele Frauen mit diesen Fragen herum.

Trotzdem muß die Arbeit im gegenwärtigen Augenblick geleistet werden. Sich innerlich zu binden bedeutet, daß Sie versprechen, sich mit Ihrem Partner auf einen Prozeß einzulassen. Der Schlüssel ist Ihre Bereitschaft, durch alle Veränderungen in Ihrem Leben hindurch füreinander dazusein. Sie können lernen, in Beziehungen allmählich einzusteigen, sowohl emotional als auch physisch.

Es ist möglich, daß ein Paar in einer langfristigen Beziehung seine Intimität verliert, diese später aber wieder zurückgewinnt. Manche Paare, die seit Jahren in einer gestörten Beziehung beisammen sind, müssen ihr Verhältnis vielleicht auf eine völlig neue Basis stellen. Möglicherweise müssen sie so grundlegende Elemente der Intimität neu lernen wie einander an den Händen zu halten, am Sofa nah beisammen zu sitzen und körperliche Intimität zu erleben. Langsam, Schrittchen für Schrittchen, kann sich ihre emotionale und physische Intimität und Verbundenheit vertiefen.

Theresas Beziehung zu Jeff ist ein Beispiel von Bindung und der Fähigkeit, während des Selbstfindungsprozesses beisammenzubleiben. Theresa ist jetzt in ihrem zweiten Jahr der Genesung, und beide bezeichnen ihre sexuelle Beziehung als sehr befriedigend.

Theresa ist als bewußtes Geschlechtswesen erwacht und hat gelernt, ihr eigenes Begehren zu spüren. Sie ist fähig, ihre sexuellen Empfindungen unabhängig von Jeff zu erleben, und sie weiß, welche Art von sexueller Aktivität sie bevorzugt. Sie hat gelernt, daß die Zuneigung zwischen ihnen wichtig ist und daß sich der emotionale Gehalt ihrer Verbindung unmittelbar auf ihr physisches Erleben auswirkt.

Sie hat keine Flashbacks mehr, obwohl sie eine Reihe von Männern immer noch fürchtet und ablehnt. Sie weiß viele Aspekte von Jeffs Persönlichkeit zu schätzen und teilt ihm ihre Wertschätzung häufig mit. Sie teilt ihre Gefühle – nicht bloß ihre sexuellen Empfindungen – offener mit, und dasselbe tut Jeff.

Theresa und Jeff haben jeden Tag mit Kommunikationsproblemen und Bedürfnisunterschieden zu kämpfen: Jeff wünscht sich Sex öfters als Theresa; Theresa hat immer noch sehr gemischte Gefühle in bezug auf Jeffs Masturbation; sie wünscht sich Jeff spontaner und extravertierter und ist zunehmend besorgt über seinen Workaholism. Sie sind beide sehr froh über die Tatsache, daß sie diese Probleme zur Sprache bringen können, ohne die Stabilität der Beziehung zu gefährden.

Gewöhnlich äußern Theresa und Jeff ihre Zuneigung durch Berührungen und Zärtlichkeiten, die nicht immer zu Sex führen. Für Theresa besteht die sexuelle Beziehung jetzt nicht mehr bloß aus dem physischen Aspekt, sondern auch aus der emotionalen Verbundenheit. Sie erlebt dies als eine Integration, eine Vertiefung ihrer Beziehung.

Ihr Liebesspiel ist zärtlicher geworden. Theresa putzt sich für Jeff nicht mehr heraus, und sie benutzen kaum je sexuelle Hilfsmittel und spielen auch keine Szenen mehr. Jetzt, da ihre Beziehung in diese neue Phase eintritt, stellt Jeff fest, daß sein Verlangen stark nachgelassen hat, bei der Selbstbefriedigung Pornos zu benutzen.

Beide empfinden den Sex jetzt anders. Ihre Leidenschaft ist zwar noch da, aber sie ist keine so treibende Kraft mehr. Sie scheint aus tieferen Schichten zu kommen. »Wir lachen mehr miteinander«, sagt Theresa. »Wenn wir uns lieben, habe ich manchmal das Gefühl, mich in Jeff aufzulösen, nicht, mich zu verlieren, aber tief mit ihm verbunden zu sein.«

Keine Grenzen

Die Bindung, die in einer zugewandten, intimen sexuellen Beziehung entsteht, kann eine intensive, heilende Erfahrung sein. Ihre Kindheitswunden können transformiert werden, wenn Sie einander lieben. Die »heilende Kraft der Liebe« mag wie ein Klischee klingen, aber es ist eine tiefe seelische Wahrheit. Wenn wir uns in tiefen Schichten aufeinander einlassen, kommen wir in Kontakt mit der wechselseitigen Verbundenheit allen Lebens untereinander und gewinnen unser göttliches Selbst zurück.

Im sexuellen Erleben mit einem intimen Partner können wir darüber hinausgehen, unsere tiefe emotionale Beteiligung und unser erotisches Angezogensein zu äußern; wir können die Seele des anderen berühren und unsere psychische Affinität ausdrücken. Im Akt der sexuellen Vereinigung können wir den wunderbaren Selbstverlust erleben, der einer mystischen Erfahrung gleicht. Es ist kein Zufall, daß wir unsere Intimpartner als »Seelenverwandte« bezeichnen.

Der Verlust an Bewußtsein für die spirituellen Möglichkeiten der Sexualität manifestiert sich in unserer Kultur durch eine zunehmende Betonung ihrer äußeren Aspekte. In der Werbung, im Fernsehen und im Kino werden wir mit sexuellen Bildern überschwemmt. Wir bekommen zu hören, daß sich Sex gut verkauft. Produkte wie Autos werden als »sexy« bezeichnet, und attraktive Frauen schmücken Inserate für Traktoren, Werkzeug, Autos und Faxgeräte.

Da wir die Sexualität in unserer Kultur als Ware benutzt sehen, fallen wir der gleichen Denkweise zum Opfer. Sex wird zu etwas, das wir »miteinander treiben«, statt zu einem Ausdruck von Liebe und Zuwendung. Wir verlieren das Gespür für das Mysterium hinter dem sexuellen Kontakt und konzentrieren uns auf Techniken und Fertigkeiten.

Statt die außerordentlich gesteigerte Erlebnisfähigkeit – die Bewußtseinserweiterung – zu würdigen, die mit dem sexuellen Erleben einhergehen kann, reduzieren wir die Sexualität auf eine ichzentrierte Erfahrung, auf ein äußerliches Ereignis. Dabei schreit unser inneres Selbst danach, das spirituelle Potential des Zusammen-»Seins« mit einem anderen anzuerkennen. Im tiefsten Inneren wissen wir, daß das sexuelle Erleben der Anlaß zu einem unmittelbaren Kontakt mit dem Spirituellen sein kann, aber dies wird selten erwähnt oder besprochen, selbst in Büchern über Sex nicht.

Die sexuelle Erfahrung ist ein Mittel, um im Augenblick zu bleiben und das »Jetzt« voll zu erleben. Im Liebesakt verschmelzen wir oft mit dem anderen, die Grenze von Haut zu Haut verschwimmt, und wir existieren in einer Zeitlosigkeit, in der alles Bewußtsein seinen Ursprung hat. In der intimen sexuellen Umarmung können wir entdecken, daß wir nicht wirklich getrennt vom anderen sind, sondern daß wir beide Teil eines umfassenden Bewußtseins sind. Manchmal kann uns das sexuelle Erleben sogar den Zugang zu der authentischen spirituellen Dimension unserer Natur eröffnen.

Stoffabhängige Frauen in Therapie sind oft vertrauter mit ihren spirituellen Bedürfnissen und Wünschen als die meisten übrigen Menschen. Während sie ihr spirituelles Verlangen nach Ganzheit früher in »Spirituosen« ertränkten, suchen sie jetzt durch Gebet und Meditation ihren bewußten Kontakt zu einer höheren Macht zu verbessern. Bei dieser Suche können auch sexuelle Erfahrungen zu einer Berührung mit der göttlichen Kraft werden.

Die erweiternden, expansiven Qualitäten der Beziehung von Mimi und Lynn eröffnen die Möglichkeit einer transzendenten Erfahrung. Mimi hat uns folgende Geschichte erzählt:

»Bevor ich trocken wurde, hatte ich keine Ahnung, daß Sexualität und Spiritualität miteinander zusammenhängen könnten. Wenn man mich nach deren Beziehung gefragt hätte, hätte ich den Fragesteller für verrückt gehalten. Meine Eltern waren in puncto Spiritualität genauso verklemmt wie in bezug auf Sexualität, und meine akademische Ausbildung hat mich sicherlich nicht ermutigt, mich für derart esoterische Vorstellungen zu öffnen.

Die Anonymen Alkoholiker und ihr Konzept des Vertrauens zu einer höheren Macht führten mich in eine regelmäßige spirituelle Praxis ein. Als erstes begann ich zu beten, obwohl mir dabei unbehaglich zumute war. Dann fügte ich dem täglich eine schweigend zugebrachte Zeit hinzu. Später begann ich, mich mit den verschiedensten spirituellen Texten auseinanderzusetzen, die mich zum Teil tief berührten.

Nachdem ich seit etwa fünf Jahren trocken war und mich in meiner Beziehung zu Lynn wirklich wohl fühlte, spürte ich, daß ich ein reicheres spirituelles Leben entwickeln wollte. Spontan entschloß ich mich zu einer Woche intensiver Meditation mit Frauen in der Wüste. Ich hatte noch nie zuvor etwas Ähnliches getan, und ich war wirklich nervös bei dem Gedanken, was da passieren würde.

Nun, diese Erfahrung war erstaunlich. Wir meditierten jeden Tag stundenlang, manchmal schweigend, manchmal im Gehen, manchmal, indem wir Vorträgen zuhörten. Wir befanden uns an einem schönen Ort, wo die Natur noch unverdorben war. Ich hatte das Gefühl, daß es wenig Ablenkungen zwischen uns und unserem spirituellen Selbst gab. Während ich meditierte, konnte ich gelegentlich buchstäblich die Energie durch meine Wirbelsäule bis in meine Schädeldecke strömen fühlen, wo ich sie wie eine Feuerkrone empfand. Dann schien es mir wieder, als verschwinde mein Körper und ich bestünde aus reiner Energie. Manchmal fing mein Körper spontan an zu vibrieren, als könne er einfach die ganze vorhandene Energie nicht fassen.

Später fing ich an, ähnliche Erlebnisse im Bett zu haben. Seit ich trocken geworden war, hatten sich meine sexuellen Erlebnisse verändert und vertieft. Meine Fähigkeit zur Intimität nahm ständig zu, und meine Beziehungen spiegelten das wider. Nicht nur war der Sex besser geworden, als ich lernte, in meinem Körper zu sein und im Augenblick zu bleiben, sondern irgendwie fing der Sex an, stark den anderen spirituellen Erfahrungen zu gleichen, die ich hatte. Ich begann, beim Sex eine andere Bewußtseinsebene zu erreichen – etwas, das mehr als physisch war.

Ich merkte, daß ich beim Sex manchmal das Gefühl hatte, mein physisches Selbst schmelze und ich sei Energie, die im gleichen Rhythmus pulsiert wie die von Lynn und mit der ihren verschmilzt.

Ich konnte es niemals steuern, wann ich diese Art von sexuellem Erlebnis haben würde. Es schien einfach mit mir oder mit uns zu passieren. Ich denke, diese Ereignisse hingen mit meiner Fähigkeit zusammen, loszulassen und dazusein. Einfach in dem zu sein, was geschieht, ohne eine Erwartung oder ein Ziel. Sobald ich beim Sex spirituelle Erlebnisse haben wollte, entzogen sie sich.

Jezt habe ich wenige Erwartungen. Natürlich hoffe ich, daß ich weiterhin Erfahrungen dieser Art machen werde – sowohl beim Sex als auch in der Meditation –, aber als Ziel habe ich sie losgelassen. Ich bin sexuell aktiv, weil es mir Freude macht, Lynns Körper zu berühren und von ihr berührt zu werden. Das

Gefühl der Zusammengehörigkeit mit ihr ist wundervoll. Und wenn sich manchmal ein Kontakt auf einer anderen Bewußtseinsebene herstellt, so ist dies einfach eine zusätzliche Dimension.«

Die Fortsetzung des Weges der sexuellen Gesundung

Gesundung hat etwas mit Expansion zu tun. Es geht darum, für all das wach zu werden, was im Leben möglich ist. Es geht darum, Ihr inneres und Ihr äußeres Leben zu vereinen, so daß all das, was innerlich vorgeht – Ihre Werte, Ihre Überzeugungen und Ihre Gefühle –, in Ihrem äußeren Leben, das aus Ihren Interaktionen mit anderen Menschen in der Welt besteht, repräsentiert wird. Wenn Ihr Innen- und Ihr Außenleben zueinanderpassen, wenn sie übereinstimmen und miteinander harmonieren, dann werden Sie so etwas wie Integrität erleben.

Unsere Sexualität und unsere Spiritualität hängen miteinander zusammen; das sind keine getrennten Dinge. Wir haben manchmal und mit Recht das Gefühl, daß man uns genötigt hat, unsere Sexualität aufzugeben, um spiritueller zu sein. Die patriarchalische Religion will uns weismachen, daß wir unsere Sexualität beiseite schieben müßten, um erlöst zu werden.

Aber das ist nicht wahr: Sexualität und Spiritualität sind miteinander verbunden. Sie haben beide etwas mit der Lebenskraft zu tun, die wir in uns haben. Wenn wir versuchen, nach dem einzigen sexuellen Modell zu leben, das für uns Frauen in der Gesellschaft existiert – die Hure im Bett und die Jungfrau am Frühstückstisch –, machen wir uns sexuell und spirituell krank, weil es uns nötigt, Anteile von uns abzuspalten, die beisammenbleiben sollten.

Leidenschaftliche Liebe ist das, was uns zusammenbringt. Es ist diese Sehnsucht nach Vereinigung mit einem anderen, eine Brücke zwischen Menschen, eine Brücke zwischen Körper und Seele. Leidenschaftliche Liebe verspricht, unsere Vereinzelung zu beenden und unsere Sehnsucht nach ekstatischen Erfahrungen – wahrlich die Quintessenz der Spiritualität – zu erfüllen.

Unserem innersten Wesen nach sind wir Energie – Schwingungsrhythmen. Unsere wahre und innerste Natur ist nicht die physischer Geschöpfe. Bei jeder sexuellen Begegnung entsteht durch die Vereinigung von zwei Energieströmen eine dritte, neue Energie. Und das ist der Punkt, an dem wir anfangen müssen, sexuell verantwortlich zu sein, dies ist der schöpferische Aspekt unserer Sexualität. Welche Art von Energie erzeugen wir bei unseren sexuellen Begegnungen? Welche Art von Energie erzeugen wir auf unserem Weg der Heilung? Heilung bedeutet, die Verantwortung für die Art von Energie zu übernehmen, die wir in das Universum hinausschicken.

Eine der profundesten menschlichen Erfahrungen besteht darin, mit einem anderen Menschen intim zu sein. Ihn zu erkennen und von ihm erkannt zu werden, zu sehen und gesehen zu werden, zu verstehen und verstanden zu werden – das ist Intimität. Besonders beglückend ist es, einander während der ganzen Entwicklung dieser Intimität zu lieben und diese Liebe und Intimität zu integrieren und in einer sexuellen Weise ausdrücken zu können – und dann vielleicht diesen seltenen Augenblick zu erleben, in dem man das Gefühl hat, als bringe uns das Erlebnis der Vereinigung mit einem anderen in Berührung, mit dem Göttlichen.

ANHANG A

Der sexuelle Reaktionszyklus

Der sexuelle Reaktionszyklus der Frau

Bei den meisten Frauen erstreckt sich der Mangel an Information über ihren eigenen Körper auch auf den sexuellen Reaktionszyklus. In meinen Therapiegruppen für Frauen berichtet nur jede achte Frau, ihre primäre Sexualaufklärung von ihrer Mutter erhalten zu haben, und auch in diesen Fällen bezog sich der größte Teil der vermittelten Informationen auf Menstruation und Fortpflanzung. Sehr selten gibt eine Frau an, daß man ihr erklärte, was während einer sexuellen Begegnung faktisch in ihrem Körper vor sich gehen würde.

Manche Frauen berichten, daß sie im Biologieunterricht nicht nur über Reproduktion, sondern auch über den weiblichen Reaktionszyklus aufgeklärt worden seien, andere haben von Freundinnen etwas darüber erfahren. Aber die meisten Frauen haben nie darüber gesprochen, was während der sexuellen Erregung und Aktivität tatsächlich in ihrem Körper abläuft. Im Gegensatz zu Männern neigen Frauen nicht dazu, untereinander viele Vergleiche über ihre sexuellen Erlebnisse anzustellen.

Der ungenügende Wissensstand der Frauen in bezug auf ihren Körper und seine Funktionsweise wird noch durch den Alkoholmißbrauch in den Herkunftsfamilien verschlimmert. Das Schweigegebot von Alkoholikerfamilien erstreckt sich fast immer auch auf Sex; das Aufwachsen mit einem alkoholabhängigen Elternteil verdoppelt für Frauen somit den »normalen« Mangel an sexuellen Kenntnissen.

Den Fehlinformationen über die weibliche Sexualität wird

erst in jüngster Zeit entgegengetreten. Die ersten echten, auf Beobachtung beruhenden Daten über das konkrete sexuelle Erleben von Frauen wurden 1966 von Masters und Johnson veröffentlicht. Ihre Forschungsarbeiten räumten endlich mit der Legende vom vaginalen Orgasmus auf und lieferten Informationen über verschiedene Formen des sexuellen Erlebens der Frau.

Masters und Johnson stellten fest, daß Frauen prinzipiell den gleichen sexuellen Reaktionszyklus durchlaufen, ob sie sich nun selbst befriedigen, einen Vibrator benutzen oder mit einem Partner aktiv sind. In allen Fällen bildet die Klitoris das Zentrum der sexuellen Lustempfindungen, und irgendeine Stimulierung der Klitoris – sei es direkt oder indirekt – ist nötig, damit der Orgasmus eintritt. In den siebziger Jahren veröffentlichte Shere Hite die ersten Selbstbeobachtungen von Frauen über ihre sexuellen Erlebnisse. Von den Frauen, die Hites Fragebogen ausfüllten, gaben nur 30 Prozent an, allein durch vaginale Penetration zum Orgasmus zu kommen. Die meisten Frauen benötigten eine direkte Reizung der Klitoris, um einen Orgasmus zu erleben.

Das erste Stadium: Erregung

Das erste Stadium im sexuellen Reaktionszyklus ist die Erregungsphase. Wenn auf das Verlangen die tatsächliche Berührung folgt, verstärkt sich die Reaktion des Körpers. Manche Frauen können die Erregungsphase ohne Berührung erleben. Auf einen Partner gerichtetes Begehren, sexuell anregende Lektüre oder Phantasien, all dies kann die körperlichen Empfindungen der Erregungsphase auslösen.

Mit zunehmender Erregung füllt sich die Klitoris und das sie umgebende Gewebe mit Blut, die Klitoris erigiert und zieht sich unter ihre Haube zurück. Gleichzeitig wird die Vagina feucht und weitet sich. In nichterregtem Zustand hat die Vagina eine sehr kleine, etwa bleistiftgroße Öffnung, aber mit wachsender Erregung öffnet sich die Vagina und dehnt sich aus.

Auch der Uterus füllt sich mit Blut, vergrößert sich und erhebt sich aus seiner Ruhestellung. Äußere und innere Schamlippen, Klitoris und Scheidenwände nehmen eine sattere Farbe an und werden dunkler oder rosiger. Der Blutdruck steigt, der Herzschlag beschleunigt sich, und die Atmung wird schneller. Das gesamte die Klitoris umgebende und stützende Gewebe füllt sich mit Blut und schwillt an. Brüste und Brustwarzen schwellen an, und die Brustwarzen richten sich auf. Manchmal weist der ganze Körper eine leichte Rötung auf, die subjektiv als Wärme- oder Hitzeempfindung erlebt wird. Das Erregungsstadium kann bei Frauen von einigen Minuten bis zu mehreren Stunden dauern. In der Regel hält es bei Frauen viel länger an als bei Männern; das heißt, Frauen brauchen länger als Männer von der ersten Erregung über die Plateauphase bis zum Orgasmus.

Das zweite Stadium: das Plateau

Die Plateauphase ist der Zeitraum zwischen erster Erregung und Orgasmus. Mit zunehmender Erregung richtet sich die Klitoris mehr und mehr auf, der Klitorisschaft versteift sich, die Klitoris-»Wurzeln« – die sich im Körperinneren entlang der Vagina erstrecken – schwellen noch stärker an und werden fest, und die Klitorishaube vergrößert sich. Die Klitoris zieht sich unter ihre Haube zurück, da sie jetzt ausgesprochen berührungsempfindlich ist und Schutz braucht, und die Bartholin-Drüsen in der Vagina sondern Schleim ab.

Die Vagina wird zunehmend gleitfähiger und nasser. Die Flüssigkeitsabsonderung kann auch die inneren Schamlippen anfeuchten. Die sexuelle Spannung nimmt zu; die Atmung beschleunigt sich, die Muskeln spannen sich an, und es kann Schweiß ausbrechen.

Das dritte Stadium: Orgasmus

Der Orgasmus tritt ein, sobald die rhythmischen Muskelkontraktionen einsetzen; diese Kontraktionen können kaum merklich oder sehr heftig sein. Die Klitoris verkürzt sich dramatisch, und die inneren Schamlippen stülpen sich ein und bedecken sie. Alle die Klitoris umgebenden Muskeln kontrahieren unwillkürlich, ebenso Vagina und Uterus. Die Kontraktionen treten gewöhnlich in Abständen von 0,8 Sekunden auf und sind oft in Vagina, Klitoris, Uterus und Anus spürbar.

Alle Orgasmen sind physiologisch ähnlich und werden durch Stimulierung der Klitoris ausgelöst. Diese Stimulierung kann durch verschiedene Mittel erreicht werden. Orgasmen können sich auch in ihrer Intensität und Dauer unterscheiden und sicherlich in dem zeitlichen Aufwand, der nötig war, um sie hervorzurufen, aber physiologisch ist der Ablauf derselbe. Sie treten durch Reizung der Klitoris ein– direkte Reizung des Klitoriskopfes oder indirekte Stimulierung von Haube und inneren Schamlippen, des Schaftes oder der Klitoriswurzeln, die innen zu beiden Seiten der Vagina liegen. Die Kontraktionen des Orgasmus erfassen jedoch den gesamten Beckenbereich und werden nicht primär in der Klitoris empfunden.

Berichte über weibliche »Ejakulation« wurden von Physiologen ebenso wie von Sexualwissenschaftlern verworfen, aber in den achtziger Jahren fand die Möglichkeit der weiblichen Ejakulation größere Zustimmung. (Im Gegensatz zur männlichen Ejakulation, die im Normalfall Sperma enthält, weist die Ejakulationsflüssigkeit der Frau keine Reproduktionselemente auf. Anm. des Verlages.) Von Ejakulation spricht man bei der Frau, wenn während des Orgasmus zwischen ein paar Teelöffeln bis zu einer Tasse voll klarer, geruchloser Flüssigkeit aus der Vagina austritt. In der Vergangenheit empfanden viele Frauen dieses Phänomen als peinlich, da sie an Harnabgang glaubten.

Aber neuere Untersuchungen des sexuellen Reaktionszyklus der Frau zeigen, daß Ejakulation bei manchen Frauen auftreten kann. Dieser Ausstoß von Flüssigkeit scheint häufiger einzutreten, wenn der G-Punkt stimuliert wird. Und das Einspritzen der Flüssigkeit kann willentlich gehemmt werden; das heißt, manche Frauen berichten, daß sie ihre Ejakulation stoppen können, wenn sie sich darauf konzentrieren. Vielleicht würden mehr Frauen eine Ejakulation erleben, wenn sie nicht aus Furcht vor Harnverlust selbst bremsen würden.

Der G-Punkt wurde nach Dr. Ernst Grafenberg so benannt, der in den fünfziger Jahren darüber schrieb. Bis in die achtziger Jahre war über diese zusätzliche Quelle weiblicher Lust jedoch wenig bekannt. Der Punkt fühlt sich wie ein kleiner Knoten an, der bei entsprechender Reizung anschwillt. Er befindet sich in der oberen Vorderhälfte der Vagina, etwa in der Mitte zwischen Schambein und Gebärmutterhals. Obwohl er für eine Frau selbst schwer zu erreichen ist, wenn sie flach auf dem Rücken liegt, kann er von den Fingern eines Partners, einem Dildo oder speziellen Ausbuchtungen, wie sie manche Vibratoren aufweisen, leicht erreicht werden (manchmal auch durch den Penis, wenn die Frau oben liegt oder sitzt). Manche Frauen berichten, daß sie ihren Orgasmus als tiefer und lustvoller erleben, wenn er von einer Stimulierung des G-Punkts begleitet wird. Andere Frauen berichten über die orgasmische Ausstoßung von Flüssigkeit, die »weibliche Ejakulation«, nach G-Punkt-Reizung.

Frauen benötigen keine refraktäre Pause, das heißt, zwischen einem Orgasmus und der fortgesetzten Stimulierung zur nächsten Entladung ist kein zeitlicher Abstand nötig. Frauen können mehrere Orgasmen hintereinander haben, falls sie sich erneut stimulieren lassen wollen. Nach Vollendung eines Orgasmus können sie die Stimulierung wieder aufnehmen und ein zweites oder drittes Mal kommen, wenn sie es wollen. Oft ist die Eichel der Klitoris dann allerdings zu empfindlich, um berührt zu werden, aber der Schaft und die inneren Schamlippen können empfänglich sein. Manchmal wird die unmittelbare erneute Reizung als unangenehm oder schmerzhaft empfunden, und ein einziger Orgasmus kann völlig befriedigend sein. Frauen haben sich oft wegen ihrer Fähigkeit oder Unfähigkeit, zu ejakulieren bzw. mehrere Orgasmen zu erleben, geschämt. Es gibt die verschiedensten Spielarten unter Frauen, und auch die Erfahrungen ein und derselben Frau können im Laufe ihres Lebens stark voneinander abweichen.

Die vierte Phase: das Abklingen

Die Erregung klingt ab, sobald die Stimulierung aufhört – sowohl nach dem Orgasmus als auch nach der Plateauphase ohne Entladung. Falls kein Orgasmus eintritt, kann die Abklingphase mehrere Stunden lang dauern. Nach einem Orgasmus dauert sie gewöhnlich etwa eine halbe Stunde. Dabei kehrt der Körper in seinen unerregten Zustand zurück. Kopf, Schaft, Haube und Wurzeln der Klitoris schwellen ab und kehren in den Normalzustand zurück, und die Scheidenwände schließen sich wieder bis auf eine kleine Öffnung. Der Uterus kehrt in seinen Ruhezustand zurück, und die Haut wird wieder blasser.

Varianten des Zyklus

Das Diagramm des weiblichen Reaktionszyklus zeigt verschiedene Varianten, die das sexuelle Reaktionsmuster bei einer bestimmten Frau aufweisen kann. Bei der Kurve C stimuliert sich die Betreffende selbst. Wie man sieht, ist die Zeitspanne vom Verlangen über die Erregung bis zur Plateauphase ziemlich kurz und der Orgasmus intensiver. Dies ist typisch für das Masturbationserlebnis, sei es manuell oder durch andere Formen von Druckausübung wie durch einen Wasserstrahl oder einen Vibrator.

Wenn Frauen masturbieren, haben sie den Vorteil sofortiger und vollkommener Rückmeldungen ihres Körpers. Bei der Masturbation können sich Frauen punktgenau dort berühren, wo es am besten für sie ist, und sie können den optimalen Druck ausüben, solange sie es brauchen. Wenn etwas nicht funktioniert, können sie sofort zu etwas Besserem übergehen. Die meisten Frauen kommen schneller und intensiver zum Orgasmus,

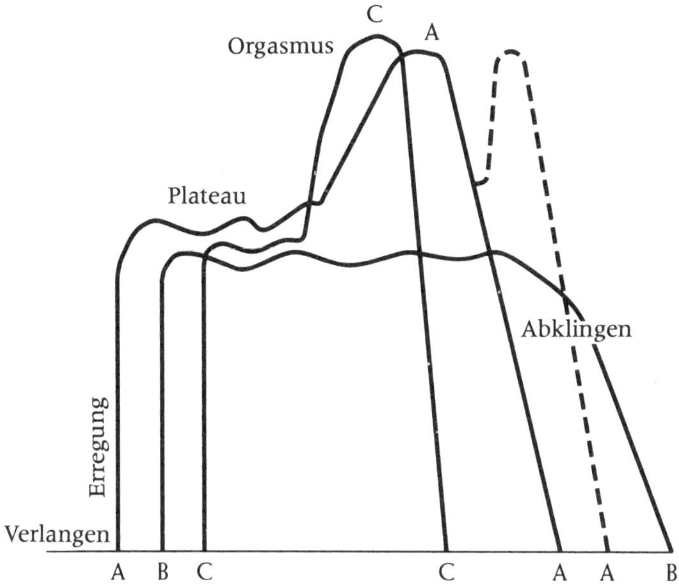

Abb. 9 Weiblicher Reaktionszyklus

wenn sie sich selbst stimulieren, als beim Partnersex, obwohl das subjektive Erleben weniger intensiv sein mag.

Bei der Kurve A verkehrt die Frau sexuell mit einem Partner. Sie wird bis zum Plateau erregt, fällt dann auf die Erregungsstufe zurück, erreicht erneut das Plateau, fällt wiederum auf das Erregungsniveau zurück, erreicht das Plateau und kommt dann zum Orgasmus. Die A-Kurve ist keineswegs untypisch für die weibliche Sexualität. Die gestrichelte Linie zeigt die Möglichkeit mehrfacher Orgasmen an, das heißt mehr als ein Orgasmus während derselben sexuellen Begegnung. Wie bereits erwähnt, benötigen Frauen nach einem Orgasmus keine spezielle Ruhepause vor dem nächsten Erregungszyklus. Bei Männern tritt nach jeder Ejakulation die sogenannte Refraktionsphase ein, während welcher es physisch schwierig ist, eine Erektion zu bekommen und erneut zu ejakulieren. Diese Zeitspanne verlängert sich mit zunehmendem Alter des Mannes und kann von ein paar Minuten bei einem Jugendlichen bis zu mehreren Tagen bei einem Mann in seinen Siebzigern schwanken.

Frauen brauchen im allgemeinen viel länger, um zum Orgasmus zu kommen, als Männer bis zur Ejakulation. Es ist nicht ungewöhnlich für Frauen, bis zur Plateauphase zu gelangen und dann Schwankungen des Erregungszustandes zu erleben, bis sie schließlich den Höhepunkt erreichen. So saugt der Partner beim Liebesspiel vielleicht an ihren Brüsten und streichelt die Innenseite ihrer Schenkel, bis sie sehr erregt wird, geht dann dazu über, die Scheidenöffnung zu streicheln, was weniger erregend sein kann, massiert dann die inneren Schamlippen, was sie möglicherweise als sehr erregend empfindet, dringt dann in die Vagina ein, was die Erregung abklingen lassen kann, und massiert schließlich den Klitorisschaft, so daß sie zum Orgasmus kommt.

Das orgasmische Erleben der Frauen verläuft in der Regel weniger linear als das der Männer. Selten läßt sich die Entwicklung vom Verlangen über die Erregung zum Orgasmus bei Frauen in einer ungebrochenen Linie darstellen. Dem Erleben der Frauen fehlt im allgemeinen die physiologische Zwangsläufigkeit, die oft die männliche Sexualität kennzeichnet.

In der B-Kurve verkehrt die Betreffende mit einem Partner, ohne zum Orgasmus zu kommen. Sie wird erregt, erreicht das Plateau und fällt dann auf die Erregungsstufe zurück, ohne den Höhepunkt zu erreichen. In diesem Fall dauert das Abklingen mehrere Stunden, weil keine orgasmischen Muskelkontraktionen erfolgen, die das gestaute Blut aus dem Becken herauspressen und so eine Abschwellung bewirken.

Dieser Verlauf ist für Frauen nichts Ungewöhnliches. Manche Frauen sehen sich überhaupt außerstande, zum Orgasmus zu kommen, und erleben immer wieder den Verlauf B. Andere erleben die B-Kurve nur unter bestimmten Umständen, etwa, wenn sie Sex haben, während die Kinder noch auf sind, mit bestimmten Partnern oder bei bestimmten sexuellen Techniken wie der Missionarstellung. Wieder andere erreichen den Orgasmus nur, wenn sie sich selbst befriedigen, und nicht mit einem Partner.

Alle obigen Sexualerlebnisse können sich im Leben jeder Frau ereignen. Keines ist untypisch oder außergewöhnlich. Mit zunehmender sexueller Erfahrung kann es sein, daß ein bestimmter Verlauf im Leben einer Frau seltener wird, während ein anderer zunimmt, aber es ist nicht ungewöhnlich, daß Frauen ihr ganzes Leben lang die unterschiedlichsten sexuellen Erfahrungen machen. Äußerst unwahrscheinlich ist dagegen, daß eine Frau im Laufe ihres Lebens nur einen der obigen Kurvenverläufe erlebt.

Sexuelle Probleme von Alkoholikerinnen

Nach übereinstimmenden Erkenntnissen der meisten Experten berichten 50 Prozent aller Amerikanerinnen und Amerikaner im Laufe ihres Lebens über sexuelle Funktionsstörungen. Bei Alkoholikern und Alkoholikerinnen liegt diese Zahl noch höher. In meiner Untersuchung von Alkoholikerinnen gaben nur 55 Prozent der im Entzug befindlichen Frauen an, wenigstens die halbe Zeit mit ihrer sexuellen Reaktionsfähigkeit zufrieden zu sein, verglichen mit 84 Prozent der nicht alkoholabhängigen Frauen. Bei den Alkoholikerinnen erstrecken sich die sexuellen Schwierigkeiten offensichtlich über die Phase des aktiven Trinkens hinaus in die Nüchternheit.

Physiologische Probleme während der Trinkphase

Der Alkohol übt gravierende physiologische Wirkungen auf die Frauen während ihrer Trinkphase aus. So laborieren Alkoholikerinnen häufiger an gynäkologischen Problemen als Nichttrinkerinnen. Sie leiden häufiger unter Vaginitis und schmerzhaftem Scheidenausfluß. Ihnen machen häufiger alkoholbedingte hormonelle Störungen zu schaffen, und sie erleiden mehr Leberschäden, die die sexuelle Funktionsfähigkeit beeinträchtigen.

Außerdem dämpft der Alkohol die sexuelle Erregungsfähigkeit ebenso wie andere physiologische Mechanismen und schwächt damit das sexuelle Verlangen. Alkohol trocknet die Schleimhäute aus und mindert die Gleitfähigkeit der Scheide, so daß die Penetration als weniger angenehm und manchmal sogar als schmerzhaft empfunden wird. Alkohol verlangsamt den Blutzustrom ins Becken, so daß die Gefäße weniger stark anschwellen. Angesichts der gehemmten Feuchtigkeitsabsonderung und des verzögerten Blutandrangs verlängert sich der Weg von der Erregung zum Orgasmus und erfordert stärkere Druckausübung, falls eine orgasmische Entladung überhaupt erreicht wird. Alkohol schwächt auch die Sinneseindrücke, und bei verminderter Empfindlichkeit für Berührungen benötigen Frauen eine stärkere Stimulierung, um die gleiche Wirkung zu erzielen.

Im Stadium der Nüchternheit sind diese physiologischen Faktoren zwar nicht länger wirksam, aber die sexuellen Schwierigkeiten von Alkoholikerinnen dauern oft an. Bei meinen eigenen Untersuchungen von Frauen in Entwöhnungsbehandlung stellte ich fest, daß 39 Prozent über einen Mangel an sexuellem Interesse berichteten, 43 Prozent bekannten sich zu einem Mangel an sexueller Erregung bzw. an Lustempfindungen, 36 Prozent nannten mangelhafte Gleitfähigkeit, 51 Prozent Anorgasmie, 20 Prozent Schmerzen beim Genitalverkehr, und 10 Prozent sprachen von Muskelkrämpfen, die jede Penetration verhinderten.

Mangel an Erregung und fehlende Gleitfähigkeit treten gewöhnlich gemeinsam auf. Während des Klimakteriums nimmt die Fähigkeit, feucht zu werden, von Natur aus ab. Falls Sie sich während der Wechseljahre in Entziehungstherapie begeben, dann führen Sie die verminderte Gleitfähigkeit vielleicht fälschlicherweise auf mangelnde Erregung zurück. Die meisten Frauen konstatieren nach der Menopause einen ziemlich ausgeprägten Unterschied in der Gleitfähigkeit, selbst wenn sie ebenso erregbar bleiben wie zuvor.

Mangelnde Gleitfähigkeit während der Entwöhnung

Die mit fehlender Erregung einhergehende mangelhafte Gleitfähigkeit ist bei heterosexuellen Frauen oft auf die Unterschiede in den sexuellen Reaktionszyklen zwischen Männern und Frauen zurückzuführen. Von der Erregung zur Erektion führt bei Männern ein ziemlich kurzer und direkter Weg. Obwohl sich die Zeitspanne vom Verlangen bis zur vollen Erektion bei Männern mit zunehmendem Alter verlängert, bleibt sie dennoch signifikant kürzer als bei Frauen.

Manche Männer berichten, nach Stimulierung von Hoden und Penis in drei bis acht Sekunden eine volle Erektion zu bekommen, während manche Frauen angeben, oft zwanzig Minuten verschiedener Stimulierung bis zur vollständigen Gleitfähigkeit zu benötigen. Männer berichten häufig über Erektionen aufgrund indirekter Reize wie dem Betrachten von erotischen Bildern oder der Beobachtung anderer in entsprechenden Situationen. Frauen benötigen dagegen mehr direkte Stimulierung und mehr Zeit, um ausreichend feucht zu werden.

Zu unserem Pech als Frauen ist die sexuelle Vereinigung primär von Männern definiert und diskutiert worden. Die Bedingungen des Diskurses wurden von Männern festgesetzt, und die Sprache der Sexualität ist weitgehend von männlichen Bedürfnissen bestimmt. Das Betasten, Streicheln, Saugen und Beißen, kurz, das ganze Liebesspiel, das Frauen benötigen, um erregt zu werden, ist unter dem Begriff *Vorspiel* subsumiert worden, das als weniger wichtig als die Penetration angesehen wird. Das »Vor« impliziert, daß alles, was der Penetration und Ejakulation vorausgeht, bloß die Einleitung für den »eigentlichen Sexualakt« darstellt. Für Männer mag das so sein. Für sie mag sich der wichtige Teil des Aktes erst nach der Penetration ereignen. Für uns gilt das jedoch nicht.

Unsere Fähigkeit, sexuelle Lust zu empfinden und zum Orgasmus zu kommen, hängt unmittelbar von der Menge der Streicheleinheiten und Liebkosungen ab, die uns zuteil wird. Ohne intensive Berührungen durch Mund oder Hand, ohne ausgedehnten Hautkontakt, werden wir nicht erregt, und das Stadium des Feuchtwerdens und Anschwellens wird übersprungen.

Mangelndes Feuchtwerden und Anschwellen entspricht bei Frauen der fehlenden Erektion bei Männern. Obwohl die Gesellschaft den Standpunkt vertreten hat, daß mangelnde weibliche Gleitfähigkeit nicht bedeutsam sei und leicht durch ein Gleitmittel ausgeglichen werden könne, wissen wir, daß sie wichtig ist. Wenn wir nicht feucht geworden sind, sind wir nicht erregt (dies mag bei Frauen anders sein, die die Menopause erreicht haben). Ohne Erregung ist die sexuelle Aktivität nicht lustvoll, und die Penetration kann sogar schmerzhaft sein. Ohne Erregung ist kein Orgasmus möglich.

Wenn Sie nicht in den Wechseljahren sind und einen Mangel an Gleitfähigkeit feststellen, besteht die einzige Lösung nicht darin, in die Apotheke zu laufen und sich ein Gleitmittel zu besorgen. Der erste Schritt ist vielmehr zu überlegen, ob Sie die sexuellen Liebkosungen erhalten, die Sie erregend finden. Vielleicht merken wir, daß wir gar nicht wirklich wissen, welche Arten von Stimulierung wir am erregendsten finden. Vielleicht haben wir uns darauf verlassen, daß uns der Alkohol von flüchtigen Schmusereien zur Penetration und Ejakulation mit anschließendem Blackout trägt.

Das leichteste Mittel, um herauszufinden, welche Art von Berührung Sie antörnt, ist, es selbst am eigenen Leib zu erproben. Wenn Sie damit experimentieren, können Sie das Selbstvertrauen erlangen, um die Art von Berührungen zu erbitten, die Sie sich von jemand anderem wünschen. Nur indem wir experimentieren und um die verschiedensten Berührungen bitten, können wir lernen, was uns Genuß bereitet. Manche Frauen mögen es, wenn ihre Brüste in die Hand genommen und gedrückt werden; andere ziehen es vor, wenn an ihren Brustwarzen gesaugt wird. Manche mögen es, von der Innenseite der Schenkel bis zum Nabel geleckt zu werden; andere läßt das kalt. Manche mögen leichte Bisse in die Hinterbacken; anderen darf man nicht mit den Zähnen in die Nähe kommen. Dies sind bloß ein paar Beispiele der Arten von Zärtlichkeiten, die Frauen erregend finden. Hunderte von Varianten könnte man anführen. Aber es ist eine Tatsache, daß jede von uns verschiedene Formen von Berührungen aufregend findet. Und was wir als erregend empfinden, kann sich außerdem je nach dem Stadium unseres Menstruationszyklus, der Heftigkeit der Begierde, die wir vor der Berührung empfinden, und dem speziellen Partner, mit dem wir zusammen sind, ändern. Zu lernen, was wir beim Liebesspiel wollen, und darum zu bitten, mag manchen Frauen fast unmöglich erscheinen. Wir sind dazu erzogen worden, darauf zu warten, daß uns die Männer wissen lassen, was *sie* wollen. Wir sind dazu abgerichtet worden, unser Vergnügen darin zu finden, anderen Vergnügen zu bereiten. Obwohl es tatsächlich befriedigend ist, die sexuellen Bedürfnisse eines anderen zu erfüllen, löst es Groll aus, wenn es sich um eine einseitige Interaktion handelt, und untergräbt die Beziehungen. Zu erforschen, was wir wollen und was uns anmacht, und dies unseren Partnern klar und deutlich zu signalisieren, ist die Voraussetzung einer wirklich für beide befriedigenden sexuellen Erfahrung.

Der Schlüssel ist die Wechselseitigkeit, und Wechselseitigkeit ist unmöglich, wenn Sie nicht wissen oder sagen, was Sie wollen. Wenn wir erklären, was wir benötigen, dann geben wir unserem Partner die Gelegenheit, uns Lust zu bereiten. Wir geben unserer Beziehung eine bessere Chance fortzubestehen, und wir erleben sexuelle Lust. Die Sexualität ist vielleicht jener Bereich in unserem Leben, in dem es am schwierigsten ist, unsere Bedürfnisse geltend zu machen. Aber sie ist auch ein Bereich, in dem die Selbstbehauptung fast sofort Dividenden abwirft.

Finden Sie sich nicht mit fortgesetzten sexuellen Kontakten ab, bei denen Sie gar nicht feucht werden. Erkunden Sie Ihre eigene Sexualgeschichte, wann Sie sich animiert fühlten und warum; untersuchen Sie Ihre gegenwärtigen sexuellen Beziehungen daraufhin, ob Sie die Art von Zärtlichkeit erhalten, die Sie sich wünschen; und experimentieren Sie schließlich mit Ihrem eigenen Körper, um Ihre sexuellen Reaktionen und Wünsche kennenzulernen.

Über 50 Prozent der Frauen in Therapie, die ich interviewte, bezeichneten sich als nicht orgasmusfähig. Mangel an Verlangen und fehlender Orgasmus sind nach wie vor die zwei häufigsten sexuellen Schwierigkeiten, von denen alle Frauen berichten, ob sie auf Entzug sind oder nicht. In der Vergangenheit wurde Anorgasmie bei Frauen als ein psychisches Problem angesehen; Frauen, die keinen Orgasmus bekamen, wurden als frigid bezeichnet, und man unterstellte ihnen, auf der Flucht vor ihrer eigenen Weiblichkeit zu sein.

Jetzt, nach der Forschungsarbeit von Masters und Johnson, wissen wir, daß Anorgasmie in erster Linie eine Folge unzureichender Stimulierung ist. Jede Frau, die eine Klitoris hat, kann zum Orgasmus kommen, aber die orgasmische Entladung kann nicht ohne vollständige Erregung und Stimulierung der Klitoris eintreten. Die für den Orgasmus nötige Form von Klitorisreizung wird durch bloße Penetration selten erreicht. Und die unter den Weißen im Westen so verbreitete Missionarstellung ist genau die Stellung, die am wenigsten geeignet ist, die nötige Reizung der Klitoris zu bewirken.

Frauen berichten, daß sie am leichtesten durch Selbststimulierung mit einem Vibrator zum Orgasmus kommen. Der Vibrator verschafft ihnen eine konstante, gleichmäßige Stimulierung. Er wird weder müde noch wund. Wenn Sie ihn selbst benutzen, können Sie ihn in jede gewünschte Position bringen und ihn mit unterschiedlichstem Druck anwenden.

An nächster Stelle nach dem Vibrator kommt die manuelle Masturbation. Frauen berichten, daß sie sich mit den Händen oder mit Hilfe von Wasser, etwa der Handbrause oder der Badewannendüse, stimulieren oder sich an Kissen reiben.

In bezug auf Partnersex berichten Frauen, am leichtesten zum Orgasmus zu kommen, wenn ihr Partner sie manuell oder oral stimuliert. Am schwersten fällt es Frauen, durch vaginale Penetration ohne direkte Klitorisreizung zum Höhepunkt zu kommen. Manche Koitusstellungen sind mit stärkerer Klitorisreizung verbunden als andere. Stellungen mit der Frau oben, bei denen sie den Penis dirigiert und den Einführungswinkel bestimmt, können mehr Kontakt mit der Klitoris bieten. Dasselbe gilt für Stellungen, bei denen die Partner einander zugewandt auf der Seite liegen.

Falls Sie noch nie zum Orgasmus kamen und das ändern möchten, besteht der leichteste Einstieg darin, mit einem Vibrator masturbieren zu lernen. Sobald Sie imstande sind, mit Hilfe des Vibrators zum Orgasmus zu kommen, bedarf es vielleicht weiterer Übung, um sich manuell befriedigen zu lernen. Und sobald Sie gelernt haben, durch Selbststimulierung zum Höhepunkt zu kommen, mag weitere Einübung erforderlich sein, um mit einem Partner das gleiche Ziel zu erreichen.

Es ist durchaus nicht ungewöhnlich, daß sich Frauen zwar selbst befriedigen können, daß sie es aber nicht schaffen, mit einem Partner zum Orgasmus zu kommen. Falls Sie mit Ihrem Partner nicht ans Ziel kommen, wohl aber durch Selbststimulierung, dann können Sie Ihrem Partner am schnellsten zeigen, was für Sie funktioniert, indem Sie seine Hand über Ihre legen, während Sie masturbieren. So kann Ihr Partner unmittelbar spüren, was richtig für Sie ist.

Die für den Orgasmus nötige Klitorisreizung kann Ihr Partner per Hand oder Mund bewirken. Manche Frauen ziehen manuelle Stimulierung vor, während andere die Sensivität und Nässe von Lippen und Zunge erregender finden. Viele Frauen empfinden die Stimulierung entlang des Schaftes der Klitoris, oberhalb der Klitoris und entlang der Schamlippen am erregendsten. Sobald sie erregt sind, finden viele Frauen die unmittelbare Stimulierung des Klitoriskopfes als zu intensiv und fast schmerzhaft. Manche Frauen mögen es, wenn ihre Brüste gestreichelt oder an ihnen gesaugt wird, während sie anderweitig stimuliert werden; andere fühlen sich durch die zusätzliche Berührung abgelenkt.

Die schwierigste Methode, um zum Orgasmus zu kommen, ist für die meisten Frauen via Penis-Vagina-Verkehr ohne zusätzliche Klitorismassage. Der durchschnittliche Koitus besteht aus sechzehn Stößen, und die meisten Bücher sprechen von vorzeitigem Samenerguß, wenn die Ejakulation bereits nach zwei oder drei Stößen erfolgt. Es liegt also auf der Hand, daß die weibliche Anatomie nicht dafür geschaffen ist, durch das Stoßen des Penis allein zum Orgasmus zu kommen.

Wenn es für Sie und/oder Ihren Partner wichtig ist, allein durch Genitalverkehr zum Orgasmus zu kommen, dann gibt es Techniken, die diesem Ziel dienlich sind. Gründliche Erregung und dann manuelle oder orale Stimulierung bis zur Plateauphase vor der Penetration sind hilfreich. Die Stellungen mit der Frau oben und einander zugewandt in Seitenlage sind ebenfalls günstig; in der Missionarstellung empfiehlt es sich, mit dem Penis abwechselnd einzudringen und ihn herauszuziehen und damit die inneren Schamlippen und die Klitoris zu massieren. Trotz all dieser Möglichkeiten berichten 70 Prozent der befragten Frauen, daß sie mit Genitalverkehr allein keinen Orgasmus erreichen, obwohl die vaginale Penetration sehr erregend und lustvoll sein könne und zum Erreichen des Orgasmus beitrage.

Sie werden vielleicht feststellen, daß Sie in manchen Situationen zum Ziel kommen, in anderen nicht, oder mit einem bestimmten Partner schon, nicht aber mit einem anderen. Solche Erfahrungen sind keineswegs ungewöhnlich. Viele Frauen geben an, nur zu Hause im eigenen Bett und bei geschlossener Schlafzimmertür einen Höhepunkt zu erleben. Andere berichten, daß sie am leichtesten in einer etwas riskanten Situation kommen, etwa im Rücksitz eines Autos, das in einer Nebenstraße geparkt ist.

Jede von uns kennt bestimmte Auslöser, die ihre Erregung steigern. Für manche von uns schaffen Sicherheit und Geborgenheit die Atmosphäre, die uns völlige Hingabe gestattet. Für andere erhöht Gefahr die Erregung und schärft die Sinne. Welche Situationen jede einzelne von uns als orgasmusfördernd empfindet, ist individuell verschieden. Kritisieren Sie sich nicht, wenn die für Sie erregenden Situationen nicht denen Ihres Partners entsprechen. Im allgemeinen finden Männer die Vorstellung erregender, sexuelle Begegnungen in halböffentlicher oder anderer etwas riskanter Umgebung zu erleben. Frauen benötigen dagegen oft die Sicherheit einer abgeschirmten Intimsphäre, um sich gehenzulassen.

Falls es Ihnen schwerfällt, mit Ihrem gegenwärtigen Partner einen Orgasmus zu bekommen, Sie mit früheren Partnern aber keine derartigen Schwierigkeiten hatten, dann sollten Sie und Ihr Partner vielleicht mit verschiedenen Stellungen und Techniken experimentieren. Manchmal werden wir starr in unserer Vorstellung davon, wie wir den Orgasmus erreichen sollten. Sobald wir wissen, daß ein bestimmter Weg für uns auf jeden Fall zum Ziel führt, fällt es uns offenbar schwer, neue Wege auszuprobieren, die keinen sicheren Erfolg versprechen.

Als Suchtkranke in Selbsterfahrungstherapie sind wir wahrscheinlich alle mit unserer Neigung zu rigiden Verhaltensweisen vertraut. Falls Ihren verschiedenen Versuchen mit Ihrem gegenwärtigen Partner kein Erfolg beschieden war, dann können Sie sich ja immer noch in den Armen Ihres Partners selbst befriedigen. Falls Ihnen das angst macht oder peinlich ist, dann versuchen Sie es zuerst im Dunkeln oder in der »Löffel«-Stellung, bei der Sie in vollem Körperkontakt sind, aber die Hände frei haben.

Vielleicht wollen Sie den Vibrator benutzen und sich von Ihrem Partner damit stimulieren lassen. Jede dieser Möglichkeiten erlaubt es Ihnen, im Rahmen von Partnersex zum Orgasmus zu kommen. Die meisten Partner werden das durchaus erregend finden und sich Ihnen viel näher fühlen, wenn sie einen so intimen Akt mit Ihnen teilen. Wenn Sie sich gestatten, in einer Weise zu kommen, die gut für Sie ist, verhindern Sie, Ressentiments aufzubauen und sich in die Opferrolle zu begeben.

Helen Singer Kaplan hat den »Mythos vom gleichzeitigen Orgasmus« als den destruktivsten heterosexuellen Fetisch bezeichnet, der gegenwärtig die amerikanische – und die europäische – Gesellschaft heimsucht.* Sie weist darauf hin, daß gleichzeitiger Orgasmus aufgrund des unterschiedlichen Verlaufs der sexuel-

* Helen Singer Kaplan, *Sexualtherapie.*

len Reaktionszyklen von Männern und Frauen und ihrer anatomischen Differenzen fast unmöglich ist. Viele Männer erigieren mit sehr geringer direkter taktiler Stimulierung, und sie ejakulieren schon nach sehr wenigen Penisstößen. Frauen brauchen viel länger, um erregt zu werden, und benötigen Klitorisreizung, nicht Beckenstöße, für ihren Orgasmus. Es ist sehr schwierig, beides zu synchronisieren, und äußerst bedauerlich, daß dies in unserer Kultur als Ideal angesehen wird.

Statt einen gleichzeitigen Höhepunkt anzustreben, wären Sie viel besser beraten, in der Lust zu schwelgen, die Sie empfinden können, statt sich zusätzliche Frustration zu bereiten. Wie der namhafte Sexualforscher C. A. Tripp erklärt: »In der Phantasie mag der gleichzeitige Orgasmus als ein Ideal erscheinen. Aber in der Praxis ist er so enttäuschend, daß erfahrene Partner, speziell wenn sie gut aufeinander eingespielt sind, ihn zu vermeiden suchen. Am Erleben des Partners durch Einfühlung in seine Reaktionen teilzunehmen zählt zu den großen Freuden der Sexualität – und da die nach außen gerichtete Wahrnehmungsfähigkeit während der eigenen Klimax auf ein Minimum absinkt, macht der gleichzeitige Orgasmus beide Partner in genau dem falschen Moment füreinander blind.«*

Der sexuelle Reaktionszyklus des Mannes

Der sexuelle Zyklus von Männern entspricht prinzipiell dem der Frau. Auch er besteht aus Erregungs-, Plateau-, Orgasmus- und Abklingphase, die allesamt in der gleichen Reihenfolge auftreten und von ähnlichen biologischen Reflexen hervorgerufen werden.

* C. A. Tripp, *Homosexual Matrix.*

Die erste Phase: Erregung

In der männlichen Erregungsphase bewirkt ein Gefäßreflex einen Blutandrang in den Geschlechtsorganen; dies ist mit dem Anschwellen der Beckenstrukturen bei der Frau vergleichbar. Der Mann erlebt dieses Anschwellen als Peniserektion, die speziell bei jüngeren Männern oft innerhalb von drei bis acht Sekunden nach direkter Stimulierung eintritt. Männer berichten jedoch, daß sie oft auch ohne unmittelbare Hautkontakte Erektionen haben. Männer sind durch visuelle und andere sensorische Reize leichter erregbar, und die zur Erektion führende Erregung tritt ziemlich unmittelbar und rasch ein. Obwohl die Zeitspanne zwischen Verlangen und voller Erektion bei Männern im Lauf des Alters zunimmt, ist sie immer noch signifikant kürzer als die Spanne, die Frauen für die vollständige Gleitfähigkeit und das Anschwellen benötigen.

Besonders bei jungen Männern kann es so leicht zur Erektion kommen, daß es ihnen peinlich ist. Männer berichten häufig, daß sie Erektionen bekommen, wenn sie erotische Bilder betrachten, eine begehrenswerte Frau berühren, andere in erotischen Situationen beobachten und manchmal allein schon wenn sie ein bestimmtes Parfüm riechen.

Außer der Peniserektion verdickt sich der Hodensack, flacht sich ab und wird hochgezogen; die Brustwarzen stellen sich auf, und die Hoden steigen nach oben und vergrößern sich. Auch andere Reaktionen, die in der weiblichen Erregungsphase beschrieben wurden, treten ein: Der Blutdruck steigt, die Herzfrequenz erhöht sich, und die Atmung wird schneller.

Die zweite Phase: das Plateau

Wenn sich die Erregung zur Plateauphase steigert, schwillt der Penis weiter an und nimmt an Umfang zu. Die Hoden vergrößern sich um 50 bis 100 Prozent, rutschen weiter nach oben und drehen sich. Die Eichel des Penis nimmt oft eine violette Färbung an, und die Cowper-Drüsen sondern ein schleimiges Sekret ab. Die Haut rötet sich, die Muskelspannung erhöht sich, und Hyperventilation setzt ein.

Die dritte Phase: Orgasmus

Beim Orgasmus kommt es in der Regel zu drei bis vier Kontraktionen im Abstand von 0,8 Sekunden, gefolgt von zwei bis vier weiteren in längeren Abständen. Die Kontraktionen erfolgen in der Harnröhre im Penisbereich, im Samenleiter, den Samenbläschen, dem Samenausführungsgang und der Prostata. Sie bewirken den Samenerguß.

Die vierte Phase: das Abklingen

Die Abklingphase ist durch den Rückgang der Peniserektion und die refraktäre Pause gekennzeichnet, während der es physiologisch schwierig ist, zu einem weiteren Orgasmus mit Ejakulation zu kommen. Manche Männer haben während der Kontraktionen des Orgasmus einen Schweißausbruch; die Hyperventilation kann andauern und die Herzfrequenz 150 bis 180 Schläge pro Minute erreichen.

Spielarten des Zyklus

Auf dem Diagramm des männlichen Reaktionszyklus sind verschiedene Varianten dargestellt, die ein Mann im Laufe seines Sexuallebens aufweisen kann. Bei der Variante C masturbiert der Mann bis zum Orgasmus. Die Linie vom Beginn der Erregung zum Plateau verläuft sehr steil, die Plateauphase ist kurz, und Orgasmus und Ejakulation treten mit größerer physiologischer Intensität auf als beim Partnersex.

Bei der Kurve A hat der Betreffende Partnersex mit einem zweiten Orgasmus und Ejakulation nach einer Refraktärzeit. In diesem Fall ist der Mann jung, und die refraktäre Pause dauert weniger als eine Stunde. Nach der Regenerationszeit und vor

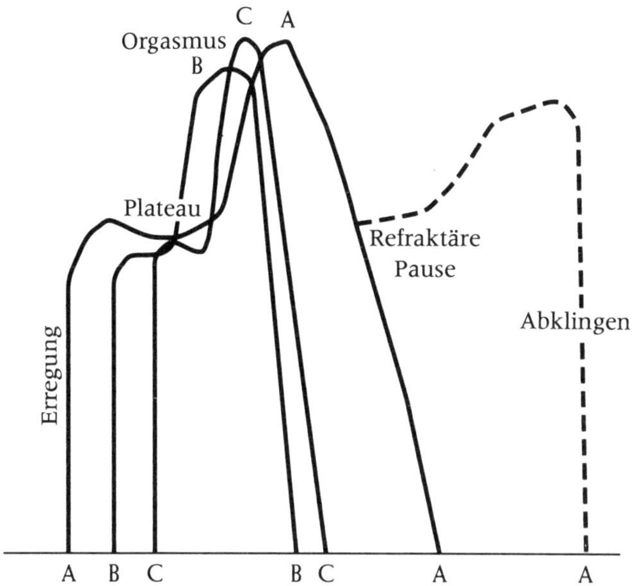

Abb. 10 Männlicher Reaktionszyklus

Ende der Abklingphase tritt eine neue Erektion ein, und der Betreffende erlebt einen weiteren Orgasmus mit Ejakulation.

In der Kurve B hat der Mann Partnersex mit vorzeitigem Samenerguß. In diesem Fall tritt die Ejakulation nach einer sehr kurzen Erregungsphase und fast keiner Plateauphase ein. Die vorzeitige Ejakulation ist für Alkoholiker während ihres aktiven Trinkens kein so häufiges Problem wie der verzögerte Erguß. Die verschiedenen physiologischen Effekte des Alkohols wirken zusammen und machen es schwieriger, den Orgasmus und die Ejakulation zu erreichen. Im Stadium der Nüchternheit kann jedoch der vorzeitige Erguß erneut zu einem häufigen Problem werden.

Die verbreitetsten Schwierigkeiten, die von Männern in der Alkoholabstinenz erlebt werden – Verlust an sexuellem Verlangen und Erektionsschwierigkeiten –, sind auf diesem Diagramm nicht dargestellt. In beiden Fällen wird keine Erektion erreicht, und das Eindringen des Penis ist entweder schwierig oder unmöglich.

Sexualprobleme von Alkoholikern

Sowohl bei alkoholabhängigen als auch bei nicht suchtkranken Männern können im Rauschzustand Erektionsstörungen (Impotenz) auftreten. Männer berichten, daß sie bei zunehmendem Alkoholgehalt im Blut verringerte Tumeszenz (Anschwellen) und verzögerten Orgasmus bzw. verzögerte Ejakulation feststellen. Subjektiven Berichten zufolge verringert sich die Erregbarkeit ebenso wie die orgasmischen Lustgefühle und die Intensität. All diese physiologischen Reaktionen gleichen denen der Frauen. Männer berichten auch über nachlassendes sexuelles Interesse und Verlangen mit zunehmendem Alkoholismus, wahrscheinlich aus den oben geschilderten physiologischen Gründen.

Ebenso wie Frauen gewinnen Männer zu Beginn ihres Entzugs nicht automatisch ihre vollständige sexuelle Funktionsfähigkeit zurück. Nach einem Jahr Abstinenz können zumindest 50 Prozent der Männer damit rechnen, daß sie ihre Erektionsfähigkeit wiedererlangt haben und daß sich ihre Tendenz zu verzögerter Ejakulation gebessert hat. Die Wiederherstellung der sexuellen Funktionen ist wahrscheinlicher, wenn die Männer über ihre sexuellen Probleme sprechen und sich in Sexualberatung begeben. Beides kann ihnen helfen, ihre Versagensangst abzubauen. Es ist wichtig, nochmals darauf hinzuweisen, daß Sexualverhalten erlerntes Verhalten ist. Die durch Erektionsstörungen bei chronischem Alkoholismus ausgelöste Angst kann leicht auch in der Enthaltsamkeit andauern und das sexuelle Selbstbild weiter beschädigen.

Die sexuelle Sozialisation von Männern bringt ihre Erektionsfähigkeit mit Macht, Stärke und Virilität in Verbindung. Die männliche Identität kann schwerstens bedroht sein, wenn sich Männer nicht jederzeit auf ihre Potenz verlassen können. Das Eintreten der Erektion beim Mann entspricht dem Feuchtwerden bei der Frau, doch ist mit mangelnder Gleitfähigkeit bei Frauen kein ähnliches Stigma verbunden. De facto wird mangelhafte Gleitfähigkeit von der Gesellschaft als ein geringfügiges Problem angesehen, das mit einer Tube Gleitmittel aus der Apotheke behoben werden kann. Dies ist ein weiteres Beispiel für die destruktiven Folgen der sexuellen Sozialisation, die Männern zuteil wird.

ANHANG B

Frauen und Aids

In den achtziger Jahren wurde Aids (*Acquired Immune Deficiency Syndrome* = erworbenes Immunschwächesyndrom) zu einem gravierenden Gesundheitsproblem, das sich auf die Sexualität und sexuelle Aktivität aller Menschen in allen Teilen der Welt auswirkte. In einem Buch über Sexualität und Drogenabhängigkeit von Frauen ist es besonders wichtig, daß wir uns mit der Frage von Aids und seiner Übertragung auseinandersetzen. Wahrscheinlich sind sich nur wenige von uns dieser Krankheit und ihrer Konsequenzen nicht bewußt; es ist jedoch zweifelhaft, ob viele speziell über Frauen und unsere Anfälligkeit für Aids Bescheid wissen.

Als Frauen im Selbsterfahrungsprozeß sind wir vielleicht besonders besorgt über eine mögliche Ansteckung mit dem HIV (*Human Immunodeficiency Virus* = menschliches Immunschwächevirus) und die Symptome bzw. den Verlauf dieser Krankheit. Trotzdem ist es immer noch sehr schwierig, fundierte Informationen über Aids und Frauen zu bekommen. Bei der Arbeit an diesem Abschnitt setzte ich mich auf der Suche nach Informationen über die Unterschiede zwischen der HIV-Infektion bei Männern und Frauen mit einer Reihe der traditionellen amerikanischen Aids-Organisationen in Verbindung. Ich bekam regelmäßig zu hören, daß es nur wenig Informationen über den Verlauf dieser Krankheit bei Frauen gebe, daß Frauen nicht an den ersten AZT-Testreihen beteiligt wurden und daß keine langfristigen Untersuchungen der HIV-Infektion bei Frauen gestartet worden seien.

Ebenso wie die Ärzteschaft Frauen nicht als mögliche Opfer

eines HIV-Infekts betrachtet hat, neigen wir vielleicht auch selbst zu einer Verleugnung unserer Anfälligkeit. Wir identifizieren die Krankheit möglicherweise mit männlicher Homosexualität, mit einer sehr großen Anzahl von Sexualpartnern oder mit Analverkehr und lehnen es ab, uns mit unserem eigenen Verhalten in Zusammenhang mit Sexualität und dem Konsum intravenös applizierter Drogen zu beschäftigen, die ein Risiko mit sich gebracht haben können. Noch 1990 waren erst 10 Prozent aller Aids-Kranken Frauen, aber diese Zahl sollte uns nicht in Leichtsinn bezüglich unserer Anfälligkeit wiegen. Die bestürzende Voraussage für 1991 lautete, daß Aids unter den führenden Todesursachen von Amerikanerinnen in gebärfähigem Alter an die fünfte Stelle aufrücken werde. Die Infektionsrate ist gegenwärtig unter Frauen 2,5mal höher als bei Männern.

Im folgenden Anhang ist unser heutiges Wissen über Frauen und Aids zusammengefaßt; nicht um mehr Furcht auszulösen, sondern um aufzuklären und Verleugnungstendenzen entgegenzuwirken. Erst wenn wir über die HIV-Infektion und darüber, wie deren Weitergabe zu vermeiden ist, vollständig informiert sind, können wir verantwortungsvolle sexuelle Entscheidungen treffen.

Bis 1986 infizierten sich über 50 Prozent der Frauen, bei denen Aids diagnostiziert wurde, durch gemeinsame Benutzung von Injektionsnadeln mit HIV-Positiven. Dieser Prozentsatz sank jedoch rapide, als sich immer mehr Frauen durch ungeschützten heterosexuellen Sex mit infizierten Partnern ansteckten. Ein Drittel der jetzt an Aids erkrankten Frauen wurde durch ungeschützten Sex mit männlichen Partnern HIV-positiv, und es wird damit gerechnet, daß sich dieser Prozentsatz in den nächsten paar Jahren auf über die Hälfte erhöht. Zehn Prozent der Frauen zogen sich Aids durch Bluttransfusionen vor 1985 zu, dem Zeitpunkt, ab dem die Blutspenden genau überprüft wurden. Die übrigen infizierten sich aus unbekannten Quellen. Nur zwei Fälle von lesbischer Übertragung von Aids sind bisher bekannt geworden.

Von den Frauen, bei denen in den USA bis dato Aids diagnostiziert wurde, sind 50 Prozent Afroamerikanerinnen, 23 Prozent Lateinamerikanerinnen und 26 Prozent Weiße. Eine kleine Anzahl sind Asiatinnen und Indianerinnen oder Frauen anderer Herkunft. Nach der gemeinsamen Benutzung von Spritzen ist die häufigste Form von HIV-Übertragung bei Frauen langfristiger monogamer Sex mit einem infizierten Partner. Untersuchungen von Paaren mit einem infizierten Partner haben ergeben, daß sich Frauen nach ungeschütztem Verkehr mit Männern leichter anstecken als umgekehrt. Das Virus scheint durch Vaginalverkehr leichter von Männern auf Frauen übertragbar als von Frauen auf Männer.

Als Frauen in Entwöhnungstherapie von Alkoholismus und Drogenabhängigkeit haben wir mit hoher Wahrscheinlichkeit sexuale Verhaltensweisen praktiziert, die ein HIV-Risiko enthielten. Wir haben oft ungeschützten Sex mit Partnern gehabt, die vielleicht HIV-positiv waren, und wir haben vielleicht auch Spritzen mit Drogenabhängigen getauscht, die HIV-positiv waren. Dies sind die zwei Hauptwege, auf denen sich Frauen mit dem Aids-Virus anstecken.

Als Frauen auf Entzug von Drogenabhängigkeit können wir es uns nicht leisten, eine mögliche HIV-Infektion leichtzunehmen. Obwohl Frauen bisher bloß 10 Prozent der diagnostizierten Aids-Fälle repräsentieren, steigt die Infektionsrate von Frauen schneller an als die Rate jeder anderen Gruppe.

Was ist Aids?

1978 wurde bei einer Anzahl von jungen weißen Homosexuellen das Karposi-Sarkom diagnostiziert, eine sehr seltene Krebsart, die bis dahin gewöhnlich nur bei älteren Männern mediterraner oder afrikanischer Abstammung bekannt gewesen war. Im Laufe von zwei Jahren wurden bei jungen, bis dahin gesunden Männern immer mehr Fälle ähnlich tödlicher Infektionen einschließlich Pneumocystis carinii (PCP) diagnostiziert. Anfangs dachten die Mediziner, diese Krankheit hänge mit der Homosexualität ihrer ersten Patienten zusammen, aber 1980 begegnete ihnen das gleiche Krankheitsbild bei Konsumenten von intravenös applizierten Drogen, die primär heterosexuell waren. Und bald erkannten sie dieselben Symptome bei Personen, die Bluttransfusionen erhalten hatten, bei haitianischen Neueinwanderern, Sexualpartnerinnen infizierter Männer und neugeborenen Kindern infizierter Frauen.

1981 bildeten die Centers for Disease Control (CDC) in Atlanta, eine Bundesbehörde, eine Projektgruppe, die diese Krankheit studieren und ihre Ausbreitung verfolgen sollte. Die Krankheit wurde 1983 identifiziert und erhielt die Bezeichnung Aids. Das *A* in Aids steht für *Acquiered*, was bedeutet, daß Aids eine übertragene und keine genetisch bedingte Krankheit ist. Das *I* und *D* ist die Abkürzung für *Immune Deficiency* (Immunschwäche), was bedeutet, daß das Immunsystem angegriffen und geschwächt wird, so daß es für verschiedene opportunistische Infektionen anfällig wird. Das *S* steht für *Syndrom*, das heißt, die HIV-Infektion ist keine spezielle Krankheit an sich; vielmehr ist sie ein Komplex verschiedener Infektionen, denen der Körper ausgeliefert ist, sobald sein Immunsystem zusammenbricht.

1984 wurde ein inzwischen als HI bezeichnetes Virus als die primäre Ursache der Aids-Infektion identifiziert. Wie sich zeigte, verharrt das Virus über lange Zeit in latentem Zustand; das heißt, zwischen der Ansteckung mit HIV und dem Ausbruch von Symptomen Aids-bedingter Infektionen können Jahre vergehen. In diesem Zeitraum können sich die Betroffenen gesund fühlen und auch so aussehen; ohne von ihrer Infektion zu wissen, können sie ansteckend sein und die Infektion an andere weitergeben. Untersuchungen zeigten, daß das Virus in Körperflüssigkeiten existiert und durch den direkten Austausch von Sperma, Blut und Scheidensekreten übertragen wird.

Das Vorliegen der HIV-Infektion (ein HIV-positiver Befund) kann nicht direkt bestätigt werden. Im Laufe von sechs bis zwölf Wochen, nachdem sich jemand infiziert hat, entwickelt der Körper des oder der Betreffenden gewöhnlich Antikörper gegen den

Infekt. Tests für das Vorhandensein dieser Antikörper wurden entwickelt, und Personen, die ungeschützten Sex praktiziert oder Spritzen ausgetauscht hatten, wurde empfohlen, sich testen zu lassen. Diese Tests bestätigen lediglich die Virus-Infektion. Sie sagen einem nicht, wann und ob man Aids bekommen wird.

Nach der Entdeckung von HIV trug die Behandlung der Krankheit in den Medien sowohl zu verbreiteter Hysterie als auch zu individueller Leugnung bei. Die folgenden Faktoren scheinen diese Tendenzen zu verstärken:

- Viele Menschen wurden HIV-positiv, lange bevor wir etwas von der Existenz des Virus wußten und bevor wir wußten, daß seine Übertragung verhindert werden kann, wenn man dem Austausch von Körperflüssigkeiten (Sperma und Blut) vorbaut.
- Da zwischen der Infektion und dem Ausbruch von Aids eine lange Latenzzeit besteht, kann man niemandem ansehen, ob er oder sie HIV-positiv ist. Die meisten Menschen sind jahrelang infektiös, ohne irgendwelche Symptome zu haben, und wissen selbst nicht, daß sie HIV-positiv sind.
- Da zwischen der Infektion und der Produktion von HIV-Antikörpern bei den meisten Menschen ein zeitlicher Abstand von sechs bis zwölf Wochen besteht, kann ein negativer HIV-Test irreführend sein und ein falsches Sicherheitsgefühl hervorrufen.
- Viele Menschen assoziieren eine HIV-Infektion mit Homosexualität bzw. dem Konsum von IV-Drogen statt mit einem bestimmten Verhalten – dem Austausch von Körperflüssigkeiten mit einer infizierten Person.

Die Folge dieser Mischung von Hysterie einerseits und Verleugnung andererseits war oft, daß sich Leute grundlos Sorgen machten, sie könnten durch flüchtige Kontakte Aids bekommen, während sie gleichzeitig fortfuhren, ungeschützten Sex zu praktizieren. Der folgende Abschnitt will Sie über die verschiedenen Infektionswege von HIV informieren.

Wie wird Aids übertragen?

HIV ist ein relativ anfälliges Virus; es kann nicht längere Zeit außerhalb des Körpers existieren. Es kann auch nicht durch flüchtige Kontakte übertragen werden; Sie können sich nur infizieren, indem Sie Blut, Sperma oder Scheidensekrete in Ihre eigenen Körperflüssigkeiten aufnehmen. Die leichteste Form der Übertragung ist der Austausch von Blut. Die meisten Bluter in den Vereinigten Staaten sind inzwischen infiziert, weil sie so viele Bluttransfusionen erhielten, bevor wir wußten, daß das Virus durch Blut übertragen wird. 1985 fingen alle Blutbanken an, ihre Blutkonserven zu überprüfen und infiziertes Blut zu vernichten. Heute besteht in den Vereinigten Staaten praktisch keine Gefahr, daß man sich durch eine Bluttransfusion das Virus holen kann. (In den deutschsprachigen europäischen Ländern ist die Ansteckung durch eine Bluttransfusion heute so gut wie ausgeschlossen. Anm. des Verlages.)

Konsumenten von IV-Drogen steckten sich durch die Verwendung von Injektionsspritzen an, die zuvor von einem Infizierten benutzt worden waren. In der Spritze bleibt ein Rest an Blut vom vorherigen Benutzer zurück. So wird das Virus aus der Blutbahn des Infizierten unmittelbar in das Blut des Gesunden übertragen. In manchen Gebieten der USA weisen Konsumenten von IV-Drogen keine hohe Infektionsrate auf. Der Grund ist, daß sie in der Regel nicht dieselben Spritzen benutzen. In anderen Landesteilen, die für ihre Fixerszene bekannt sind, weisen die IV-Drogenkonsumenten dagegen einen sehr hohen Durchseuchungsgrad auf.

Am leichtesten steckt man sich mit HIV durch ungeschützten Analverkehr an. Da das Rektalgewebe leicht einreißt, kann das Sperma vom Rektum unmittelbar in die Blutbahn gelangen. Das ist der Grund, warum schwule Männer die ersten Opfer des

Aids-Virus waren. Sie praktizieren häufig Analverkehr – jene Form von Sex, bei der das Virus am leichtesten übertragen wird. Bedauerlicherweise machte sich die Furcht von Aids an schwulen Männern fest statt an ungeschütztem Analverkehr, der ja auch von Heterosexuellen praktiziert wird.

Das Virus kann auch bei ungeschütztem Vaginalverkehr durch die Samenflüssigkeit übertragen werden. Die Scheidenwände scheinen jedoch robuster und weniger durchlässig zu sein als die Schleimhaut des Enddarms, so daß diese Form der Übertragung schwieriger ist als durch Analverkehr. Dennoch ist auch dies einer der Hauptinfektionswege, und es wird erwartet, daß er in den nächsten paar Jahren zur wichtigsten Übertragungsform für Frauen aufsteigt. Die Infektion durch das Virus ist wahrscheinlicher, falls die Penishaut etwa durch ein offenes Geschwür oder eine Verletzung beschädigt ist oder falls die Schleimhaut der Vagina verletzt wurde und Haarrisse aufweist.

Ein weiterer Übertragungsweg des Virus ist durch Vaginalverkehr von einer infizierten Frau auf ihren Partner. Das Virus ist in Scheidensekreten und Menstruationsblut enthalten und kann durch die Penisöffnung eindringen, obwohl diese Form der Übertragung schwieriger ist als die Ansteckung vom Mann auf die Frau.

Das Virus kann auch durch eine infizierte schwangere Frau an ihr ungeborenes Kind oder während der Geburt an das Kind weitergegeben werden. Es wurden auch einige Fälle bekannt, in denen eine infizierte Mutter ihren Säugling beim Stillen ansteckte.

In einer sehr geringen Anzahl von Fällen erfolgte die Übertragung unter den folgenden Umständen: (1) oraler Sex, bei dem der Samen eines infizierten Partners geschluckt wurde, (2) oraler Sex, bei dem Vaginalsekrete und Blut einer infizierten Partnerin geschluckt wurden, und (3) Nadelstiche, die sich Pflegepersonal durch Injektionsspritzen zuzog, welche bei infizierten Patienten benutzt worden waren. Keine Fälle von Übertragung des Virus wurden von Familienmitgliedern, Betreuern oder Pflegern berichtet, die sich nicht mit Spritzen gestochen hatten.

Die gute Nachricht über das Virus lautet, daß es wenig robust und leicht abzutöten ist. Es kann außerhalb des Körpers nicht lange überleben und daher nicht durch die Luft, durch Nahrung oder auf Toilettensitzen oder Gebrauchsgegenständen übertragen werden. Es kann durch Kondome nicht hindurchdringen und läßt sich durch 5prozentiges Nonoxinol-9, einen verbreiteten Inhaltsstoff von samentötenden Mitteln und manchen sexuellen Gleitmitteln, abtöten.

Wie kann ich mich vor einer HIV-Infektion schützen?

Schauen wir uns zuerst drei Methoden an, die *nicht* geeignet sind, Sie vor einer Infektion zu bewahren.

- Sie können Aids *nicht* entgehen, indem Sie nur mit Männern schlafen, die stark und gesund aussehen. Es vergeht eine lange Zeitspanne von vielleicht bis zu zwölf Jahren zwischen der HIV-Infektion und den ersten sichtbaren Symptomen von Aids. Während dieser langen Zeit weiß die HIV-infizierte Person oft nichts von ihrer Infektion, kann Sie aber dennoch anstecken.
- Man kann Aids *nicht* entgehen, indem man nur mit heterosexuellen Männern schläft, die keine IV-Drogen benutzen. Viele heterosexuelle Männer hatten sexuelle Kontakte mit anderen Männern, die infiziert waren, aber sich niemals für homosexuell hielten. Manche von ihnen haben Spritzen mit Freunden getauscht, ohne sich als Konsumenten von IV-Drogen anzusehen. Manche hatten ungeschützten Sex mit infizierten Prostituierten; dies ist speziell bei Männern häufig der Fall, die zwischen 1975 und 1985 in der Armee waren.
- Sie können sich vor Aids *nicht* schützen, indem Sie die Zahl Ihrer Sexualpartner verringern. Bedauerlicherweise kann man schon nach einem ungeschützten Sexualkontakt mit einem infizierten Partner HIV-positiv werden. Durch Reduzie-

rung der Anzahl von Partnern kann man den einen möglichen Infizierten nicht ausschließen.

- Vor Aids schützt man sich *nicht*, indem man mit einem Partner lange Zeit monogam lebt. Dieser Partner kann sich Jahre bevor er Sie kennenlernte, angesteckt haben. Oder er kann sich bei einem ungeschützten Abenteuer für eine Nacht infiziert haben. Wiederholte ungeschützte Sexualkontakte mit einer infizierten Person erhöhen die Wahrscheinlichkeit einer Ansteckung. In New York besteht die größte Gruppe infizierter Frauen aus den Partnerinnen von Drogenabhängigen, die gebrauchte Spritzen verwendeten.

Sie können sich jedoch vor einer Aids-Infektion schützen, indem Sie konsequent und richtig angewandt ein Kondom und ein Schaumpräparat benutzen, das 5prozentiges Nonoxinol-9 enthält. Das Virus kann Latexkondome nicht durchdringen. Bei Sexualkontakten mit einem HIV-positiven Mann können Sie die Gefahr einer Ansteckung stark vermindern, wenn er ein Kondom korrekt benutzt und Sie sich durch Spermizidschaum schützen.

Leider stellt auch die Benutzung von Kondom und Schaum keine absolute Garantie gegen eine HIV-Infektion dar. Kondome können reißen oder undicht werden. Manchmal ist der Schaum keine wirksame Barriere. Aber wenn beides gemeinsam benutzt wird, so stellt dies neben der totalen Abstinenz den größtmöglichen Schutz dar.

Es gibt nur zwei Garantien völliger Sicherheit vor einer möglichen HIV-Infektion. Die eine ist, auf Partnersex ganz zu verzichten. Die andere ist, sich auf sexuelle Praktiken zu beschränken, die keinen Kontakt mit den Körperflüssigkeiten einer anderen Person mit sich bringen.

Benutzung eines Kondoms

Damit Kondome zuverlässig wirken können, müssen sie durchgehend und richtig angewandt werden. Schon ein einziger Genitalverkehr ohne Kondom mit einem infizierten Partner kann zur Folge haben, daß Sie HIV-positiv werden. Und je öfter Sie mit dem Sperma eines infizierten Partners in Kontakt kommen, desto größer ist die Wahrscheinlichkeit, daß dies passiert. Kondome büßen mit zunehmendem Alter ihre Zuverlässigkeit ein, deshalb sollten Sie immer eine Packung mit relativ neuen zur Hand haben. Verlassen Sie sich nicht auf ein Verhüterli, das Ihr Partner schon seit Ewigkeiten in seiner Brieftasche herumträgt. Präservative gehen auch kaputt, wenn sie der Sonne ausgesetzt werden; lassen Sie sie also nicht auf der Fensterbank neben dem Bett liegen.

Falls das Kondom während des Koitus reißt oder abgestreift wird, dann stellt die vorherige Anwendung eines 5prozentigen Nonoxinol-9-Schaums einen weiteren Schutz vor möglicher Infektion dar. Obwohl das samentötende Gel, das zusammen mit einem Diaphragma benutzt wird, empfängnisverhütend wirkt, schützt es Sie nicht vor einer HIV-Infektion. Das Diaphragma oder Pessar mit dem Gel hindert zwar das Sperma am Eindringen in den Gebärmutterhals, aber es schützt die Scheidenwände nicht. Die HIV-Infektion wird durch die Scheidenwände übertragen, deshalb müssen Sie den Schaum benutzen, der die Scheidenwände bedeckt und den HIV-infizierten Samen abtötet, bevor er von der Vagina absorbiert werden kann.

Als zusätzlicher Schutz dienen Kondome, die an ihrem Ende bereits Nonoxinol-9 enthalten. (Erkundigen Sie sich in der Apotheke nach entsprechenden Marken.) Manche Leute bestreichen das Ende ihres bevorzugten Kondoms mit etwas Nonoxinol-9-Spermizid. Die Benutzung eines mit Nonoxinol-9 bestrichenen Kondoms kann einen vor Infektion schützen, falls das Kondom undicht wird, reißt oder Sperma austritt.

Äußerst wichtig ist, daß Sie keine Gleitmittel auf Öl- oder Petroleumbasis verwenden, wenn Sie ein Kondom benutzen. Gleitmittel auf Öl- und Petroleumbasis greifen das Latex an und bewirken, daß es sich auflöst und reißt. Verwenden Sie also weder Babyöl noch Cold Cream, Vaseline, Pflanzenöl, Mineralöl, Nivea, Handcreme oder Massageöl zusammen mit einem Kondom. Schmieren Sie weder das Kondom noch das Innere und die

Umgebung der Vagina bzw. des Anus/Rektums mit diesen Ölen ein.

Wenn Sie ein Gleitmittel verwenden, dann wählen Sie ein wasserlösliches. Die meisten dieser Mittel sind geschmack- und geruchlos, und manche enthalten Nonoxinol-9. Sie sind von unterschiedlicher Beschaffenheit und in den meisten Apotheken erhältlich. Da sie wasserlöslich sind, kann man sie leicht abwaschen. Falls sie während des Gebrauchs trocken oder klebrig werden, kann man sie durch etwas Speichel, Wasser oder Scheidensekret wieder schlüpfrig machen. Manche Leute haben stets eine Sprühflasche mit Wasser für Notfälle neben dem Bett stehen.

Kondome sollten auf einen erigierten oder teilweise erigierten Penis aufgezogen werden. Falls man sie vor der Erektion überstülpt, kann das Kondom herunterrutschen, sobald sich die Erektion versteift. Öffnen Sie die Verpackung des Kondoms behutsam, um es nicht mit Ihren Fingernägeln einzureißen. Öffnen Sie die Verpackung niemals mit den Zähnen.

Drücken Sie mit Daumen und Zeigefinger sachte die Luft aus dem Auffangbeutel am geschlossenen Ende. Luftblasen können Risse verursachen. Falls Sie Nonoxinol-9 benutzen, drücken Sie einen kleinen Klecks in die Ausbuchtung am geschlossenen Ende. Gleitmittel beseitigen oft mögliche Luftblasen im Kondom und steigern die Empfindungen. Entrollen Sie das Kondom nun auf dem erigierten Penis, und lassen Sie dabei über der Eichel einen guten Zentimeter frei, um das Ejakulat aufzufangen. Falls Ihr Partner nicht beschnitten ist, sollte die Vorhaut zurückgezogen werden, bevor das Kondom über die Eichel gezogen wird.

Vergewissern Sie sich, daß das Kondom den gesamten erigierten Penis bedeckt. Falls das Kondom nicht eng anliegt, sollte Ihr Partner es an der Wurzel des Penis festhalten, wenn er ihn einführt, damit es nicht herunterrutscht. Bestimmte Koitusstellungen können ein Verrutschen des Kondoms bewirken. Beim Vaginalverkehr mit der Frau oben kann das Kondom von den Schamlippen hochgezogen werden. Das läßt sich verhindern, indem man es an der Peniswurzel festhält. Kondome können auch herunterrutschen, wenn der Penis erschlafft oder die Vagina bzw. das Rektum sehr eng ist. Auch in diesen Fällen kann man das Problem lösen, indem man das Kondom an der Peniswurzel festhält. Um das Verrutschen zu verhindern, sind bestimmte Markenkondome auf der Innenseite besonders haftfähig, und einige verjüngen sich, um einen festeren Sitz zu gewährleisten.

Streifen Sie das Kondom über, bevor Sie mit dem Sexspiel beginnen. Wenn Sie warten, bis Sie zur Penetration bereit sind, kann es zu spät sein. Tropfen von Sperma können aus dem unbedeckten Penis austreten, und ein einziger Tropfen genügt, um sich zu infizieren.

Achten Sie darauf, daß Ihr Partner nach der Ejakulation das Kondom an der Peniswurzel festhält, damit der Inhalt nicht austritt und in die Vagina gelangt. Ihr Partner sollte sich vorsichtig zurückziehen und das Kondom sofort wegwerfen. Benutzen Sie ein Kondom nie ein zweites Mal.

Falls sie Sexspielsachen verwenden, vergessen Sie nicht, sie zwischen jeder Benutzung zu reinigen, und benutzen Sie ein Gerät niemals zuerst bei Ihrem Partner und dann bei sich selbst. Waschen Sie es in der Zwischenzeit aus. Außer mit Seife und Wasser wird das HIV durch folgende Mittel abgetötet: Wasserstoffsuperoxyd, gewöhnlichen Franzbranntwein und verdünntes Wäschebleichmittel (ein Teil Bleichmittel und zehn Teile Wasser). Falls Sie einen Dildo (Gummipenis) verwenden, vergessen Sie nicht, auch diesem ein Kondom überzuziehen. Und werfen Sie das Kondom weg, bevor Sie den Dildo erneut benutzen.

Denken Sie daran, daß Kondome in der Schublade oder in Ihrer Handtasche nichts bewirken. Sie schützen Sie vor möglicher HIV-Infektion nur, wenn sie vor dem Liebesspiel über den erigierten Penis gezogen werden, während der Penetration richtig sitzen und danach behutsam aus dem Rektum oder der Vagina entfernt werden. Wenn Ihr Partner nach dem Herausziehen merkt, daß das Kondom geplatzt oder eingerissen ist oder daß es herunterrutschte, dann entfernen Sie es sofort und werfen es weg, und führen Sie zusätzlichen Spermizidschaum ein, der 5 oder mehr Prozent Nonoxinol-9 enthält. Machen Sie *auf keinen Fall eine Scheidenspülung*! Spülungen können mikroskopisch feine Risse in der Vagina oder im Rektum hervorrufen, die die Gefahr einer Infektion vergrößern.

Verwendung von Vaginalschaum

Durch Benutzung von Vaginalschaum mit mindestens 5prozentigem Nonoxinol-9 sowie Kondomen ist die Wahrscheinlichkeit viel geringer, daß Sie sich mit dem Aids-Virus infizieren. Die alleinige Benutzung von Vaginalschaum oder Kondomen ist weniger wirksam als beides zusammen. Vaginal*schaum* ist effektiver als ein Schwamm, eine Creme, ein Gel oder ein Gelee, weil sich der Schaum ausdehnt und die gesamte Vagina erfüllt, so daß die Innenseite der Scheidenwände bedeckt und damit vor infiziertem Ejakulat geschützt sind. Schaum mit 5prozentigem oder höherprozentigem Nonoxinol-9 hat in Labortests bewiesen, daß er das menschliche Immunschwächevirus, sobald er mit diesem in Kontakt kommt, abtötet. Vergessen Sie nicht, den Schaum mit dem Applikator in die Scheide einzuführen, bevor Sie sexuell aktiv sind. Bevor es später zu einer erneuten Penetration kommt, führen Sie einen weiteren vollen Applikator ein. Der Schaum ist in der Apotheke rezeptfrei erhältlich.

Die Verantwortung für Safer Sex übernehmen

Als bewußte, sexuell aktive Frau lernen Sie, die Verantwortung für Ihre eigene Gesundheit zu übernehmen. Um verantwortlich dafür zu sorgen, daß Sie nicht HIV-positiv werden, müssen Sie lernen, Kondome, Gleitmittel und Vaginalschaum zu kaufen und anzuwenden. Keines dieser Produkte erfordert ein Arztrezept, sie sind alle verschreibungsfrei in Ihrer Apotheke erhältlich.

Manchmal ist es sehr schwierig für Frauen, speziell wenn sie in Kleinstädten leben, solche »sexuellen« Dinge in der örtlichen Apotheke zu erstehen. Vielleicht befürchten Sie, der Kauf dieser Dinge bedeute, daß Sie eine sexuell aggressive »Schlampe« seien. Doch wenn Sie diese Dinge nicht zur Hand haben, geraten Sie vielleicht in eine sexuelle Begegnung hinein, bei der Sie sich mit dem Aids-Virus infizieren. Sie können Kondome und Gleitmittel aber auch in Versandhäusern bestellen.

So wie Frauen die Hauptverantwortung für die Empfängnisverhütung übernehmen mußten, werden sie wahrscheinlich auch die Hauptverantwortung für Safe Sex übernehmen müssen. Es ist gegenwärtig unwahrscheinlich, daß Männer auf der Benutzung von Kondomen und Vaginalschaum bestehen würden. Auch Männer auf Entzug verdrängen vielleicht, daß sie sich in der Zeit ihres aktiven Alkohol- und Drogenkonsums auf riskante Sexualkontakte eingelassen haben.

Wie bereits bemerkt, ist es wichtig, daß Sie lernen, Kondome auf den erigierten Penis zu streifen. Üben Sie die Anwendung mit Dildos, Zucchini oder Gurken. Manche Frauen haben sogar gelernt, Kondome mit dem Mund überzustreifen. Die meisten Männer finden den Gebrauch von Kondomen erotischer, wenn die Partnerin dieses in ihr Repertoire sexueller Spiele aufnimmt.

Kaufen Sie ein Sortiment von Kondomen in verschiedenen Größen und Farben. Nehmen Sie sie aus der Verpackung, blasen Sie sie auf und dehnen Sie sie. (Benutzen Sie sie bloß danach nicht mehr!) Machen Sie sich mit ihrer Benutzung vertraut; das gibt Ihnen Selbstsicherheit und macht es Ihnen viel leichter, Ihren Partner zu bitten, ein Kondom zu benützen.

Frauen berichten übereinstimmend, daß es ihnen äußerst schwer fällt, neue Sexualpartner zu bitten, Kondome zu verwenden, und ihren ständigen Partnern gegenüber stets auf deren Verwendung zu beharren. Seit den siebziger Jahren haben Frauen gelernt, die alleinige Verantwortung für die Empfängnisverhütung zu tragen. Sie nehmen die Pille, beschaffen sich Verhütungsmittel wie Pessare und Spiralen und führen Diaphragmen, Schwämme, Gelee und Schäume ein. Männer sind es nicht mehr gewohnt, die Verantwortung für die Kontrazeption zu übernehmen, und somit auch nicht mehr, Kondome zu benutzen. Seit dem Aufkommen der Antibiotika ist es viel leichter geworden, sexuell übertragene Krankheiten zu heilen; die Benutzung von Kondomen zur Verhütung von Ansteckung ist somit ziemlich selten geworden.

In diesem sexuellen Klima zeigen Männer oft wenig Bereitschaft, die Verantwortung für eine mögliche HIV-Infektion zu übernehmen. Sie können die verschiedensten Ausreden und sogar Drohungen gebrauchen, um die Verwendung von Kondomen zu vermeiden. Vielleicht beklagen sie sich, daß es ihr Vergnügen schmälere. Vielleicht beteuern sie, daß sie dadurch ihre Erektion verlieren. Vielleicht deuten sie an, daß Sie ihnen wohl nicht vertrauen oder daß Sie sie für bisexuell halten (offenbar eine Verunglimpfung ihrer Männlichkeit).

Möglicherweise sagen sie sogar, sie hätten kein Interesse an Sex, wenn sie Kondome benutzen müßten.

Obwohl es äußerst schwierig für Frauen ist, solche Reaktionen zu hören und an ihrer Absicht, Kondome zu verwenden, festzuhalten, ist es unerläßlich, daß Frauen lernen, konsequent und unbeirrbar für ihr eigenes Wohl zu sorgen. Es steht außer Frage, daß sich Männer in dieser Hinsicht nicht um die Frauen kümmern werden. Wenn wir nicht lernen, unsere eigenen Bedürfnisse nach sexueller Sicherheit und Gesundheit durchzusetzen, werden diese Bedürfnisse übergangen werden. Wir müssen lernen, die Verantwortung für unser eigenes Wohlbefinden zu übernehmen.

Soll ich mich testen lassen?

Sobald die Frauen im Verlaufe ihrer Therapie anfangen, sich ehrlich mit ihrer sexuellen Vorgeschichte auseinanderzusetzen, wird vielen klar, daß sie HIV-positiv sein könnten. Solange wir chemieabhängig waren, haben sich die meisten von uns auf ungeschützten Sex eingelassen. Wenn man high oder beschwipst ist, fällt es einem schwer, darauf zu bestehen, daß der

Partner ein Kondom benutzt. Viele von uns haben auch die unterschiedlichsten sexuellen Aktivitäten praktiziert – einschließlich Analverkehr mit den verschiedensten Partnern oder stoffabhängigen Männern. Jetzt müssen wir uns über diese Aktivitäten Rechenschaft ablegen und uns der Wahrscheinlichkeit stellen, daß wir infiziert sein könnten.

Es ist sehr leicht, die Möglichkeit zu leugnen, Aids zu bekommen. Die Medien haben sich auf die erste Gruppe von Aids-Opfern – schwule Männer – gestürzt und Aids als Schwulenkrankheit abgestempelt. Aber wir wissen, daß Viren nicht diskriminieren. Das HIV-Virus befällt Frauen genauso wie Männer, Hetero- genauso wie Homosexuelle. Und wer drogenabhängig war oder ungeschützten Sex mit Drogenabhängigen praktizierte, der hat ein größeres Risiko, sich die Infektion zugezogen zu haben.

Falls Sie denken, daß Sie HIV-positiv sein könnten, werden Sie sich entscheiden müssen, ob Sie sich auf HIV-Antikörper testen lassen. Um die Zuverlässigkeit des Tests zu erhöhen, wird im allgemeinen empfohlen, nach dem letzten sexuellen Kontakt, bei dem Körperflüssigkeiten ausgetauscht wurden, bzw. nach dem Austausch von Spritzen sechs Monate zu warten, bevor man den Test macht. Bei manchen Leuten dauert es sechs Monate oder noch länger nach der ursprünglichen Infektion, bis Antikörper produziert werden. Falls Sie den Test früher als ein halbes Jahr nach Ihrer letzten Gelegenheit zur Ansteckung machen, könnte das Ergebnis irreführend sein. In den sechs Monaten, während Sie auf den Test warten, tauschen Sie mit niemandem Spritzen aus, und vermeiden Sie während des Koitus den Kontakt mit Körperflüssigkeiten Ihres Partners. Den Austausch von Körperflüssigkeiten können Sie durch die Verwendung von Kondomen und Vaginalschaum unterbinden.

Mitte der achtziger Jahre empfahlen Aids-Hilfegruppen, sich wegen der zweifelhaften Vertraulichkeit und möglicher Diskriminierung nicht auf HIV-Antikörper testen zu lassen. Ende der achtziger Jahre kehrten sie diese Empfehlung jedoch um. Jetzt legen die großen Aids-Hilfegruppen Leuten, die sich für gefährdet halten, nahe, sich zu dem Test zu entschließen. Erstmals sind nämlich ärztliche Behandlungsmöglichkeiten für HIV-Positive vorhanden, die ihr Leben verlängern können. Insbesondere von dem Medikament AZT (Azidothymidin) hat sich gezeigt, daß es das Leben von HIV-positiven Patienten signifikant verlängern kann. Anfangs wurde AZT nur bei Patienten verschrieben, die einen Anfall von Pneumocystis Pneumonia (auch als »Pneumocystosis« bekannt) überlebt hatten, aber inzwischen wird AZT verschrieben, bevor es zu einer Lungenentzündung kommt.

Es gibt eine Reihe von Gründen, warum Sie sich für einen Test entschließen könnten. Wie bereits erwähnt, wollen Sie vielleicht wissen, ob Sie HIV-positiv sind, damit Sie mit diesem Wissen vor Augen Ihr Leben und Ihre Gesundheit entsprechend einrichten können. Falls Sie HIV-positiv sind, kann die sorgfältige Überwachung Ihrer Gesundheit mit einem erfahrenen Arzt Ihre Lebensqualität bedeutend erhöhen. Falls Sie in einer absolut monogamen Beziehung leben und sich herausstellt, daß Sie und Ihr Partner negativ sind, dann können Sie auf die Benutzung von Kondomen und Vaginalschaum verzichten. Sollte sich jedoch herausstellen, daß Sie positiv sind, dann werden Sie in bezug auf den Austausch von Körperflüssigkeiten noch vorsichtiger sein müssen. Sie werden sich vermutlich auch verpflichtet fühlen, Ihre früheren Sexualpartner über Ihren positiven HIV-Status zu informieren, damit auch diese sich testen lassen können. Schließlich könnte sich Ihr HIV-Status auch auf Ihre Entscheidungen in bezug auf eine Schwangerschaft auswirken.

All dies sind gute Gründe, um sich testen zu lassen. Damit ist jedoch noch nichts über die emotionalen Probleme gesagt, mit denen Sie sich auseinandersetzen müssen, falls sich herausstellt, daß Sie HIV-positiv sind. Es ist äußerst wichtig, daß Ihnen vor und nach dem Test eine psychologische Beratung zur Verfügung steht. Falls Sie sich bei Ihrem Hausarzt testen lassen, ist es sehr unwahrscheinlich, daß Sie mit einer Beratung rechnen können. Ärzte sind notorisch schlecht geeignet, Frauen bei ihren emotionalen Problemen in Zusammenhang mit Gesundheitsfragen Beistand zu leisten.

Anonyme Tests werden in den meisten Krankenhäusern oder Gesundheitsämtern großer Städte durchgeführt. Jede Person, die sich testen lassen möchte, erhält eine Nummer und wird dann über Aids und dessen Übertragungswege aufgeklärt. Weder die Klinik noch der Berater/die Beraterin erfahren je Ihren Namen und Ihre Adresse. Nach der Beratung vor dem Test haben Sie Gelegenheit, sich zu entscheiden, ob Sie sich im Lichte Ihres neuen Wissens testen lassen wollen. Falls Sie sich dafür entscheiden, wird Ihnen im Labor eine kleine Menge Blut abgenommen, das mit Ihrer Nummer versehen wird. Einige Wochen danach werden Sie erneut in die Klinik bestellt, wo man Sie persönlich über das Resultat informiert. Ihr Termin wird Ihrer Nummer entsprechend anberaumt, und Ihre Testergebnisse werden Ihnen von einer ausgebildeten Beraterin/einem Berater mitgeteilt.

Fällt der Test positiv aus, dann ist die Beraterin darauf vorbereitet, Ihnen zu helfen, mit dieser Erkenntnis fertig zu werden. Die Beraterin kann Ihnen die Namen und Telefonnummern von Unterstützergruppen für HIV-Positive ebenso nennen wie Sozialarbeiterinnen, die Ihnen zur Hand gehen können, und Namen von Ärztinnen und Ärzten, die Erfahrung in der Betreuung von HIV-positiven Patientinnen und Patienten haben.

Obwohl der HIV-Antikörpertest sehr zuverlässig ist, liegt seine Trefferquote nicht bei 100 Prozent. Sowohl »falsche positive« als auch »falsche negative« Ergebnisse sind bekannt geworden. Um die Treffsicherheit der Tests zu erhöhen, wird das folgende Verfahren angewandt. Zuerst wird das Blut dem ELISA-Test unterworfen. Falls dieser Test negativ verläuft, wird von weiteren Untersuchungen abgesehen. Fällt der ELISA positiv aus, wird er wiederholt. Ist er wieder positiv, dann wird der Western-Blot-Test vorgenommen. Der Western-Blot-Test ist teurer und weist eine viel niedrigere Quote von falschen Positiven auf. Erst wenn der Western-Blot-Test das positive Ergebnis bestätigt, wird angenommen, daß die Blutprobe HIV-positiv ist. Wenn alle drei Tests die gleichen Ergebnisse aufweisen, ist das Resultat sehr zuverlässig. Da jedoch ein einziges negatives Ergebnis für eine Beurteilung als HIV-negativ genügt, liegt der Prozentsatz falscher Negativer höher. Manche Kliniken empfehlen, den Test in sechs Monaten zu wiederholen, falls man ein negatives Ergebnis anzweifelt.

Falls Sie sich bei einem privaten Arzt testen lassen, werden Sie weder vor noch nach dem Test beraten, und Ihr Testergebnis wird auch nicht anonym gehandhabt. Dennoch können Sie darum ersuchen, daß Ihr Test vertraulich behandelt wird. Das bedeutet, daß der Arzt bzw. die Ärztin ethisch verpflichtet ist, Ihren HIV-positiven Status nicht bekanntzugeben. Falls die Testergebnisse jedoch in Ihre Krankenakte eingehen, können sie von Versicherungsgesellschaften erworben werden, die Ihre Versicherung kündigen oder sich weigern können, Sie zu versichern. Um diese Möglichkeit auszuschließen, können Sie darum bitten, den Testantrag und die Ergebnisse anschließend zu zerreißen und wegzuwerfen und das Testergebnis nicht auf Ihrem Krankenblatt festzuhalten. Legen Sie die Rechnung für den Test nicht Ihrer privaten Krankenversicherung vor, denn manche Versicherungen kündigen jedem, der sich testen läßt, die Police, ungeachtet der Resultate.

Falls Ihr Test positiv ist

Wenn Ihr Test positiv ausfällt, werden Sie viel emotionale Unterstützung benötigen, um den Schmerz, die Wut, den Verlust und die Schuldgefühle zu bewältigen, die Sie wahrscheinlich empfinden werden. Deshalb ist es wichtig, daß Sie so schnell wie möglich einer Therapiegruppe für HIV-positive Frauen beitreten. Da Aids bisher vorwiegend als Krankheit männlicher Homosexueller angesehen wurde, gibt es nicht so viele Unterstützerkreise für Frauen, wie nötig wären. Frauen laufen Gefahr, in die Isolation zu geraten, wenn sie es nicht wagen, jemanden in ihren HIV-positiven Status einzuweihen, und sich außerdem zunehmend Sorgen um ihre Gesundheit und die Zukunft ihrer Kinder machen. Falls Sie in einer kleinen oder mittelgroßen Stadt leben, kann Ihre Tendenz, sich zu isolieren, noch ausgeprägter sein. Überwinden Sie Ihre Hemmungen, und suchen Sie Anschluß an eine Selbsthilfe- oder Therapiegruppe für Frauen.

Ein positiver HIV-Antikörpertest bedeutet nicht, daß Sie Aids haben, und er sagt Ihnen auch nicht, wann und ob Sie die opportunistischen Infektionen bekommen werden, die Aids kennzeichnen. Es existieren sehr wenige Statistiken über den zeitlichen Verlauf bei Frauen von der HIV-Infektion über erste Symptome der Immunschwäche bis zu Aids im Vollbild. Die Informationen, die uns gegenwärtig vorliegen, deuten darauf hin, daß 20 bis 50 Prozent der HIV-positiven Frauen innerhalb von fünf Jahren Aids im Vollbild entwickeln werden. Nachdem bei Frauen Aids diagnostiziert wurde, beträgt ihre durchschnittliche Lebenserwartung weniger als zwei Jahre, weitaus weniger als bei homosexuellen weißen Männern, die ab diesem Zeitpunkt jetzt im Schnitt noch vier Jahre zu leben haben. Der Grund für die kürzere Lebenserwartung der Frauen scheint zu sein, daß bei uns Aids erst diagnostiziert wird, wenn die Krankheit schon dramatische Fortschritte gemacht hat. Da die Ärzte bei Aids-Patienten in erster Linie an Männer denken, verfolgen sie zunächst oft jede andere mögliche Diagnose, bevor sie anfangen, Frauen gegen Aids zu behandeln.

Falls Sie HIV-positiv sind, gibt es viele Entscheidungen, die Sie noch in gesundem Zustand werden treffen wollen. Sie werden sich entscheiden müssen, wen Sie einweihen wollen – einschließlich Ihrer gegenwärtigen und früheren Sexualpartner sowie Ihrer Kinder, Angehörigen und engen Freunde. Vielleicht werden Sie auch auf die Entscheidung Ihres Partners, sich testen zu lassen, Einfluß nehmen wollen. Sie werden entscheiden müssen, ob Ihre Kinder getestet werden sollen. Sie werden entscheiden müssen, ob Sie sexuell aktiv sein und welche Risiken Sie dabei eingehen wollen. Sie werden Entscheidungen über das Sorgerecht für Ihre Kinder im Fall von Krankheit treffen müssen, und Sie werden für Ihre medizinische Betreuung für den Fall vorsorgen müssen, daß Sie ambulante oder stationäre Pflege benötigen. Schließlich sollten Sie auch in einem Testament über Ihre Habe und Ihren Besitz Verfügungen treffen. Vielleicht werden Sie zu entscheiden haben, ob Sie eine bestehende Schwangerschaft austragen bzw. ob Sie schwanger werden wollen.

All diese Entscheidungen werden emotionale Belastungen und Streß mit sich bringen. Nochmals, ich kann nicht genug betonen, wie wichtig es ist, sich in Beratung zu begeben und einem Unterstützerkreis für HIV-Positive beizutreten. Eine ausschließlich auf HIV-positive Frauen zugeschnittene Therapiegruppe wird am hilfreichsten für Sie sein, da viele der Probleme, vor denen Sie stehen werden, Männer nicht in der gleichen Weise betreffen. Falls die einzige Gruppe in Ihrer Umgebung jedoch aus schwulen Männern besteht, dann wird die Unterstützung, die Sie von anderen bekommen, die ähnliche Konflikte durchmachen, wertvoller sein, als gar keiner Gruppe anzugehören. Falls eine Beraterin in Ihrer Nähe tätig ist, die Erfahrung in der Arbeit mit HIV-positiven Patientinnen hat, dann setzen Sie sich mit ihr in Verbindung.

Alles, was dazu beiträgt, den Streß in Ihrem Leben abzubauen, wird Ihrem Immunsystem helfen, gesund zu bleiben. HIV-Positive haben Nutzen aus Meditation, Yoga, Fitneßtraining und Aids-Verhütungs- und Aufklärungsarbeit gezogen. Besonders wichtig ist es, soviel wie möglich für Ihre Gesundheit zu tun. Alles, was Ihr Immunsystem belastet, macht es wahrscheinlicher, daß Sie für Infektionen anfällig werden. Gesunde Ernährung, ausreichende Ruhe, regelmäßiges Körpertraining, Verzicht auf Zigaretten und Kaffee, Grippeimpfungen und Vermeidung von Impfungen mit lebendigen Viren, all dies ist hilfreich. Falls Sie imstande sind, außerhalb Ihrer Wohnung zu arbeiten, ist es empfehlenswert, Ihren Job beizubehalten und produktiv zu bleiben.

Die Konfrontation mit einer Krankheit, die so stigmatisiert ist wie Aids, für die noch kein sicheres Heilmittel bekannt ist und deren Verlauf niemand vorhersagen kann, fordert uns einen sehr großen Tribut ab. Bedauerlicherweise müssen sich Frauen mit ihrer Infektion ohne das dichtmaschige psychosoziale Netz auseinandersetzen, das von den homosexuellen Männergemeinschaften geknüpft wurde. Die Schamgefühle, die HIV-positive Frauen empfinden, haben sie daran gehindert, ihre Selbsthilfe zu organisieren, und so bleibt noch viel zu tun, um Frauen den sozialen Rückhalt zu bieten, den sie verdienen.

Wie in allen Bereichen des Gesundheitswesens haben es arme Frauen viel schwerer als Mittelschichtfrauen. Ihre Krankheit schreitet gewöhnlich weiter fort, bevor sie überhaupt medizinisch versorgt werden. Wenn die Versorgung schließlich greift, ist sie von schlechterer Qualität.

Die Symptome von Aids

Frauen entwickeln oft die opportunistischen Infektionen, die für Aids charakteristisch sind, ohne auch nur zu wissen, daß sie HIV-positiv sind. Tatsächlich geht das amerikanische National Women's Health Network davon aus, daß viel mehr Frauen an Aids sterben, als berichtet wird, weil die Ärzte bei Frauen nicht nach Aids Ausschau halten. Somit könnte der starke Anstieg an Todesfällen durch Infektionen der Atemwege bei Frauen auf undiagnostizierte Fälle verschiedener mit Aids einhergehender Lungenentzündungen zurückzuführen sein. Chris Norwood hat darauf hingewiesen, daß die Sterbefälle an Lungenentzündung und Grippe unter Frauen im Alter von 15 bis 45 zwischen 1981 und 1986 phänomenal hochgeschnellt sind, und zwar in New York City um 154 Prozent, in Maryland um 267 Prozent, in Washington, D.C., um 225 Prozent, in Connecticut um 133 Prozent und in New Jersey um 38 Prozent.

Aids scheint bei Frauen einen anderen Verlauf zu nehmen als bei Männern. Frauen erkranken seltener am Karposi-Sarkom als Männer, dafür häufiger an Infektionen der Atemwege. Außerdem entwickeln Frauen oft einen HIV-bedingten Gebärmutterhalskatarrh, der ein Vorläufer der entsprechenden Krebserkrankung ist. Zu den häufigsten Frühsymptomen von Aids zählen bei Frauen hartnäckige Hautausschläge, Fieber, Müdigkeit, grippeähnliche Symptome, geschwollene Lymphknoten und Gewichtsverlust. Zu den häufigsten opportunistischen Infektionen zählen Lungenentzündungen, Soorpilzbefall in der Speiseröhre, den Bronchien oder der Lunge, Herpes-simplex-Pusteln und mikrobakterielle Infektionen, die zu Lungenentzündung und anderen Atemwegsinfektionen führen.

Da die Frühsymptome von Aids den Symptomen anderer Krankheitsbilder gleichen, zu denen Frauen besonders neigen – Eileiterentzündungen, Depressionen, Menstruationsprobleme und Blutarmut –, ist es wichtig, daß Sie sich bei gesundheitlichen Problemen sofort in ärztliche Behandlung begeben.

Frauen, die substanzabhängig waren, haben oft solche Angst, HIV-positiv zu sein, daß sie sich bei auftretenden körperlichen Beschwerden nicht in Behandlung begeben. Statt dessen leben sie gleichzeitig in Furcht und Verdrängung: Verdrängung, daß ihre gesundheitlichen Probleme ernst sein könnten, und Furcht vor dem Gang zum Arzt, weil sie dort Schlimmes erfahren könnten. Ein Leben in Furcht und Verdrängung ist extrem belastend und schließt die Möglichkeit aus, sich Hilfe zu holen.

Wie wir durch unsere Erfahrungen als Suchtkranke gelernt haben, leistet uns Verdrängung keinen guten Dienst – falls wir nicht HIV-positiv sind, hält sie uns davon ab, die gesundheitlichen Probleme zu lösen, die wir haben; falls wir HIV-positiv sind, hält sie uns davon ab, uns den ärztlichen Beistand zu verschaffen, den wir benötigen, um unsere Krankheit durchzustehen, und uns die emotionale Unterstützung derjenigen zu sichern, auf die wir zählen könnten.

Durch die Leugnung, daß wir für eine HIV-Infektion anfällig sein könnten, berauben wir uns der Vorteile neuester medizinischer Erkenntnisse und Behandlungsformen, der Chance, unseren Verlust und unsere Trauer mit unseren Freunden und Angehörigen durchzuarbeiten, sowie der Fähigkeit, Entscheidungen in bezug auf unser Leben zu treffen. Noch ist eine HIV-Infektion lebensbedrohlich; es ist daher wichtig, als Frauen, die sich auf hochriskante Verhaltensweisen eingelassen haben, soviel wie möglich über diese Krankheit in Erfahrung zu bringen und uns unsere Anfälligkeit dafür einzugestehen.

Danksagungen

Ohne bestimmte Menschen hätte dieses Buch nicht geschrieben werden können. Besonders möchte ich den Frauen danken, deren Namen nicht auf dieser Seite erscheinen, aber deren Lebenserfahrungen auf allen Seiten dieses Buches präsent sind. Dies sind die anonymen Frauen – Teilnehmerinnen an meinen ursprünglichen Recherchen, Psychotherapieklientinnen und Frauen in Entziehungskuren. Sie teilten ihre Erfahrungen, ihre Kraft und ihre Hoffnungen mit mir und ließen mich an ihrem Wachstumsprozeß teilhaben. Sie gewährten mir auch Einblick in den intimsten Bereich ihres Lebens, ihre Sexualität.

Eine Reihe von Freundinnen, Gefährtinnen und Berufskolleginnen und -kollegen haben zusammen mit mir die verschiedenen Themen dieses Buches erforscht: Liana Beckett, Maria Bowen, Alice Clawson, Anne Dosher, Molly Gierasch, Dee Grayson, Lisa Hirschman, Rokelle Lerner, Ken MacDonald, Peter McDade, Pam Miller und Sharon Young. Ihrer Einsicht, ihrem Humor und ihrer Bereitschaft, sich mit den Mysterien des Lebens auseinanderzusetzen, verdanke ich viele Stunden anregenden Gesprächs und Nachdenkens.

Die vielen Fassungen und Umarbeitungen dieses Buches kamen mit Hilfe von Coletta Reid und Naomi Lucks zustande. Ihre Fachkenntnisse und ihr Stil sind durchgehend evident. Mary Philipps hat wertvolle Anregungen beigesteuert. Ich weiß die Unterstützung von ihnen allen zu schätzen.

Mein redaktioneller Berater, Agent und spezieller Freund, Roy M. Carlisle von Mills House, hat sein schöpferisches Potential, seinen Beistand und seine Ermutigung beigetragen.

Barbara Moulton, Lektorin bei Harper San Francisco, hat es fertiggebracht, ihren Enthusiasmus und ihr Engagement in allen Stadien dieses Projekts beizubehalten.

Susan Bennett, meine Assistentin, leitet das Büro und die vielen Einzelheiten meines Lebens mit Geduld, Beharrlichkeit und Sanftmut. Ihre Gegenwart ist ein Geschenk.

Ihnen allen bin ich dankbar.